Claudia Rutt und Gordon Müller-Eschenbach

Alle gegen einen

ALLE GEGEN EINEN

UNSER KAMPF GEGEN DEN KREBS

von Claudia Rutt und
Gordon Müller-Eschenbach

MURMANN

Dieses Buch wurde klimaneutral produziert:

Bibliografische Information der Deutschen Nationalbibliothek
Die Deutsche Nationalbibliothek verzeichnet diese Publikation in der deutschen Nationalbibliografie; detaillierte bibliografische Daten sind im Internet über http://dnb.d-nb.de abrufbar.

ISBN 978-3-86774-288-7

Redaktionelle Mitarbeit: Gerd König, Berlin
Lektorat: Katharina Gerhardt, Hamburg
Umschlaggestaltung: Rothfos & Gabler, Hamburg
Satz: Presse- und Verlagsservice, Erding
Gesetzt aus der Minion und der Avenir
Druck und Bindung: Freiburger Graphische Betriebe, Freiburg
Printed in Germany

Besuchen Sie uns im Internet: www.murmann-verlag.de
Ihre Meinung zu diesem Buch interessiert uns!
Zuschriften bitte an info@murmann-verlag.de
Den Newsletter des Murmann Verlages können Sie anfordern unter newsletter@murmann-verlag.de

Inhalt

Prolog 9

1 Schicksalsschläge
Was aus Betroffenheit entstehen kann 15

2 Grundsteinlegung
Wie aus Helfern Unternehmer wurden 35

3 Laufen lernen
Wie die Aufgabe Orientierung schafft 55

4 Der Sprung ins kalte Wasser
Improvisieren für den guten Zweck 77

5 Wachstumsschmerzen
Ein sinnorientiertes Unternehmen wird größer 101

6 Branchenprimus
Wie man als Unternehmer Verantwortung übernimmt 125

7 Plötzlich öffentlich
Wie man sinnorientiertes Tun kommuniziert 147

8 Weichenstellungen
Wie wir in Konflikten Kurs halten 167

9 Going global
Sinnorientiertes Handeln kennt keine Grenzen 181

10 Fortschritte
Unternehmerisches Engagement kann die Welt verändern 207

11 Büro mit Aussicht
Warum sinnorientiertes Handeln Zukunft hat 229

Epilog 243

Über die Autoren 247

Für Mechtild, die uns motivierte zu kämpfen,
und
für alle, die unseren Traum unterstützen,
den Krebs zu besiegen

Prolog

Jeder Weg beginnt mit einem Ziel. Im Fall der DKMS Deutsche Knochenmarkspenderdatei lautet das Ziel: Leben retten.

Im Sommer 1990 haben wir erlebt, was es bedeutet, wenn das bestehende Gesundheitssystem im Moment größter Not nicht als Retter einspringen kann. Ein Mitglied unserer Familie, Mechtild Harf, war an Leukämie erkrankt. Wir wollten ihr Leben retten. Aus persönlicher Betroffenheit, einfach weil wir helfen wollten, gründeten wir eine kleine private Initiative, die zum weltweit größten Verbund von Stammzellspenderdateien wurde. Aus der Motivation einer Handvoll Betroffener wurde ein größeres Ziel: möglichst vielen Menschen im Kampf gegen den Krebs die Hoffnung auf Leben zu schenken.

Einerseits möchten wir mit diesem Buch zeigen, wie viel gemeinnütziges Engagement bewirken kann. Andererseits bietet die Geschichte der DKMS Antworten auf die umstrittene Frage, wie viel Wirtschaft der gute Zweck verträgt. Und da beziehen wir eine klare Position: Ein gemeinnütziges Unternehmen muss genauso erfolgsorientiert arbeiten wie eines in der freien Wirtschaft.

In Deutschland herrscht vielerorts noch immer die Meinung, dass ein gemeinnütziges Unternehmen keine Gewinne erzielen, möglicherweise nicht einmal profitabel arbeiten sollte. Dieser Glaube stammt allerdings aus einem fehlgeleiteten Verständnis des Begriffs »sozial«. Er wird von vielen als Gegenbegriff zu »wirtschaftlich« verstanden. »Sozial« müsse der Staat sein, so lautet diese Logik, und weil er den Menschen dient, müsse er bezahlen, wenn den Menschen geholfen werden soll. Lange Jahre hat dieses Denken auch mehr oder minder gut funktioniert.

Aber die Zeiten haben sich geändert. Der Staat hat nicht mehr das Geld, um allen zu helfen. Und deshalb funktioniert auch Gemeinnützigkeit nicht mehr so, wie sie in der Vergangenheit funktioniert hat. Was nie wirklich getrennt war, muss heute aus schierer Notwendigkeit wieder zusammenwachsen: Was »sozial« ist, muss auch »wirtschaftlich« werden – ob uns das gefällt oder nicht. Doch das eröffnet uns als Gemeinschaft von Bürgern auch eine Perspektive. Es macht uns handlungsfähig.

An dieser Stelle kommen die Unternehmer ins Spiel. Nicht zum ersten Mal in der Geschichte wären sie es, die das Ruder herumreißen und die Gesellschaft wieder »sozialer« machen könnten. Das Unternehmertum ist der Ursprung allen gesellschaftlichen Wohlstands; nicht etwa aus Versehen, sondern in seinem Grundverständnis. Unternehmertum ist etwas zutiefst Soziales. Es war zum Beispiel keine vom Staat erlassene Anordnung, sondern Werner von Siemens, der 1872 die Grundlage für eine betriebliche Altersvorsorge seiner Angestellten schuf. Die gesetzliche Rentenversicherung wurde als Bestandteil der »Sozialgesetze« unter Otto von Bismarck und Kaiser Wilhelm II. erst 1889 eingeführt – ein Jahr nachdem Siemens für seine Leistungen in den Adelsstand erhoben worden war.

Zugegeben: Wir hatten in den letzten Jahren vielerlei Anlass, an der »sozialen« Orientierung des Unternehmertums im Großen und Ganzen zu zweifeln. Während jedem Unternehmer – und seinen Angestellten – selbstverständlich zugestanden werden muss, seinen eigenen Lebensunterhalt zu sichern, schießen Heuschrecken-Unternehmen und Spekulanten über dieses Ziel weit hinaus. Sie führen den ehrwürdigen Begriff des Unternehmertums ad absurdum. Ihnen ist es zu verdanken, dass das Wort »Profit« praktisch zu einem Schimpfwort geworden ist. Heute gilt »Profit« als böse, und sogenannte »Gutmenschen« gelten als bemitleidenswerte Idealisten. Beide Konzepte stehen einander unversöhnlich gegenüber – ein ernstes philosophisches Problem in einer Gesellschaft, die für sich selbst aufkommen muss.

Der Spannungsbogen zwischen Gemeinnützigkeit und Wirtschaftlichkeit brachte auch uns als Autoren im Jahr 2011 zusammen. Claudia Rutt stand im Zusammenhang mit einer anderen

Unternehmung vor strategischen Fragestellungen und hatte nach einer Empfehlung Gordon Müller-Eschenbach als Sparringspartner und Berater hinzugezogen. Schnell wurde uns beiden neben der eigentlichen Projektarbeit klar, dass wir die gleichen Überzeugungen zu grundlegenden Werten im Management, ethischen Regeln des Unternehmertums und der Bedeutung eines höheren Sinns für eine erfolgreiche Tätigkeit hatten. Beflügelt vom lebhaften Austausch entschieden wir uns, dieses Buch zu schreiben, um anderen Bürgern und Unternehmern Impulse zu geben – und um die Geschichte der DKMS zu erzählen, die zeigt, wie sie praktisch umgesetzt werden können.

Es liegt in unser aller Interesse, den vermeintlichen Gegensatz zwischen Wirtschaftlichkeit und sozialer Verantwortung zu überwinden. Wir sind nicht die Ersten, die das erkannt haben: Nicht umsonst zieht es viele junge Menschen heute zu den Unternehmen, die mehr zu bieten haben als einen Schreibtisch und ein Monatsgehalt. Was diese Menschen suchen, ist ein Sinn hinter ihrem Tun. Sie haben verstanden, dass wir es uns nicht mehr leisten können, mit dem Finger auf den Staat zu zeigen und unsere Zukunft seinem Handeln zu überlassen. Sie wollen die Gesellschaft wieder selbst gestalten. Das ist ein gutes Zeichen, denn es läuft auf eine Renaissance jenes Unternehmertums hinaus, dem wir unseren Wohlstand ursprünglich zu verdanken haben. Zentrale gesellschaftliche Überlebensstrategien wie die Gesundheitsversorgung stellen heute, am Beginn des 21. Jahrhunderts, wieder eine Herausforderung dar, die wir nicht mehr delegieren können, sondern als organisierte Bürger meistern müssen.

Es gibt verschiedene Möglichkeiten, das umzusetzen: Die moderne Corporate-Social-Responsibility-Arbeit großer Unternehmen gehört dazu. Social Business ist ein weiterer Schritt in diese Richtung. Eine dritte Handlungsoption ist das Prinzip Gemeinnützigkeit. Das ist auch der Wirkungsbereich der DKMS. Während viele

Akteure in diesem Sektor sich selbst noch immer dem Staat näher fühlen als der Gesellschaft und ihre Abhängigkeit von öffentlichen Kassen dafür gern in Kauf nehmen, sehen wir uns als Unternehmer. Wir arbeiten wirtschaftlich.

Als wir die Gelegenheit dazu bekamen, schlossen wir von der persönlichen Betroffenheit auf die Gemeinschaft und gründeten ein Unternehmen. Das ist sie, die Schnittmenge der Begriffe »sozial« und »wirtschaftlich«: das Prinzip Gemeinnützigkeit als Form des Unternehmertums.

In *Alle gegen einen* erzählen wir die Geschichte der DKMS. Nicht nur, weil wir sie lesenswert finden, sondern weil sie beispielhaft ist für den gesellschaftlichen Wandel, der uns bevorsteht. Das Modell DKMS ist ein Zukunftsmodell. So wie wir 1990 als Familie betroffen waren, sind wir heute als Gesellschaft betroffen. Wenn der Moment gekommen ist, an dem wir schmerzlich spüren, dass wir handeln müssen, sollten wir bereit sein. Dann kann aus dem Notstand eine große Chance werden.

Dieses Buch zeigt, wie wir unsere Chance genutzt haben.

Claudia Rutt und *Gordon Müller-Eschenbach*
Köln und Berlin, Juni 2013

1
Schicksalsschläge

Was aus Betroffenheit entstehen kann

Wir haben einen Gegner

Man kann sich seine Feinde nicht aussuchen, besagt ein indianisches Sprichwort – wohl aber seine Freunde. Dieser Satz sagt viel darüber aus, warum es die DKMS Deutsche Knochenmarkspenderdatei gibt und wie sie funktioniert.

Alles begann vor mehr als 20 Jahren damit, dass der Krebs unser Leben von einem Moment auf den anderen auf den Kopf stellte. Die Nachricht, dass Mechtild Harf an Leukämie erkrankt war, erreichte uns bei einem gemeinsamen Urlaub im August 1990. Wir, die Familien Harf und Rutt, machten gerade in Griechenland Ferien.

Unsere erste Reaktion war die der meisten Angehörigen angesichts eines solchen Schicksalsschlags: Wir begannen auf der Stelle zu funktionieren. Diese Erfahrung machen wir bei der DKMS täglich mit engagierten Angehörigen, aber auch mit für die Patienten eigentlich wildfremden Menschen: Der Wille zu helfen ist ein ungeheuer starkes menschliches Motiv. Wir sind auf das Helfen programmiert. Damals war uns das jedoch noch nicht bewusst. Wir fingen bei null an, wie die meisten Familien, die sich plötzlich mit dem unbekannten Feindbild Krebs konfrontiert sehen.

Der Krebs sollte wissen, mit wem er sich da angelegt hatte.

Von diesem Moment an bestimmte das Prinzip Hoffnung alles, was wir taten. Und wir taten eine Menge. Ganz gleich, wohin dieser Weg uns führen würde, über eines bestand stillschweigende Einigkeit zwischen allen Beteiligten: Aufgeben kam nicht in Frage. Der Krebs sollte wissen, mit wem er sich da angelegt hatte.

Zuerst mussten wir natürlich selbst erst einmal in Erfahrung bringen, gegen wen wir da in die Schlacht zogen. Wer war dieser Feind, der das Leben unserer geliebten Angehörigen bedrohte?

Den Begriff Leukämie – bei der DKMS sprechen wir, weil es verständlicher ist, oft auch von »Blutkrebs« – führte Rudolf Virchow,

Arzt an der Berliner Charité, im Jahr 1847 ein. Er hatte bei einer Patientin eine starke Vermehrung der weißen Blutkörperchen beobachtet und ihr Blut deshalb als »weißes Blut« bezeichnet. Aus den altgriechischen Worten *leukós* (weiß) und *haima* (das Blut) setzte er die Krankheitsbezeichnung Leukämie zusammen.

Diese Bezeichnung verdeutlicht bereits das Krankheitsbild: Leukämie oder Blutkrebs ist eine Erkrankung des blutbildenden Systems. Gesundes Blut besteht aus bestimmten Anteilen verschiedener fester und flüssiger Inhaltsstoffe. Den flüssigen Bestandteil bildet das Blutplasma. Die festen Bestandteile sind die roten (Erythrozyten) und weißen Blutkörperchen (Leukozyten) und die für die Gerinnung verantwortlichen Blutplättchen (Thrombozyten). Bei einer Leukämie kommt das gesunde Mischungsverhältnis im Blut durcheinander, weil der Körper zu viele weiße Blutkörperchen, vor allem aber deren funktionsuntüchtige Vorstufen bildet. Diese Leukämiezellen breiten sich im Knochenmark aus und stören dadurch die normale Blutbildung, denn im Knochenmark werden alle festen Bestandteile des Blutes gebildet.

Aufgrund des Überschusses an nutzlosen Blutkörperchen wird der Anteil der funktionierenden Blutkörperchen zurückgedrängt. Die Anzahl der roten Blutkörperchen, die für den Transport des Sauerstoffs im Körper verantwortlich sind, wird reduziert. Gibt es zu wenige von ihnen, werden die Zellen nicht mehr ausreichend mit Sauerstoff versorgt. Außerdem können die Leukämiezellen in Leber, Milz, Lymphknoten und andere Organe eindringen und deren Funktion ebenfalls beeinträchtigen. Zudem funktioniert die Blutgerinnung nicht mehr richtig. Im Falle einer akuten Leukämie (es gibt auch eine langsamere, die chronische Verlaufsform) kann dieses Chaos im Körper innerhalb von wenigen Wochen bis Monaten zum Tod der Betroffenen führen.

Das war er also, unser Feind: das weiße Blut.

Und genau diese Gefahr bestand nun bei Mechtild.

Das war er also, unser Feind: das weiße Blut. Wir waren damals unerschütterlich davon überzeugt, dass wir ihn besiegen konnten. Wir wussten nur noch nicht, wie. Aber auch das sollte sich bald ändern.

Mechtild wurde in die Uniklinik in Frankfurt am Main eingeliefert. Auf der Onkologie-Station unter Leitung von Prof. Dr. Dieter Hoelzer erhielt sie eine Chemo- und Strahlentherapie. Wie bei vielen anderen Krebsarten ist das die Behandlungsform, die bei Blutkrebs in den meisten Fällen angewendet wird. Bei manchen Patienten schlägt sie von Anfang an nicht an. Bei Mechtild funktionierte sie zunächst. Eine Zeitlang machten wir alle uns Hoffnung auf eine rasche Genesung.

Doch die kräftezehrende Therapie hatte den Feind nur verscheucht, nicht geschlagen. Er kam wieder, noch dazu stärker als zuvor: Bereits um Weihnachten 1990 erlitt Mechtild einen Rückfall. Auf Dauer, das wurde nun klar, würden Chemotherapie und Bestrahlung ihr nicht helfen können. Wie bei vielen Leukämiepatienten war die Übertragung gesunder Stammzellen ihre einzige Chance auf Heilung und damit die einzige Hoffnung auf Leben.

Mechtild brauchte eine Knochenmarkspende. Mit dieser Feststellung ging der Lernprozess bei uns, den Angehörigen und Freunden, erst richtig los. Natürlich wussten wir nach Monaten intensiver Recherchen über das Thema längst, was das bedeutete. Wir wussten aber auch, dass die Wahrscheinlichkeit mit 30 Prozent eher gering war, dass die Angehörigen selbst Mechtild mit einer Knochenmarkspende würden retten können. Die Wahrscheinlichkeit behielt recht: Selbst die intensive Suche in der großen Familie brachte keinen Treffer – kein Verwandter kam als Spender in Frage. Alle sechs Geschwister von Mechtild passten untereinander und wären als Spender für eines der Geschwister in Frage gekommen – nur nicht für Mechtild.

Auf dem Stand von 1991 standen die Chancen von Blutkrebspatienten sehr, sehr schlecht.

Unsere Aufgabe war klar: Wir mussten einen Knochenmarkspender für Mechtild finden. Mit den heutigen Möglichkeiten hätte sie eine über 80-prozentige Chance auf einen passenden Spender gehabt. Im Jahr 1991 war das noch ganz anders. Damals gab es etwa 3000 potenzielle Stammzellspender in Deutschland – das ist nicht einmal ein Tropfen auf den heißen Stein. Eine erfolgreiche Transplantation von Stammzellen ist nur dann möglich, wenn die Gewebemerkmale von Spender und Patient übereinstimmen. Und es sind viele, viele Merkmale, die einen potenziellen Spender tatsächlich zum »genetischen Zwilling« eines Patienten machen. Genau genommen sind es über 7000, die in Abermillionen von Kombinationen auftreten können. Diese Zahlen zeigen: Auf dem Stand von 1991, mit etwa 3000 registrierten Spendern in Deutschland, standen die Chancen von Blutkrebspatienten sehr, sehr schlecht.

Wir mussten also andere Möglichkeiten ausloten. In einigen Ländern gab es zu dieser Zeit schon besser ausgestattete Dateien, doch die Suche im Ausland wäre angesichts der damals schlechten Vernetzung sehr zeitaufwendig gewesen. Das Internet steckte ja 1991 noch in den Kinderschuhen. Damit war klar: Mit den bestehenden Möglichkeiten war ihr Leben nicht zu retten. Wir mussten neue Wege gehen, sonst würde sie keine Chance haben. Und, da durften wir uns nichts vormachen: Es würde ein Wettlauf gegen die Zeit werden.

Hatten wir Zweifel? Manchmal schon. Doch der Antrieb war stärker als die Zweifel, denn wir hatten ein Ziel vor Augen. Aufgeben war die einzige Alternative, und die zog keiner von uns jemals ernsthaft in Erwägung. »Geht nicht gibt's nicht« – dieser Ausspruch von Mechtilds Ehemann Peter Harf wurde schnell zu unserem Schlachtruf. Unseren Feind kannten wir inzwischen sehr gut, und wir waren bereit, den Kampf gegen den Krebs aufzunehmen.

Mit der Situation, vor der wir damals standen, sind jährlich Tausende von Betroffenen und deren Angehörige konfrontiert. Die ganze Dramatik dieser Statistik wird deutlich, wenn man sie auf ein greifbares Zeitfenster herunterbricht: Alle 16 Minuten erkrankt in Deutschland ein Mensch an Blutkrebs. Nimmt man alle Blutkrebserkrankungen zusammen, fällt die Zahl viel höher aus. Alle 16 Minuten ein Schicksal, das eine unerwartete Wendung nimmt. Alle 16 Minuten eine Familie, die in den Kampf gegen den Krebs zieht. Keine von ihnen hat sich dieses Schicksal ausgesucht – ebenso wenig wie wir damals.

Alle 16 Minuten erkrankt in Deutschland ein Mensch an Blutkrebs.

Wir wehren uns

Leben retten – das treibt alle Angehörigen, Freunde und Kollegen an, die Betroffenen helfen wollen. Wie viel Mut und Zuversicht die Patienten daraus beziehen, dass in ihrem Umfeld alles Menschenmögliche für ihre Rettung getan wird, liegt auf der Hand. Oft unterschätzt wird dagegen, wie wichtig das Helfen auch für die Angehörigen selbst ist. Nichts ist schlimmer, als einem geliebten Menschen hilflos beim Sterben zusehen zu müssen. Aktiv zu werden und den Kampf gegen die Krankheit aufzunehmen ist die beste Therapie, die den Angehörigen in dieser Situation zur Verfügung steht. Dieser Kampf fungiert wie ein Gegengewicht zur Macht des Krebses. Und diese Möglichkeit zur Gegenwehr macht handlungsfähig. Sie ist die einzige Alternative zur Tatenlosigkeit, zur Ohnmacht angesichts der Diagnose Krebs. Jeder, der sich schon einmal ungerecht behandelt gefühlt und hilflos geschwiegen hat, kann das nachvollziehen: Am meisten ärgert man sich später darüber, dass man sich nicht zur Wehr gesetzt hat.

Die Möglichkeit der Gegenwehr macht die Angehörigen handlungsfähig.

Die DKMS verfolgt das Ziel, Leben zu retten. Doch wir tun mehr als nur das: Wir bieten auch all jenen Menschen eine Plattform, die sich dem gleichen Ziel verschrieben haben. Die DKMS ist eine Gemeinschaft von und für Menschen, die sich gegen den Krebs wehren: alle gegen einen.

Und diese Gemeinschaft ist beeindruckend. Inzwischen lassen sich durchschnittlich 500 neue Lebensspender bei der DKMS registrieren – nicht im Jahr, nicht im Monat, sondern täglich. Insgesamt sind mehr als drei Millionen Spender in Deutschland und mehr als 3,7 Millionen Spender weltweit bei der DKMS registriert (Stand: Juni 2013). Damit sind wir der größte Verbund von Stammzellspenderdateien in der Welt. Täglich spenden mindestens 15 DKMS-Spender tatsächlich ihre Stammzellen an einen Blutkrebspatienten. Längst ist unsere Arbeit nicht mehr auf Deutschland beschränkt: Drei Viertel unserer deutschen Spender schenkt mittlerweile einem Menschen im Ausland die Chance auf Leben. Ein Beweis dafür, dass Helfen wirklich keine Grenzen kennt: Umgekehrt stammen 20 Prozent aller Stammzellen für deutsche Patienten aus einem anderen Land. Globalisierung funktioniert sehr wohl, wenn der Sinn eines Tuns geeignet ist, Grenzen zu überschreiten. Die Internationalisierung der DKMS kommt gerade erst richtig in Fahrt – doch dazu später mehr.

Krebs muss man persönlich nehmen

Rein wissenschaftlich betrachtet ist nichts unpersönlicher als der Krebs. Eine wachsende Ansammlung nutzloser Zellen, die der Körper nicht braucht, die aber umso größeren Schaden anrichten – nichts könnte überflüssiger sein. Und doch stellen sich Krebspatienten vor allem in der ersten Zeit nach der Diagnose fast unweigerlich die Frage: Warum ich?

Natürlich gibt es keine Antwort darauf. Und doch ist es in Ordnung, diese Frage zu stellen. Die Gefühle nach der Schreckensbotschaft muss man zulassen. Der Schock, die gefühlte Ungerechtigkeit, sogar die Wut – sie setzen Kräfte frei, die Patienten und Angehörige anschließend umsetzen können. Es kommt allein darauf an, einen Weg zu finden, mit dem Schicksal umzugehen. Welchen Weg man wählt, ist eine sehr individuelle Frage. Entscheidend für die persönliche Krankheitsbewältigung ist jedoch, dass aus diesen scheinbar destruktiven Gefühlen konstruktive Energie erwächst. Und das geschieht meist ganz von allein. Der Wille zu leben ist eine Macht, die man gar nicht überschätzen kann. Die Kunst im Umgang mit der Krankheit besteht darin, diese Energie zu kanalisieren, oder anders formuliert: eine Möglichkeit zu finden, sich zu wehren.

Welche ungeheure Stärke Betroffene und Angehörige entwickeln können, dürfen wir bei der DKMS täglich miterleben. Wir können beobachten, wie sich ihre Einsatzbereitschaft auf viele, viele andere Menschen überträgt. Unsere Aufgabe ist es dabei, für die Verbindung zwischen den beiden Welten zu sorgen: dem Schicksal der Betroffenen und der Hilfsbereitschaft aller anderen. Wir sind ein Bindeglied; wir sind da, um eine Lücke zu schließen. Zwischen Menschen mit einem lebensbedrohlichen Problem und Menschen, die zu dessen Lösung beitragen können.

Wir sind da, um eine Lücke zu schließen.

Diese Brücke kann man nicht schlagen, wenn man den Krebs nicht persönlich nimmt. So wie der Patient seine Situation bewältigen muss, müssen wir alle bereit sein, hinzuschauen und diese Schicksale als gesellschaftliche Aufgabe anzunehmen – als Beitrag jedes Einzelnen für die Gemeinschaft. Wir von der DKMS sind keine Therapeuten – wir können nicht die Aufgabe von Hämatologen oder gar Psychoonkologen übernehmen, die Patienten bei der individuellen Krankheitsbewältigung unterstützen. Unsere Hilfsangebote sind praktischer Natur, und sie funktionieren nur, wenn viele Helfer gemeinsam an einem Strang ziehen. Trotzdem ergreifen wir jede Möglichkeit, um diese beiden Gruppen zusammenzubringen und ein Miteinander zu ermöglichen zwischen Betroffenen und Helfern, zwischen Patienten und Spendern.

Helfen ist persönlich, weil die Krankheit persönlich ist.

So groß die Organisation DKMS inzwischen auch geworden ist: Immer wieder blicken wir auf den Nukleus unserer Bewegung, auf diese besondere Verbindung zurück, denn in ihr hat alles seinen Ursprung. Wir wissen, dass man als Angehöriger genauso wie als Betroffener gar nicht anders kann, als den Krebs persönlich zu nehmen. Dass man sich auf die Gefühle nach der Diagnose einlassen muss, um die Kraft für die Überwindung der Krankheit aufzubringen. Wir wissen, wie überaus wichtig die Verbindung zwischen Betroffenen und Helfern ist, weil wir beide Perspektiven aus eigener Erfahrung kennen. Helfen ist persönlich, weil die Krankheit persönlich ist.

Marion Wangerin beispielsweise bekam die Diagnose Blutkrebs im Alter von 34 Jahren – als junge Frau, mitten im Leben, mitten in der Karriere. Wie so viele Patientinnen und Patienten war sie auf die lebensrettende Knochenmarkspende angewiesen, und dafür stand – wie üblich – wenig Zeit zur Verfügung. Wäre ihre Suche nach einem passenden Spender die Geschichte eines Hollywoodfilms mit Happy End, würde man das Kino möglicherweise unter dem Eindruck verlassen, dass die Geschichte unrealistisch sei: Über 7000 Gewebemerkmale, die passen müssen, Abermillionen möglicher Kombinationen dieser Merkmale, und doch soll dieser genetische Zwilling gefunden werden? Es mutet an wie ein Wunder, und doch wird es inzwischen mehrmals täglich Wirklichkeit.

Mittlerweile ist der Prozess der Knochenmarkspende so gut durchorganisiert, dass meist alles sehr schnell geht, wenn der Spender gefunden ist. Die Spende selbst war schon 1991 keine große

Sache für den Lebensretter – inzwischen ist sie in den meisten Fällen noch einfacher geworden. Die lange Zeit einzige Möglichkeit einer Stammzellentnahme war die Knochenmarkentnahme, die entgegen eines häufigen Vorurteils absolut nichts mit der Entnahme von Rückenmark zu tun hat. Unter Vollnarkose wird dem Spender bei einem etwa einstündigen Eingriff etwa ein Liter Knochenmark-Blut-Gemisch aus dem Beckenkamm entnommen. Diese Menge hat der Körper innerhalb von zwei Wochen vollständig nachgebildet. Für den Eingriff sind lediglich zwei kleine Schnitte und einige Einstiche im Bereich des hinteren Beckenknochens notwendig. Die Schnitte sind so klein, dass sie oft nicht einmal genäht werden müssen und im Regelfall sehr schnell verheilen. Nur zwei bis drei Tage vergehen von der Aufnahme ins Krankenhaus bis zur Entlassung. Das Risiko beschränkt sich im Wesentlichen auf das übliche Narkoserisiko, das aufgrund moderner Anästhesie heute sehr gering ist. Manche Patienten nehmen als Nebenwirkung einen lokalen Wundschmerz mit nach Hause, der dem bei einer Prellung ähnelt und fast immer bereits nach wenigen Tagen verschwunden ist. Ganz im Gegensatz zu dem guten Gefühl, einem anderen Menschen einen zweiten Geburtstag zu schenken.

In etwa 80 Prozent der Fälle wird die Entnahme von Stammzellen bei der DKMS heute über die »periphere Stammzellentnahme«, auch »Stammzellapherese« genannt, durchgeführt. Dieses Verfahren setzen wir seit 1996 (damals als weltweit erste Datei) ein, weil es dem Spender seine gute Tat erleichtert und er kein Narkoserisiko eingeht. Dabei spritzt sich der Spender selbst fünf Tage lang einen Wachstumsfaktor, also einen hormonähnlichen Stoff, unter die Haut. Wer schon einmal die heutigen modernen Insulinspritzen von Diabetikern gesehen hat, kann sich vorstellen, wie unkompliziert das ist. Der Wirkstoff aus der Injektion (G-CSF) bewirkt, dass die überwiegend

Ein paar Stunden für den Spender – die Hoffnung auf Leben für den Patienten.

im Knochenmark vorkommenden Stammzellen in größerer Zahl produziert und teilweise ins fließende Blut ausgeschwemmt werden. Knochenmark muss bei dieser Variante also gar nicht mehr entnommen werden. Dann folgt die eigentliche »Apherese«: Der Spender bekommt statt eines operativen Eingriffs lediglich zwei venöse Zugänge am Arm gelegt. Das Blut fließt dann von einem Arm durch einen sogenannten Zellseparator und über den anderen Arm direkt zurück in den Körper – nur die lebensrettenden Stammzellen werden herausgefiltert. Das dauert etwa vier bis fünf Stunden; in etwa 20 Prozent der Fälle muss die Apherese am nächsten Tag noch einmal wiederholt werden, um genug Stammzellen zu gewinnen. Nach den vier Stunden geht der Spender nach Hause. Eine stationäre Aufnahme ist nicht notwendig.

Der Tag, an dem Marion Wangerin die Stammzellen von Bernd Haseborg übertragen wurden, war für sie wie der Beginn eines neuen Lebens. Tatsächlich feiern viele Patienten nach ihrer erfolgreichen Stammzelltransplantation diesen Tag wie einen zweiten Geburtstag.

Genauso emotional war für Marion jedoch der Tag, an dem sie ihrem Lebensretter, dem Landwirt Bernd aus Ostfriesland, zum ersten Mal von Angesicht zu Angesicht gegenüberstand. Diese Begegnung ist eine Situation, die alle Beteiligten so überwältigt, dass es schwer ist, Worte zu finden. Was soll man in so einem Moment schon sagen? Keine Begrüßung, kein Wort des Dankes kann die Verbindung ausdrücken, die die beiden in diesem Moment spüren. Bernd fasste sich als Erster und verblüffte Marion mit den Worten: »Ich wollte nur mal sehen, wie es dir geht.« Marion wusste nicht, was sie darauf erwidern sollte. Also fiel sie Bernd einfach in die Arme und drückte ihren genetischen Zwilling an sich – den einen Menschen, der ihr ein neues Leben hatte schenken können. Und viel wichtiger noch: den einen Menschen, der das auch getan hatte und ohne dessen Bereitschaft sie verloren gewesen wäre.

Bernd waren die Stammzellen im Rahmen der Knochenmarkspende entnommen worden – er gehörte zu den heute 20 Prozent aller Spender der DKMS, die für ihre Spende tatsächlich noch ein paar Tage im Krankenhaus verbringen müssen. Bernd lächelte das weg, als wir ihn danach fragten. Was könnte selbstverständlicher sein? Da stand eine junge Frau, der er das Leben gerettet hatte. Sein Lächeln machte alle weiteren Fragen überflüssig.

Wenn ein Blutkrebspatient und sein Stammzellspender sich begegnen, dann ist das ein sehr emotionaler Moment. Wir haben die Geschichte von Bernd und Marion in einer Aufklärungsbroschüre der DKMS verwendet. An diesem Beispiel wollten wir zeigen: Eine Stammzellspende ist alles andere als anonym. Sie ist eine äußerst individuelle Art der Hilfe – gerade wegen der enormen Schwierigkeit, den genetischen Zwilling eines Menschen zu finden. Und wenn es so weit ist, ist das ein ganz besonderes Ereignis für alle Beteiligten. Ein gemeinsamer Erfolg.

Wir sind in der glücklichen Lage, solche Begegnungen immer wieder erleben zu dürfen. Wer einmal dabei war, wird diesen Moment nie vergessen. Trotzdem können auch wir nur erahnen – und ganz sicher nicht in Worte fassen –, was in diesen beiden Menschen in so einem Moment wirklich vorgeht. Eines aber können wir mit Bestimmtheit sagen: Krebs ist persönlich. Und deshalb müssen wir auch das Helfen persönlich nehmen.

Sinnstiftung

Diese persönliche Ebene macht uns und unsere Spender zu einer Gemeinschaft im Kampf gegen den Blutkrebs. Eine starke Gemeinschaft. Deshalb haben Unternehmen wie die DKMS so gute Erfolgsaussichten: Sie erfüllen einen ganz konkreten Zweck, und sie stiften Sinn.

Der Beitrag, den jeder Einzelne für die Gemeinschaft leisten kann, hört allerdings beim Kampf gegen den Krebs nicht auf. Es gibt viele andere gesellschaftliche Probleme, denen sich ein Unternehmen auf der operativen Ebene besser widmen kann als ein Ministerium, eine Kommission oder ein Verband. Viele Ansprüche, die im Sinne des Gemeinwohls an den Staat gestellt werden, sind fehlgeleitet: Der Staat ist kein Unternehmen und soll auch keines sein. Das ist keinesfalls als Vorwurf gemeint, sondern nichts als eine logische Erwägung, die jeder Unternehmer nachvollziehen kann: Helfen kostet Geld. Dieses Geld muss irgendwie erwirtschaftet werden – und das ist nicht die Aufgabe des Staates.

Helfen kostet Geld.

Im Gegensatz zu einer politischen Körperschaft ist ein Unternehmen direkt an seinen Erfolg gebunden, um zu überleben. Erfüllt es seinen Zweck nicht, geht es bankrott. Ist der Zweck eines Unternehmens beispielsweise darauf gerichtet, Krebspatienten zu retten, dann bedeutet das: Entweder das Unternehmen rettet Leben, oder es muss schließen. Dieser existenzielle Zwang zum Erfolg ist nachhaltiger als eine rein politische oder ethische Motivation.

Die Politik kann allerdings wichtige Signale setzen und die gesellschaftliche Wahrnehmung von Bedürfnissen der Gemeinschaft fördern. Auch uns hat das Bundesministerium für Gesundheit mit einer Anschubförderung unterstützt und ist damit seiner Verantwortung gerecht geworden.

Auch der einzelne Bürger kann sich Altruismus im Alltag leider nur bedingt leisten. Wir sind auf ihn angewiesen – ohne die Millionen hilfsbereiter Stammzellspender stünde auch die DKMS auf verlorenem Posten. Wir können beispielsweise ohne schlechtes Gewissen von unseren registrierten Spendern erwarten, dass sie die wenigen Stunden für eine Stammzellentnahme aufbringen, wenn ihre Gewebemerkmale tatsächlich zu einer Anfrage

Private Hilfsbereitschaft hat ihre natürlichen Grenzen.

passen. Wir können aber nicht erwarten, dass sie ihren Job aufgeben und sich als freiwillige Helfer dem Vollzeitdienst für die DKMS verschreiben. Private Hilfsbereitschaft hat ihre natürlichen Grenzen.

Die Wirtschaft ist flexibler als der einzelne Bürger oder staatliche Einrichtungen, die an den Dienstweg gebunden sind. Ihre Akteure verfügen über das notwendige Kapital, das operative Knowhow und die organisatorische Flexibilität, um ohne große Reibungsverluste helfen zu können. Unzählige Unternehmen, vom regionalen Mittelständler bis zum internationalen Großkonzern, widmen seit langem einen Teil ihrer Gewinne gemeinnützigen Zwecken. Viele nutzen ihre Bekanntheit, um durch Kooperationen mit Hilfsorganisationen oder durch die Gründung betriebsinterner Stiftungen eine breite Öffentlichkeit für wichtige gesellschaftliche Anliegen zu sensibilisieren. Diese traditionellen Formen des unternehmerischen Engagements sind wichtig, denn wirtschaftlich erfolgreiche Unternehmen können mit ihrer Förderung auf Dauer schlicht mehr bewirken als ein zunehmend überschuldeter Staat, der aus politischen Gründen gezwungen ist, immer mehr Verantwortung abzugeben. In diese Lücke kann in Zukunft wieder das klassische unternehmerische Selbstverständnis stoßen, das gerade in Deutschland Tradition hat: erarbeiteten Wohlstand zu nutzen, um Verantwortung für die Gemeinschaft zu übernehmen, auf der der Erfolg gründet.

Doch viele gemeinschaftliche Anliegen, in Zukunft noch mehr als heute, sind es wert, sich ihnen ganz zu verschreiben. Der wachsende Trend zum Social Entrepreneurship ist ein Signal dafür, dass die gesellschaftliche Aufgabe der Beseitigung von Missständen nach und nach von der politischen auf die volkswirtschaftliche Ebene wandert. Social Entrepreneurship besteht per Definition darin, in Lücken zu springen – auf Handlungsfeldern, die von anderen gesellschaftlichen Akteuren vernachlässigt oder ineffektiv bearbeitet werden. Soziale Benachteiligung, Gesundheit, Bildung, Kultur und Umweltschutz sind nur einige der Felder, die sich dafür anbieten – und auf all diesen Feldern sind heute bereits Social Entrepreneurs aktiv. Auch gemeinnützige Unternehmen wie die DKMS finden ihren Sinn in vernachlässigten gesellschaftlichen Handlungsfeldern und versuchen, erfolgsorientiertes Wirtschaften und soziale Verantwortung miteinander zu vereinen. Gewinne dienen beiden Unternehmensmodellen nicht dazu, die Unternehmer reich zu machen – sondern der Reinvestition in das Ziel und der langfristigen Zweckerfüllung.

Gemeinschaftlich orientierte Unternehmen finden ihre Aufgaben in vernachlässigten gesellschaftlichen Handlungsfeldern.

Betroffenheit ist eine Haltung

Es gibt noch etwas, das die DKMS und die junge Bewegung des Social Entrepreneurship gemeinsam haben: Der Ursprung ihrer unternehmerischen Anstrengungen ist ein Gefühl der Betroffenheit.

Nun werden Sie zu Recht fragen: Was heißt eigentlich Betroffenheit? Natürlich sind die Social Entrepreneurs, die zum Beispiel in Afghanistan Brunnen bauen oder das Bildungssystem in Nepal zu verbessern versuchen, nicht direkt von den Missständen dort betroffen – sie sind keine afghanischen Bauern oder Eltern nepalesischer Kinder. Was motiviert sie dazu, sich ausgerechnet an diesen Orten und für die dort lebenden Menschen zu engagieren?

Ethisch zu argumentieren ist eine gute Idee – in einer idealen Welt.

Die Antwort auf diese Frage hat vor allem mit der abstrakten Idee der »gesellschaftlichen Verantwortung« zu tun. Die wird automatisch konkreter, wenn wir sie in »gefühlte Verantwortung« umformulieren. Die Vokabel »gesellschaftlich« ist in diesem Zusammenhang eher irreführend, sogar kontraproduktiv, wenn sie bei Menschen einen Handlungsreflex auslösen soll.

Ethisch zu argumentieren ist eine gute Idee – in einer idealen Welt. Um bei Menschen die Haltung zu erzeugen, die notwendig ist, damit sie Verantwortung übernehmen und helfen *wollen*, ist rationale Argumentation nicht zielführend. Sie funktioniert vielleicht bei Unternehmen, die etwas davon haben zu helfen (zum Beispiel ein nachhaltiges Image) – aber nicht bei der direkten Ansprache von Mensch zu Mensch. Um jemanden dazu zu bringen, dass er etwas will, muss man ihn *emotional* erreichen. Spontane Kaufentscheidungen fallen unterbewusst, emotional. Betroffenheit entsteht ebenso. Was zynisch klingt, ist nur realistisch: So funktionieren wir Menschen nun einmal.

Wenn wir uns von Ihnen wünschen, dass Sie Spender bei der DKMS werden – und das tun wir –, erreichen wir das nicht durch Ausführungen in Fachchinesisch über dramatisch hohe Fallzahlen und die furchtbaren medizinischen Folgen von Blutkrebs für die Patienten. Keiner will der DKMS helfen, die sich mit diesen Formalitäten beschäftigt. Alle wollen den Patienten helfen, wollen Lebensretter sein. Wenn bei einer Registrierungsaktion der DKMS vor Ort eine Initiativgruppe mit unserer Unterstützung zur Stammzellspende aufruft – auf dem Marktplatz des Wohnortes der betroffenen Familie oder wo auch immer –, dann kommen nicht Tausende Menschen, weil sie morgens den moralischen Vorsatz gefasst haben, heute mal jemandem helfen zu wollen. Sie kommen zum Marktplatz und lassen sich Blut abnehmen (bzw. heute nur noch einen Wangenabstrich), weil sie in der Zeitung gelesen haben, dass jemand aus ihrem Ort, aus ihrer Nachbarschaft, aus ihrem mehr oder weniger unmittelbaren Umfeld betroffen ist. Wenn unseren Nächsten ein solches Schicksal widerfährt, rührt uns das viel mehr, als wenn es einer anonymen Zahl von Menschen passiert. Wir wollen »den Unseren« helfen, denn wir wollen, dass unsere Gemeinschaft funktioniert.

Der Effekt, wenn wir über die Medien, etwa in einer Talkshow, der breiten Öffentlichkeit einen Patienten vorstellen, ist der gleiche. Wenn wir das Gefühl haben, einen Menschen zu kennen, der das Schicksal Blutkrebs erleidet, dann wollen wir ihm helfen. Der Schlüssel zur Hilfsbereitschaft ist die Empathie, nicht die Vernunft. Menschen, die Betroffenheit fühlen, spüren eine Verantwortung zu helfen.

Social Entrepreneurs sind Menschen, die sich betroffen fühlen – genau wie wir, genauso wie die Stammzellspender. Es gibt eben nachhaltigere Erfolgsgrundlagen als pures Profitstreben: sinnvolles Tun.

Verantwortung zu übernehmen ist ein äußerst nachhaltiges Geschäftsmodell, das auch außerhalb des sozialen oder gemeinnützigen Bereichs trägt. Wenn Unternehmen der freien Wirtschaft die Perspektive wechseln vom Verkaufen an die Zielgruppe hin zur Übernahme von Verantwortung für die Bedürfnisse der Zielgruppe, entsteht eine persönliche Bindung, die nachhaltiger ist als die rationale Erkenntnis, dass Menschen bestimmte Produkte benötigen. Ein Unternehmen, das einfach nur Produkte verkauft, ohne sich um die Veränderungen der Konsumentenbedürfnisse zu scheren, bleibt nicht unbedingt lange am Markt. Ein Unternehmen, das Verantwortung demonstriert, mehrt und hält dagegen langfristig seine Anhänger.

Sinnvolles Handeln ist keine soziale Fantasie – es ist tatsächlich wirkungsvoller als Kennzahlen. Der Trend zum nachhaltigen Wirtschaften, der seit einigen Jahren sogar die Schlagzeilen der Wirtschaftsmedien dominiert, ist ein Ausdruck des menschlichen Bedürfnisses nach einer Gemeinschaft, in der wir uns für die Belange anderer interessieren. Um den ersten Schritt in eine erfolgreiche Zukunft zu gehen, die von langfristigem Erfolg geprägt ist, müssen Unternehmen nichts anderes tun, als diese Belange und ihre Verantwortung wahrzunehmen.

Wer gewinnen will, muss auch verlieren können

Die DKMS ist auf genau diesem Fundament gebaut. Damals, als alles begann, waren wir nichts weiter als eine kleine Gemeinschaft von Menschen, die Verantwortung für Mechtilds Leben übernahmen. Natürlich hätten wir die Möglichkeit gehabt, uns einfach auf das bestehende Hilfssystem zu verlassen und dem Schicksal seinen Lauf zu lassen. Doch dann hätte Mechtild von vornherein keine Chance gehabt. Ein Kampf setzt voraus, dass man Stellung bezieht. Und wir wollten helfen. Wir fühlten uns betroffen und waren entschlossen, mit allen Mitteln für den Erfolg zu kämpfen. Und wenn diese emotionale Entscheidung einmal gefällt ist, dann gibt es kein Zurück mehr.

Wir haben viele Male gegen den Krebs verloren, bevor wir so vielen Menschen helfen konnten, wie wir das heute tun. Je nach Sichtweise verlieren wir den Kampf noch heute täglich, denn noch immer findet jeder fünfte Blutkrebspatient in Deutschland keinen Stammzellspender – in anderen Ländern ist die Zahl noch viel höher. Doch wenn wir uns davon hätten abschrecken lassen, hätten wir keinem einzigen Menschen helfen können. Die tief empfundene Verantwortung für einen geliebten Menschen kann man nicht abschütteln – auch dann nicht, wenn man einmal nicht mehr weiterweiß. Wofür auch immer man die Verantwortung übernimmt: Wenn der Kämpferinstinkt einmal geweckt ist, dann will man gewinnen. Auch dann noch, wenn mal wieder eine Schlacht verloren geht.

Als wir in den Kampf gegen den Krebs zogen, gab es viele, die uns unterstützten – aber wenige, die felsenfest an unseren Erfolg glaubten. Ganz im Gegenteil: Wir begegneten vielen, die uns für verrückt erklärten. Die uns mitleidig anschauten, wenn wir von unseren Bemühungen berichteten, und unseren Aktionismus mit mitleidiger Anerkennung bedachten. Im Nachhinein kann man es ihnen nicht einmal verübeln: Das Duell war auf den ersten Blick unfair. Mit dem Krebs hatten wir einen furchteinflößenden Gegenspieler. Für ihn sprachen die Statistiken und die Erfolglosigkeit eines scheinbar mächtigen Systems, das ihm erschreckend wenig entgegenzusetzen hatte. Noch schwerer wog aber, dass der Krebs die Zeit auf seiner Seite hatte – den mächtigsten aller Gegner.

Doch eines hat Krebs eben nicht: Er hat keinen Sinn. Nichts könnte sinnloser sein als Krebs. Die Sinnhaftigkeit unseres Tuns war unsere Chance – damals, in den ersten Tagen und Wochen nach Mechtilds Rückfall, war sie das Einzige, was wir hatten. Aber mehr brauchten wir auch nicht, um in den Kampf zu ziehen. Wer etwas Sinnvolles im Blick hat, schaut automatisch nach vorn.

Und unsere Reise hatte gerade erst begonnen.

2

Grundsteinlegung

Wie aus Helfern Unternehmer wurden

Eine Gruppe von Wahnsinnigen

Im Januar 1991, nachdem klar war, dass es an uns lag, einen Spender für Mechtild zu finden, taten wir das einzig Sinnvolle und gründeten eine Initiative. Wir, das waren zu Beginn Familie und Freunde, insbesondere Mechtilds Ehemann Peter Harf und Mechtilds Schwägerin Claudia Rutt aus der Familie. Zwei Monate später stieß der Hämatologe Prof. Dr. Gerhard Ehninger dazu. Mit ihm hatten wir einen der damals wenigen Spezialisten für Knochenmarktransplantationen in Deutschland mit im Boot.

Als Mechtilds Rückfall uns zum Handeln zwang, war die Planung schon fortgeschritten. Noch bevor die Existenz der DKMS auf Papier festgehalten war, noch bevor sie überhaupt so hieß, war sie über ihren Ursprungszweck hinausgewachsen: Dass wir die Ergebnisse unserer Spendersuche nach dem Abschluss unserer Hilfsaktion für Mechtild anderen Betroffenen in irgendeiner Form zur Verfügung stellen würden, schien uns von Anfang an die logischste Sache der Welt zu sein. Deshalb nannten wir unsere Initiative zunächst einmal »Hilfe für Leukämiekranke«.

Insbesondere hinter Mechtilds Mann Peter Harf lagen zu diesem Zeitpunkt bereits Monate intensiver Recherchen. Er hatte alle Informationen aufgetrieben, die es über den Forschungsstand zum Blutkrebs zu finden gab. Er kannte die Therapiemethoden, er kannte die besten Transplantationskliniken, er kannte die Spezialisten. Und »kannte« darf man hier durchaus wörtlich nehmen: Er war um die Welt geflogen und hatte mit diesen Spezialisten gesprochen. Mit dem Ergebnis, dass wir über einen reichen Fundus an Informationen verfügten, aus dem wir etwas machen mussten, um unsere Suche nach einem passenden Knochenmarkspender zum Erfolg zu führen. Wir brauchten vor allem einen Modus Operandi.

Wir brauchten die Hilfe der Gemeinschaft – so vieler Menschen wie möglich.

So motiviert wir auch waren, wussten wir doch, dass wir dieses Problem nicht allein würden lösen können und dass die Lösung selbst nicht am Schreibtisch stattfinden würde. Wir brauchten die Hilfe der Gemeinschaft – so vieler Menschen wie möglich. Dafür mussten wir sie auf das Schicksal der Patienten aufmerksam machen. Doch wie bezieht man eine breite Öffentlichkeit in die Lösung eines Problems ein, das diese nicht betroffene Öffentlichkeit auf den ersten Blick gar nichts angeht?

Uns wurde schnell klar: Die Antworten, die wir suchten, lagen im Kompetenzbereich der Wirtschaft. Die Variable, die in unserer Gleichung fehlte, war dieselbe wie bei jeder Unternehmensgründung: Wir wussten, dass das Problem Blutkrebs hieß. Wir wussten, wie die Lösung lautete, nämlich Knochenmarkspende. Was wir noch brauchten, war die Öffentlichkeit, um aus dieser Lösung ein funktionierendes Modell zu machen. Ein klassisches Business-Problem.

Diese Erkenntnis machte einen erheblichen Unterschied für unser weiteres Vorgehen aus, denn sie bedeutete, dass wir nicht länger auf unbekanntem Terrain unterwegs waren. Vielmehr konnten wir nehmen, was wir hatten: einen direkten Zugriff auf Business-Knowhow. Peter Harf war damals Manager in einem Unternehmen, das gerade zum Weltkonzern wurde. Zwar konnte auch er nicht aus dem Stand eine spezielle Öffentlichkeit herstellen, doch er wusste sehr viel darüber, wie man eine solche Fragestellung anpackt. Und er kannte Experten, die darauf spezialisiert waren und die er schnell für unsere Idee begeistern konnte. Auch das Problem des räumlichen Bedarfs und notwendiger Ressourcen wie Telefon und Fax, das sich bald einstellte, wurde auf einem sehr kurzen Dienstweg geklärt: Unser erstes Organisationszentrum waren die Räume der Firma Benckiser in Ludwigshafen, die Peter Harf als Geschäftsführer leitete.

Nun hatten wir das Problem auf eine Ebene heruntergebrochen, mit der wir umgehen konnten. So versetzten wir uns in die Lage, die Umsetzung anpacken zu können. Vieles konnten wir damals noch nicht. Aber Business – Business konnten zumindest einige von uns.

Hinzu kam, dass ein Bruder von Mechtild damals bei der Boston Consulting Group arbeitete und es schaffte, einige seiner Kollegen auf unser Problem anzusetzen. Als wir unsere ersten operativen Schritte planten, waren wir also längst nicht mehr allein. Unsere Gruppe von Wahnsinnigen, die in erster Linie von der Idee besessen war, Leben zu retten, war um eine Gruppe neutraler Experten erweitert worden.

Auch das ist ein Grund, warum unser allererster Schlachtplan im Kampf gegen den Krebs noch heute jedes Mal aufs Neue zum Einsatz kommt, wenn wir Kenntnis von einem Blutkrebsfall erhalten: Zwar improvisierten wir, aber wir taten es immerhin auf hohem Niveau.

Business gegen den Blutkrebs

Was wir planten, war im Grunde ganz einfach und allein eine Frage der kritischen Masse: Wir brauchten das Blut möglichst vieler Menschen, um deren Gewebemerkmale mit denen von Mechtild abzugleichen. Also mussten wir möglichst viele Menschen auftreiben, die bereit waren, sich Blut abnehmen zu lassen und im Falle einer Übereinstimmung mit Mechtilds Gewebemerkmalen – bzw. später auch denen anderer Patienten – auch einer Knochenmarkentnahme zuzustimmen. Das sollte so öffentlich wie möglich geschehen, damit auch die Aktion selbst geeignet war, noch mehr Menschen anzuziehen. Die Idee der Spendenaktion, auf der die Tätigkeit der DKMS bis heute beruht, war geboren.

Die Berater der Boston Consulting Group, die uns bei unserem Vorhaben unterstützten, begleiteten die ersten Aktionen. Daraufhin erstellten sie einen relativ präzisen organisatorischen Plan, wie so eine Aktion abzulaufen hatte. Auf der Grundlage dieses Planes organisierten wir alle späteren Aktionen. In seinen Grundzügen bildet er bis heute die Grundlage für alle Spendenaktionen.

Wir wendeten also Business-Know-how auf ein gesellschaftliches Problem an. Machten wir damit zu Beginn aus der Not eine Tugend, erkannten wir nur kurze Zeit später, dass wir damit die bestmögliche Vorgehensweise gewählt hatten: Die Mittel des Business waren genau die richtigen, um gegen die Krankheit in den Kampf zu ziehen. Bei aller Tragik und aller Zeitnot, die uns als »Einsatzkommando« zusammengebracht hatten: In diesen Tagen machte sich auch die unnachahmliche Stimmung einer unternehmerischen Startphase breit – mit allen Zweifeln und allem Stress, aber auch mit all der Aufbruchsstimmung und Hoffnung, die mit einem solchen Start einhergeht.

Wir wendeten Business-Know-how auf ein gesellschaftliches Problem an.

Einfach nur helfen: Die erste Spendenaktion

Weniger ausgefeilt ging es allerdings bei der Organisation der ersten Aktion zu, die wir in Ludwigshafen durchführen wollten – dem Ort unseres vorläufigen Büros.

Bald stellte sich heraus, dass die Finanzierung der ersten Aktion unser kleinstes Problem sein würde – so unwahrscheinlich das klingt. Zum einen stellten uns die meisten Mitwirkenden ihre Arbeitskraft unentgeltlich zur Verfügung. Wir mussten also »nur« die Kosten für Material, Administration, Transportwege und vor allem die Typisierung bei den Labors aufbringen. Deshalb führten wir, etwa mit persönlichen Briefen, umfassende Spendenaufrufe durch. Im Bekanntenkreis und durch die Kontakte bei unseren Planungsaktivitäten fanden sich zudem bald Menschen, die uns finanzielle

Hilfe anboten. Einige erste Firmen eingeschlossen, die sich sehr großzügig zeigten.

Nur konnten wir das Geld natürlich nicht einfach einstecken und wieder ausgeben, sondern mussten ein sauber geführtes Spendenkonto vorweisen können – das wir nicht hatten, da wir offiziell noch keine gemeinnützige Organisation, sondern eben nur eine private Initiative waren. In diesem Punkt, und bei anderen Formalitäten wie etwa den Einverständniserklärungen für die Spender, half uns die Stefan-Morsch-Stiftung – eine andere Initiative von Angehörigen, die Jahre zuvor von der Familie von Stefan Morsch, eines an Blutkrebs erkrankten Jugendlichen, gegründet worden war.

Unsere dringlichste Aufgabe war es, die vielen Menschen, die wir als Knochenmarkspender wollten, dazu zu bringen, sich aufzuraffen und bei der Aktion einzufinden. Mundpropaganda allein reichte dafür nicht aus. Wir mussten also den Königsweg der Öffentlichkeitsarbeit beschreiten und die Medien einschalten. Um das zu bewerkstelligen, gab es in Ermangelung eines Pressesprechers nur eine Möglichkeit, nämlich alle Lokalmedien in Ludwigshafen anzurufen und ihnen zu erzählen, was wir von ihnen wollten. Sie zögerten, gelinde gesagt, doch ein paar Journalisten ließen sich schließlich überreden, die Aktion anzukündigen. Wir durften also hoffen, dass sich zumindest einige Menschen einfinden würden.

Nun brauchten wir allerdings auch medizinisches Fachpersonal, das dieser unbestimmten Anzahl von Menschen Blut abnehmen konnte und durfte. Das war der weitaus schwierigere Teil der Vorbereitung, denn dafür mussten wir Ärzten für einige Stunden ihre Sprechstundenhilfen oder medizinisch-technischen Assistenten (MTA) abschwatzen. Der Kontakt fand wieder auf dem gleichen Weg statt wie schon mit der Presse: eine Frau, ein Telefon und die Gelben Seiten. Tatsächlich riefen wir einfach bei all jenen Fach-

Es war eine frustrierende Erfahrung, das Richtige zu tun und dafür angegriffen zu werden.

und Hausärzten aus dem Telefonbuch an, von denen wir aufgrund ihrer Qualifikation Verständnis für unser Anliegen erwarteten.

In diesen Gesprächen begegneten wir zum ersten Mal in geballter Form den Vorurteilen, mit denen die Methode der Knochenmarkentnahme damals in Deutschland behaftet war – sogar unter Medizinern. Sie waren gegen unser Engagement, weil sie die Chancen auf Heilung durch die Knochenmarktransplantation für zu gering hielten. Ein hemmender Faktor, der uns noch über Jahre begleiten und nicht selten massiv in unserer Arbeit behindern sollte. Manche von ihnen und große Teile der Bevölkerung setzten damals das Knochenmark dem Rückenmark gleich und waren regelrecht entsetzt darüber, welchem vermeintlichen Risiko wir die Spender da aussetzen wollten. Manche behandelten uns, als wären wir mit der Bitte um Operationen am offenen Rückenmarkskanal mitten auf dem Ludwigshafener Marktplatz an sie herangetreten. Dabei war eine Blutentnahme zu diesem Zeitpunkt alles, was wir wollten. Dass auch die Knochenmarkspende selbst nicht im Entferntesten mit einer Rückenmarkentnahme vergleichbar ist, verstanden damals die wenigsten. Und so kam es, dass nur wenige Ärzte bereit waren, uns Personal für die Blutabnahme zur Verfügung zu stellen. Es war eine frustrierende Erfahrung, das Richtige zu tun und dafür offensiv angegriffen zu werden. Aber das war auch eine Erfahrung, die wir machen mussten.

Als es dann endlich so weit war, war es eine Erfahrung, die wir heute um nichts in der Welt missen möchten. Als wir kurz nach Beginn der Aktion feststellten, dass unsere Idee aufging, wussten wir gar nicht so recht, ob wir uns riesig freuen sollten; unser Ziel war ja noch nicht erreicht. Doch schon bei dieser ersten Aktion waren wir überwältigt vom Echo der Öffentlichkeit. Einhundert Menschen kamen schon am ersten Tag der Aktion, um sich Blut abnehmen zu lassen. Zwar noch nichts im Vergleich zu den Zahlen, die wir bereits Wochen später erreichen sollten, in diesem Moment jedoch gefühlt ein riesiger Erfolg. Insgesamt waren es bei dieser Aktion in Ludwigshafen 680 Spender, die sich registrieren ließen. Alle freiwilligen Helfer waren mit Feuereifer bei der Sache und sorgten dafür, dass die Spendenwilligen die notwendige Einverständniserklärung unterschrieben. Die Krankenschwestern und MTAs entnahmen Blut im Akkord, und auch die Presse zeigte sich erstaunt über die Welle der Hilfsbereitschaft, die sie im beschaulichen Ludwigshafen vermelden konnte.

Am professionellsten von allen aber waren die Spender selbst. Es ist eine erhebende Erfahrung zu erleben, wie sich an einem eiskalten Februartag Hunderte von Menschen zusammenfinden, die in ihrer Hilfsbereitschaft nicht zu bremsen sind. Jedem Einzelnen war die Überzeugung anzusehen, dass kein Weg zu weit ist, um ein Leben zu retten. Wären wir nicht zu diesem Zeitpunkt schon davon überzeugt gewesen, dass der Gang an die Öffentlichkeit die einzig richtige Entscheidung war – spätestens an diesem Tag wäre jeder Zweifel ausgeräumt worden.

Am professionellsten waren die Spender selbst.

Am meisten überraschte uns, wie wenig die Leute hinterfragten, was wir taten. Wir hatten damit gerechnet, mit Fragen gelöchert zu werden: »Was passiert mit meinem Blut? Was ist eine Knochenmarkentnahme? Ist das gefährlich? Welche Nebenwirkungen gibt es? Bekomme ich Geld dafür? Muss ich dafür Urlaub nehmen?« Auf diese und viele weitere Fragen waren wir bestens vorbereitet. Doch in diesem Punkt hatten wir uns geirrt: Nur wenige Menschen richteten solche Fragen an uns. Die meisten scherten sich nicht weiter um Nebenwirkungen, Zeitaufwand und Kosten. Sie wollten einfach nur helfen.

Einfach nur helfen.

Die Aktion wurde auch organisatorisch ein voller Erfolg – sie übertraf unsere Erwartungen. Und die hatten wir nicht gerade niedrig gesteckt. Der Transport der Blutproben funktionierte ebenfalls reibungslos, und nach 14 Tagen hielten wir die Daten in unseren Händen. Bezüglich des Ergebnisses hatten wir uns keine großen Illusionen gemacht: Wir wussten rein rechnerisch, dass eine Aktion in diesem Umfang höchstwahrscheinlich nicht ausreichen würde, um einen passenden Spender für Mechtild zu finden. Wir müssten lügen, wenn wir behaupten, dass wir nicht enttäuscht waren, als es tatsächlich so kam. Doch nun hatten wir mit eigenen Augen miterleben können, welche Anziehungskraft der Wille zu helfen ausüben konnte.

Auch wenn wir im Detail noch viel dazulernen mussten: Wir wussten jetzt, wie es geht. Auf die Menschen konnten wir zählen. Jetzt mussten wir nur noch die Wahrscheinlichkeitsrechnung zu unseren Gunsten beeinflussen, indem wir die Zahl der Registrierungen erhöhten. Obwohl die Aktion nur der erste Schritt war: Wir hatten das Ziel vor Augen.

Die Aktion braucht ein Gesicht

Unsere wichtigste Erkenntnis darüber, wie man Menschen für eine Sache begeistert, hatten wir mitten in der Planung für die nächsten Aktionen in Frankfurt, Köln, Düsseldorf und Neuss. Sie ist der wichtigste Ratschlag, den wir engagierten Menschen und Unternehmern geben können, die mit ihrem Anliegen an die Öffentlichkeit gehen wollen: Viele erreicht man durch einen. Um Tausende von einer Sache zu überzeugen, braucht man einen einzigen besonderen Menschen. Einen Menschen, der dem Anliegen ein Gesicht gibt.

Um Tausende von einer Sache zu überzeugen, braucht man einen einzigen besonderen Menschen.

Natürlich hatten wir schon lange vor der ersten Aktion mit dem Gedanken gespielt, Mechtild in die Spendersuche einzubeziehen –

schließlich war ihr Schicksal der Anlass für unsere Initiative gewesen. Sie war der Fixpunkt unserer Hoffnungen. Doch in dieser Phase war sie mitten in der Therapie, und es ging ihr nicht gut. Wir entschieden uns auch deshalb dagegen, weil wir den Eindruck vermeiden wollten, es ginge uns nur um unsere eigenen Belange. Wir wussten, dass ein sozialer Druck entstehen könnte, unter dem vor allem Mechtild leiden würde. Immerhin lag der Verdacht nahe, dass es uns allein um unsere Angehörige ging, und sobald ein Spender für Mechtild gefunden wäre, könnte es uns egal sein, was mit den gesammelten Spenderdaten passierte. Das war jedoch zu keinem Zeitpunkt so, und wir wollten Gerüchten aus dem Weg gehen, die anderes besagen könnten. Deshalb hatten wir vor der Aktion bewusst nach einem weiteren Patienten gesucht.

Bei der Aktion in Ludwigshafen lernten wir Patrick kennen. Den kleinen Patrick, der alles verändern sollte.

Als wir Patricks Vater zum ersten Mal anriefen, berichtete er uns, dass auch er einen Knochenmarkspender für seinen neunjährigen Sohn suchte. Sofort luden wir die Familie zur Aktion nach Ludwigshafen ein und erlebten eine einzigartige Begegnung.

Als sie von unserer Initiative hörte, wartete die Familie bereits seit zwei Jahren auf einen passenden Knochenmarkspender. Patrick hatte in seinem jungen Leben schon viel aushalten müssen. In sehr jungen Jahren hatte er die Diagnose aplastische Anämie bekommen (eine andere Krankheit des blutbildenden Systems, die ebenfalls mit einer Knochenmarktransplantation behandelt werden kann) und seitdem einen großen Teil seiner Zeit in der Düsseldorfer Uniklinik verbracht. Sein Leben war bestimmt von der Einnahme zahlreicher Medikamente

Bei ihm erlebten wir zum ersten Mal, was wir seitdem häufig bei schwer kranken Kindern erlebt haben: Sie verfügen über eine besondere Reife, weil sie gelernt haben, mit ihrer Krankheit umzugehen. Oft übernehmen sie auch die Verantwortung für ihre Eltern.

Viele Kinder, die so krank sind, lügen ihre Familie bewusst an. Sie erzählen allen, dass es ihnen gut geht – weil sie spüren, wie sehr ihre Angehörigen leiden, wenn es ihnen schlecht geht.

Wir hatten noch keine fünf Minuten mit Patrick verbracht, als wir wussten, dass er für unsere Aktion der Richtige war. Bisher hatten wir nur beschlossen, unsere Ergebnisse möglichst vielen Menschen zur Verfügung stellen zu wollen. Als wir Patrick kennenlernten, erkannten wir: Wir mussten nicht nur unsere Ergebnisse, sondern schon unser Modell der Spendersuche auf möglichst viele Betroffene anwenden. Und Patrick sollte den Anfang machen. Die Wirkung, die er auf uns ausübte, würde er auch auf andere ausüben. Jeder, der diesen Jungen kennenlernte, würde ihm helfen wollen.

Jeder, der diesen Jungen kennenlernte, würde ihm helfen wollen.

Damit war auch die Frage beantwortet, wie wir mehr Menschen erreichen konnten: Wir mussten ihnen Patrick zeigen. Nichts ist unpersönlicher als der Krebs. Doch nichts konnte persönlicher sein als das Schicksal dieses kleinen Jungen. Wir ahnten es schon zu diesem Zeitpunkt: Indem wir uns um seine Rettung bemühten, würden wir vielen weiteren Menschen helfen können, denn er hatte eine ungeheure Anziehungskraft. Patrick gab der Diagnose ein Gesicht. Kein abschreckendes, trauriges Gesicht, sondern eines, das hoffnungsvoll und energisch in die Welt strahlte. Patrick konnte nicht nur Spendern zeigen, wie wichtig ihr Beitrag ist; er konnte auch anderen Patienten und deren Familien Mut machen.

Und genau so kam es. Patrick und seine Familie nahmen unseren Vorschlag sofort an, öffentlich nach einem Spender zu suchen. Und so wurde Patrick zum ersten Gesicht unserer Initiative.

Die Aktion in Ludwigshafen war die erste, bei der er uns begleitete; zunächst nur als Gast. Doch die Lokalpresse wurde auf ihn aufmerksam und berichtete über Patricks Schicksal im Zusammenhang mit unserer Aktion. Schon im Vorfeld hatten wir ein Fernsehteam überzeugen können, sich die Aktion zumindest anzuschauen. Mit einer gewissen Skepsis hatten die Reporter zugestimmt. Von dieser Skepsis war allerdings nichts mehr übrig, nachdem sie Patrick kennengelernt hatten. Noch am selben Abend wurden wir ins Studio von RTL Regional eingeladen, wo wir gemeinsam mit Patrick von unserem Anliegen berichteten. Mit durchschlagendem Erfolg: Am nächsten Tag kamen mehr als doppelt so viele Menschen aus Ludwigshafen und Umgebung, um sich Blut abnehmen zu lassen. Wir verstanden, wie wichtig es war, unseren Aktionen ein Gesicht zu geben.

Lerneffekte: Viel Licht, erste Schatten

Neben Ludwigshafen führten wir – noch als Privatinitiative – Aktionen in Frankfurt, Köln, Düsseldorf und Neuss durch. Immer besser gelang es uns, regionale Prominente und Politiker als Schirmherren für die Aktionen zu gewinnen. In Frankfurt übernahm diese Aufgabe der damalige Oberbürgermeister Volker Hauff. Dadurch schafften wir es sogar in die *Tagesschau*. In Köln ließen sich die Musiker der Band BAP bei uns als Spender registrieren, auch Norbert Blüm ließ sich blicken. In Neuss, Patricks Heimatstadt, übernahm Rita Süssmuth die Schirmherrschaft. Seit Patrick sich uns angeschlossen hatte, wurde jede Aktion größer als die vorherige.

Seit Patrick sich uns angeschlossen hatte, wurde jede Aktion größer als die vorherige.

In Düsseldorf fiel das Ergebnis noch beeindruckender aus als bei allen vorherigen Aktionen – in einem auch für uns Optimisten unerwarteten Ausmaß. Fast die gesamten Belegschaften der städtischen Feuerwehr und Polizei ließen sich registrieren. Ein hoher Gewerkschaftsvertreter, mit dem wir zuvor Kontakt aufgenommen hatten, hatte ebenfalls seine Kontakte genutzt. Es kamen so viele

Spender, dass wir der Lage kaum noch Herr wurden. Wieder warteten die Menschen geduldig; wieder war es ihnen egal, weil sie helfen wollten.

Der durchschlagende Erfolg stellte uns vor ein ganz anderes Problem: Wo sollten wir die Tausenden von Blutproben, die wir sammelten, typisieren lassen? Die dafür vorgesehenen deutschen Labors waren mit dieser Masse an Proben überfordert; sie schafften nur 50 bis 100 Proben pro Tag. Noch während der Aktion telefonierten wir uns die Ohren heiß – und fanden ein Labor in den USA. Dieses Speziallabor in der Nähe von New York hatte dafür nicht nur die Kapazitäten, sondern konnte uns auch einen konkurrenzfähigen Preis anbieten: 75 Dollar statt der 200 Mark, die in Deutschland nach harten Verhandlungen für eine einzige Typisierung fällig gewesen wären. Doch als das Labor gefunden war, standen wir vor einer neuerlichen Herausforderung: Wie würden die Proben »frisch«, also innerhalb der 24 Stunden, innerhalb derer die Typisierung bei jeder Probe beginnen muss, nach New York transportieren?

Das Transportproblem fand eine filmreife Lösung. Peter Harf rief kurzerhand den damaligen Vorstandsvorsitzenden von Henkel, Prof. Sieler, in der Düsseldorfer Zentrale des Konzerns an und bat ihn um logistische Unterstützung. Und die bekamen wir. Am späten Abend fuhr eine ungewöhnliche Eskorte vor: Die Werksfeuerwehr von Henkel, die Prof. Sieler uns eilends zur Hilfe geschickt hatte. Sie transportierte die 2000 Blutproben dieses Tages – insgesamt kamen an den drei Aktionstagen über 7000 zusammen – schnell und sicher zum Flughafen, wo sie in die letzte Lufthansa-Maschine dieses Abends nach New York verladen wurden.

Unser Bekanntheitsgrad wuchs praktisch täglich. Und mit ihm die Zahl der registrierten Spender.

Bei jeder Aktion in den Monaten zwischen Januar und Mai 1991 lernten wir dazu. Unsere grundsätzliche Vorgehensweise blieb immer die gleiche, und doch lief jede Aktion professioneller ab. Gleichzeitig wurde unsere Kommunikation mit den Medien und Prominenten immer selbstbewusster, weil wir nun Erfolge und mit Patrick einen wirklichen Publikumsmagneten vorzuweisen hatten. Inzwischen bemühten wir uns jedoch auch aktiv darum, zusätzlich andere Betroffene aus der jeweiligen Stadt einzubeziehen. Jedes Mal waren mehr Pressevertreter anwesend als bei der vorherigen Aktion. Unser Bekanntheitsgrad wuchs praktisch täglich. Und mit ihm die Zahl der registrierten Spender.

All das Licht war natürlich nicht ganz ohne Schatten zu haben. Unser Erfolg weckte Begehrlichkeiten ausgerechnet innerhalb der Gesundheitsindustrie, die uns noch kurz zuvor nicht einmal hatte ernst nehmen wollen. Nicht wenige hatten uns angesichts unseres Vorhabens zu einem wilden Haufen Irrer erklärt und uns jegliche Unterstützung verweigert. Jetzt, da wir Erfolg hatten, mussten wir jedoch feststellen, dass diese Blockaden einen ganz anderen Grund hatten: Wir wurden den Eigeninteressen mancher Gruppen, zum Beispiel denen eines HLA-Labors, gefährlich, das ähnliche Pläne bisher nicht hatte umsetzen können und deshalb unsere Arbeit boykottierte.

Bei der Aktion in Düsseldorf tauchte plötzlich ein Herr auf, der fragte, ob unsere Aktion eigentlich vom Regierungspräsidium genehmigt sei. Es war eine merkwürdige Situation: Links von uns stand praktisch die gesamte Düsseldorfer Polizei aufgereiht, um sich registrieren zu lassen. Und rechts von uns dieser Mann, der uns drohte, die Veranstaltung auflösen zu lassen. »Das können Sie tun«, sagten wir ihm. »Dann erklären Sie das aber bitte den Menschen, die Sie hier überall sehen können. Und bei den Herren da drüben« – wir zeigten auf das Heer von Uniformen – »können Sie anfangen.«

Von diesem Tag an hatten wir die Gewissheit, dass wir für unseren Erfolg einen Preis würden zahlen müssen.

Natürlich wurde die Veranstaltung nicht abgebrochen. Doch von diesem Tag an hatten wir die Gewissheit, dass wir für unseren Erfolg einen Preis würden zahlen müssen. Von politischen Spielchen bestimmter Lobbys, die uns partout für unseriös erklären wollten, würden wir nicht verschont bleiben. Wir würden nicht nur gegen den Krebs zu kämpfen haben, sondern auch gegen Interessengruppen, die ganz plötzlich das Thema für sich entdeckt hatten.

Auch darauf muss man gefasst sein, wenn man sich engagiert: Jeder Erfolg zieht profitorientierte Konkurrenten an, die Ansprüche anmelden. Ob sie selbst irgendetwas bewegt haben oder nicht.

Die Entdeckung einer Lücke

Im Gegensatz zu unseren plötzlich erwachten Wettbewerbern wurden wir nicht von der Aussicht auf Gewinne angetrieben, sondern von unserem Ziel, Leben zu retten. Das von Mechtild. Das von Patrick. Und das von vielen, vielen anderen. Wir haben keinen Zweifel: Dieser Unterschied ist der Grund dafür, dass wir uns auf diesem »Markt« durchsetzten.

Wenn man sich der Lösung eines Problems annimmt, weil man selbst betroffen ist, sieht man mehr, als wenn man nur von außen darauf blickt. Wenn Sie in ein Krankenhaus gehen, begegnen Sie unweigerlich Patienten. Wenn Sie Schulen in Nepal besuchen, begegnen Sie nepalesischen Schülern. Und wenn Sie sich dem Kampf gegen Blutkrebs stellen, begegnen Sie Blutkrebskranken.

Aus der privaten Initiative war längst etwas Größeres geworden. Bei der Planung unserer ersten Aktionen hatten wir nicht nur Kontakte mit Helfern geknüpft, sondern auch mit Betroffenen. Vor Ort suchten wir Knochenmarkspender nicht mehr nur gezielt für Mechtild, sondern auch für Patienten in der jeweiligen Stadt – Patienten wie den kleinen Patrick. Und beflügelt durch den Erfolg war uns auch klar geworden, dass wir tatsächlich noch viel mehr Menschen helfen konnten als denen, die uns bei unserer Arbeit unmittelbar begleiteten. Dass es da eine Initiative gab, die schon nach einigen Wochen über eine viel größere Zahl registrierter Spender verfügte, als zuvor über viele Jahre registriert worden waren, begann sich herumzusprechen. Wir waren zu Hoffnungsträgern geworden, und immer mehr Angehörige traten mit der Bitte an uns heran, auch ihren Partnern, Kindern, Freunden und Kollegen zu helfen.

Aus der privaten Initiative war längst etwas Größeres geworden.

Auch unsere Helfer – die Freiwilligen, die uns bei den Aktionen unterstützten, und die großzügigen Privat- und Firmenspender, die uns finanziell unter die Arme griffen – setzten inzwischen hohe Erwartungen in uns. Wir waren zum Nukleus einer Gemeinschaft geworden, die bereit war, den Kampf gegen den Krebs weiterzuführen. Wir hatten den Ansatz eines Lösungsmodells, wir hatten Unterstützung, wir hatten Erfolg. Irgendwann zwischen Spendenaktionen, Medienauftritten und Verhandlungen mit Labors war der Punkt erreicht, wo es für uns kein Zurück mehr gab. Diese Eigendynamik war ein Nebeneffekt unserer Arbeit – wir hatten schlicht seit Monaten nicht mehr daran gedacht, irgendwann auch wieder aufzuhören.

Dass wir an diesen Punkt kamen, ist ebenfalls eine Folge der Betroffenheit. Eine politische Aktionsgruppe oder eine Kommission hätte von vornherein in einem vorgegebenen Rahmen agiert: mit einer bestimmten Menge an Mitteln für einen bestimmten Zeitraum. Wir waren allein deshalb auf diese Reise gegangen, weil wir selbst mit einem Problem konfrontiert waren, das sehr viele Menschen betraf. Nur deshalb waren wir überhaupt in die Lage gekommen, den Missstand zu erkennen, gegen den wir nun ankämpften: Auf der einen Seite waren da die riesigen Fallzahlen und all die Einzelschicksale, von denen wir immer mehr kennenlernten. Und auf der anderen Seite war da ein völlig mangelhaftes System, das dem Blutkrebs kaum etwas entgegenzusetzen hatte. Da war die Therapie, die diesen Menschen Hoffnung schenken konnte, die aber nichts nützte, wenn es keine ausreichende Menge registrierter Spender gab, auf die man im Bedarfsfall zurückgreifen konnte. Das Problem lag offen vor aller Augen, und doch kümmerte sich niemand darum – weil es die Perspektive der Betroffenen brauchte, um es überhaupt zu sehen. Und diejenigen, die es sehen konnten, befanden es für unrealistisch, daran in kurzer Zeit etwas zu ändern – es war einfach zu teuer.

So ist es mit vielen gesellschaftlichen Missständen: Man bemerkt sie erst, wenn man sie selbst zu spüren bekommt. Das ist ein weiterer Grund dafür, warum gemeinnützige Unternehmen, Social Business und andere Formen des gemeinschaftlichen Engagements besser geeignet sind, um bestimmten Lücken im System zu begegnen, als die Politik oder die reine Charity-Arbeit von Unternehmen. Beide leisten wichtige Beiträge zur Unterstützung sozialer Zwecke, können jedoch nur sehr bedingt die Rolle als operative Akteure ausfüllen. Dafür bedarf es der persönlichen Anteilnahme. Man sollte staatlichen Stellen deswegen allerdings keinen Vorwurf machen. Die Politik kann nicht jeden Missstand von innen heraus bekämpfen, und ihre jeweiligen Akteure können nicht gegenüber jedem Missstand eine Haltung der persönlichen Betroffenheit einnehmen.

Viele Missstände bemerkt man erst, wenn man sie selbst zu spüren bekommt.

Es bringt nichts, mit dem Finger auf das System zu zeigen und die Verantwortung zu delegieren. Diese Haltung erzeugt nur Ohnmacht; sie wirkt destruktiv, wo konstruktive Lösungen gefragt sind. Stattdessen dürfen wir nicht wegschauen, wenn wir Missstände wahrnehmen. Nur wenn eine Gemeinschaft von Betroffenen ihre Kräfte bündelt, werden Lösungen möglich,

Es bringt nichts, mit dem Finger auf das System zu zeigen.

die nicht nur gut gemeint, sondern auch gut gemacht sind. Besser als alle Hilfen von Außenstehenden, die nicht zum Kern des Problems vordringen können.

So kann nicht nur handfeste Hilfe von Betroffenen für Betroffene entstehen, sondern auch eine Bewegung, die auf den Rest des Systems ausstrahlt. Mit dem Krebs lässt sich nicht verhandeln. Wohl aber mit den Stellen, die nicht direkt betroffen, aber doch durchaus in der Lage und oft auch willens sind zu helfen, wenn man ihnen einen kreativen Weg aufzeigt, wie sich eine Lösung finden lässt.

Plötzlich Unternehmer

Weil wir eine große Zahl von Unterstützern gewonnen hatten, waren wir uns sicher, dass wir weitere gewinnen konnten. Wir hatten inzwischen eine so starke Außenwirkung, dass auch offizielle Stellen von uns Notiz nehmen mussten – wie zum Beispiel die Deutsche Krebshilfe. Immerhin arbeiteten wir sehr erfolgreich an der Bekämpfung eines Problems, das durchaus in ihre Zuständigkeit fiel.

Wir mussten unser Engagement in eine Form gießen, die uns handlungsfähig machte.

Und wir brauchten Unterstützung. Nach der Spendenaktion in Düsseldorf, die hohe Kosten für die Typisierung und die Veranstaltungsorganisation verschlungen hatte, waren unsere Mittel erschöpft. Natürlich konnten wir uns weiterhin mit Spenden von Aktion zu Aktion hangeln. Doch ohne Schützenhilfe konnten wir nicht wachsen. Als private Initiative verfügten wir über kein System, über das wir uns selbst hätten tragen können. Wir hatten inzwischen jedoch erkannt, dass das notwendig war, um noch mehr Menschen zu helfen. Wir mussten unsere Aktionen und unser Engagement in eine Form gießen, die uns handlungsfähig machte. Aber die ersten Meter dieses Weges konnten wir finanziell nicht aus eigener Kraft gehen: Wir brauchten, über die Spenden hinaus, eine Anschubfinanzierung.

Und wir bekamen sie – von der Deutschen Krebshilfe. Den Kontakt stellte Prof. Ehninger her, der mittlerweile zu unserer Gruppe gehörte. Er sollte Mechthild transplantieren, sobald ein Spender gefunden war. Es gelang uns mit seiner Unterstützung und durch seine Reputation relativ schnell eine Soforthilfe von einer Million Mark bewilligt zu bekommen. Mit dieser führten wir unter anderem die Aktion in Patricks Heimatstadt Neuss durch. Gerade dort war der Andrang der Spender natürlich erneut riesengroß, denn das Schicksal von Patrick war in der Region inzwischen sehr bekannt. Allein diese Aktion verursachte aufgrund der Anzahl der Spender enorme Kosten für Organisation und Typisierung. Und wir hatten noch viel mehr vor. Das Geld würde also nicht lange reichen.

Der anhaltende Erfolg führte bei der Krebshilfe allerdings auch dazu, dass man unseren Bedarf erkannte und ernst nahm. So erhielten wir am 22. Mai 1991 zusätzlich zur bereits gezahlten Soforthilfe die Bewilligung über eine Anschubfinanzierung von fünf Millionen Mark, mit der Aussicht auf weitere Unterstützung. Die Bewilligung war allerdings mit der Aufforderung verbunden, bezüglich unserer Organisationsform Nägel mit Köpfen zu machen. Eine Privatinitiative auf diese Weise zu unterstützen war nicht gerade üblich.

Tatsächlich war die Gründung eines Unternehmens nur noch der nächste logische Schritt. Wir hatten alles, was notwendig war, um unsere Arbeit auf die nächste Stufe zu heben: eine riesige Nachfrage, ein funktionierendes System zur Spendergewinnung, eine hochmotivierte Gemeinschaft von Unterstützern und nun auch die Mittel. Dass die Gründung anstand, lag auf der Hand. Nur wussten einige von uns früher von deren Durchführung als andere.

Die Unternehmensgründung war der nächste logische Schritt.

Ich, Claudia Rutt, erfuhr ein paar Tage später davon als meine Mitstreiter. Peter Harf und Prof. Ehninger hatten eines Abends auf den Druck der Krebshilfe hin die Gründung durchgeführt. Dies war die Bedingung für die weitere finanzielle Unterstützung. Zwei Tage später stand anlässlich der weiteren Förderung durch die Krebshilfe und des wachsenden Medieninteresses in Hamburg unsere erste Pressekonferenz an, bei der ich vor einer großen Zahl von Pressevertretern die Zusammenarbeit mit der Deutschen Krebshilfe sowie deren finanzielle Unterstützung bekannt geben sollte.

Ich war wahnsinnig aufgeregt, hatte mich intensiv vorbereitet, um die Initiative gut darzustellen, und jeden Satz meiner Ansprache genau durchdacht. Und dann, wenige Minuten vor der Pressekonferenz, trat Prof. Ehninger an mich heran und sagte ganz beiläufig: »Ach, übrigens, wir sind jetzt eine gemeinnützige GmbH. Und ab sofort heißen wir DKMS Knochenmarkspenderdatei. Das hier ist unser Logo.« Damit hatte sich mein Skript weitgehend erledigt.

Und wir hatten plötzlich so einiges vor, das über das reine Suchen von Knochenmarkspendern hinausging. Wir hatten unsere Initiative professionalisiert. Und aus unserer Gemeinschaft musste ein Unternehmen wachsen.

Rückblickend betrachtet waren wir das natürlich schon längst. Und wir waren auch nicht die ersten Gründer, die vom eigenen Erfolg überwältigt wurden. Der Ablauf ist typisch für die Gründungsgeschichte vieler erfolgreicher Unternehmen: Eine Gruppe von hochmotivierten Menschen, stürzt sich Hals über Kopf in die Umsetzung und geht von Anfang an aufs Ganze. Und dann ist plötzlich der Erfolg da, und es gibt kein Zurück mehr.

Wann genau es wirklich geschehen war, ist eine Interpretationsfrage – der Gründungstag, der 28. Mai 1991, ist letztlich nur ein Datum auf unserem Weg. Der magische Moment hatte wohl schon viel früher stattgefunden: Aus einer sinnvollen Idee war ein Unternehmen geworden.

3
Laufen lernen

Wie die Aufgabe Orientierung schafft

Der Krebs macht seine eigenen Pläne

Für ein gemeinnütziges Unternehmen gibt es einen ausschlaggebenden Orientierungspunkt, dem sich alle anderen Erwägungen unterordnen müssen: die Bedürfnisse jener, die unmittelbar betroffen sind. Um jede einzelne unternehmerische Handlung auf die Betroffenen auszurichten, muss man deren Lebenswirklichkeit zur Basis aller Überlegungen machen.

Wir erfuhren durch Mechtild in unserem engsten Umfeld, was die Diagnose Krebs bedeutet und welchen täglichen Fragen und Belastungen Blutkrebspatienten ausgesetzt sind. Die medizinischen Aspekte sind nur ein kleiner, auch für Außenstehende relativ schnell nachvollziehbarer Teil der Erfahrungen, die die Betroffenen machen. Viel schwerer wiegen die mentale Herausforderung, die eine tödliche Krankheit darstellt, und die Einbußen an Lebensqualität durch soziale Probleme. Der Patient muss nämlich nicht nur mit Veränderungen an und in sich selbst umzugehen lernen, sondern auch mit den Reaktionen seines Umfelds darauf. Die Erfahrung einer Krebserkrankung verändert das Leben von Grund auf.

Während unsere Initiative zu einem Unternehmen wurde, entwickelte sich auch Mechtild durch ihr Schicksal weiter. Ihr und uns als Angehörigen gaben unsere schnellen Fortschritte bei der Spendersuche Auftrieb und Zuversicht.

Während es mit der DKMS stetig bergauf ging, verlief Mechtilds Krankheit allerdings sehr wechselhaft. Ihr würdevoller Umgang mit ihrem schwankenden Gesundheitszustand war wahrscheinlich unsere größte Motivation, immer weiterzumachen. Mechtild wuchs an der Krankheit – sie wurde von Tag zu Tag zu einer stärkeren Persönlichkeit. Nicht jeder Patient kann so gut mit seiner Situation umgehen, wie Mechtild es konnte, doch wir beobachten immer wieder,

Wenn die Haare ausfallen, ist man von der Krebstherapie gezeichnet.

dass die außerordentliche Belastung Menschen reifen lässt – sogar Kinder wie den kleinen Patrick.

Zu den Strapazen durch die Krankheit kommen jene, die die Therapie mit sich bringt. Mechtild bekam nach ihrem Rückfall zunächst erneut eine kombinierte Strahlen- und Chemotherapie. Deren Nebenwirkungen hinterlassen sehr tiefe Spuren beim Patienten. Für Mechtild war beispielsweise, wie für viele Krebspatienten, der Verlust der Haare durch die aggressive Chemotherapie eine sehr einschneidende Erfahrung. Der Blick in den Spiegel ist für jeden von uns eine sehr vertraute tägliche Handlung – er ist Routine. Nicht so für Krebspatienten. Beim Blick in den Spiegel blickt man immer auch der Krankheit ins Gesicht. In diesen Momenten ist es unmöglich, sich dem Krebs zu entziehen. Durch die physischen Veränderungen wird er omnipräsent. Er ist nicht mehr nur eine Diagnose, sondern eine wahrnehmbare Realität: Wenn die Haare ausfallen, ist man von der Krebstherapie gezeichnet. Gerade Frauen empfinden den Verlust ihrer Haare als besonders schmerzhaft, wie eine zweite Krankheit – sie sind oft der Überzeugung, dass sie nun nicht mehr aussehen wie sie selbst. Es ist, als ob der Krebs ihnen die Persönlichkeit nimmt.

Mechtild unternahm große Anstrengungen, um sich dieser Entfremdung zu widersetzen, und hielt sich damit mental gut über Wasser. Es durfte zum Beispiel nicht irgendeine Perücke sein, sondern nur die beste – keine aus synthetischem Material, sondern aus Echthaar. Die Patientinnen fixieren sich sehr auf diese Details, weil das ihnen eine Möglichkeit gibt zu kämpfen; dem Krebs ein Schnippchen zu schlagen, indem sie trotzdem gut aussehen. Bei der DKMS widmen wir uns seit 16 Jahren auch diesem Bedürfnis der Betroffenen, weil wir erlebt haben, welche große Rolle es für sie in der Zeit der Therapie spielt. Mit DKMS LIFE, einem Schwesterunternehmen der

Plötzlich ist man nicht mehr Mechtild, sondern die Frau mit Krebs.

DKMS, veranstalten wir im Verbund mit dem internationalen Programm »Look Good Feel Better« regelmäßig Kosmetik-Seminare, die den krebskranken Frauen helfen, die sichtbaren Folgen der Behandlung zu reduzieren und ihre individuellen Vorzüge zu betonen. Diese Workshops haben einen wichtigen Nebeneffekt: Die Patientinnen lernen sich kennen, können sich gegenseitig Tipps geben und einander auch in anderen praktischen Lebensfragen stützen. In einer solchen Gruppe fällt es manchen oft viel leichter, sich zu öffnen, als gegenüber Freunden und Familie. Und im Gegensatz zu ihrem oft unsicheren Auftreten unter Fremden fühlen sie sich mit ihrem veränderten Aussehen unter anderen Betroffenen nicht unwohl.

Für Außenstehende ist der Leidensdruck durch die äußere Veränderung gar nicht so leicht nachzuvollziehen: Jeder weiß ja, dass die Chemotherapie diese Nebenwirkungen hat, und niemand würde mit dem Finger auf eine glatzköpfige Frau zeigen. Die meisten würden eher Mitleid empfinden. Doch genau da liegt das Problem, denn die Selbstwahrnehmung der Patientinnen ist natürlich eng an die Außenwahrnehmung durch ihr Umfeld geknüpft. Das Mitleid der Umgebung bestätigt eben die Befürchtung, die die Patienten haben: dass jeder ihnen den Krebs ansieht und im schlimmsten Fall seinen Umgang mit ihnen darauf reduziert. Plötzlich ist man nicht mehr Mechtild, sondern die Frau mit Krebs. Deshalb würden viele Betroffene ihre Krankheit lieber verschweigen. Nur wenige sind in der Lage, genau den umgekehrten Weg zu gehen und mit öffentlicher Präsenz sogar dafür zu sorgen, dass die Krankheit gesellschaftlich wahrgenommen wird. Deshalb achten wir bei unseren Spendenaktionen und der Öffentlichkeitsarbeit sehr genau darauf, dass wir als Gesichter der DKMS nur Menschen auswählen, die die öffentliche Präsenz auch wollen.

Als Mechtild vor mehr als 20 Jahren erkrankte, hatte die Sorge, dass man ihr den Krebs ansehen würde, noch eine größere soziale

Dimension: Krebs war damals noch viel stärker als heute ein Stigma. Gerade beim Thema Blutkrebs bestand, wie wir immer wieder selbst in Medizinerkreisen feststellen mussten, noch sehr viel Aufklärungsbedarf. Heute – auch dafür haben wir in den letzten 20 Jahren hart gekämpft – ist der Umgang mit Blutkrebskranken insgesamt ein anderer. Die Bevölkerung ist besser informiert, Informationen über die Krankheit sind leicht zugänglich, und die Patienten können viel selbstbewusster als damals durch ihren Alltag gehen. 1991 war das für viele, so auch Mechtild, noch ein ständiger Eiertanz – nicht selten wurden Blutkrebskranke behandelt wie Aussätzige. Nicht aus Böswilligkeit, sondern aus Unwissenheit und Unsicherheit.

Dazu kommt, und daran hat sich bis heute nicht viel geändert, die Unsicherheit vieler Menschen im Umgang mit Krebskranken allgemein. Auch wir stellten uns damals die Fragen, die sich die meisten Angehörigen zu Beginn stellen: Wie soll man sich den Betroffenen gegenüber verhalten? Soll man über die Krankheit reden oder übers Wetter? Einfach weitermachen wie zuvor? Wie viel Hilfe wollen sie, und wann fühlen sie sich eher gestört? Was tut ihnen gut, was verstärkt ihr Leiden? Wir machten damals die Erfahrung, dass es Mechtild in dieser Hinsicht ähnlich ging wie uns – auch sie fragte sich, wie sie anderen nun begegnen sollte, um sie nicht in ihrer Sorge zu bestärken.

Auch das ist eine Folge von Krebs: Man verliert Freunde und man gewinnt Freunde.

Über diese Fragen verändern sich die sozialen Beziehungen. Auch das ist eine Folge von Krebs: Man verliert Freunde und man gewinnt Freunde. Manche Beziehungen scheitern an der Hilflosigkeit im Angesicht der Krankheit, andere wachsen genau daran. Beziehungen, die diese Zeit überstehen, überstehen in der Regel alles.

Mechtild fand im Verlauf ihrer Krankheit immer mehr zu sich. Quälte sie sich zu Beginn noch mit der anklagenden Frage »Warum ich?«, ging sie nach einigen Monaten mit einer Coolness durchs Leben, die wir alle bewunderten. Aus unseren Bemühungen um Öffentlichkeit hielten wir sie aus den genannten Gründen weitgehend heraus. Doch im innersten Kern unserer wachsenden Gemeinschaft war sie nicht nur der Ursprung, sondern auch eine tragende Säule unseres Engagements und ist es bis heute geblieben. An ihrer Stärke und ihrer Hoffnung, aber auch an ihren Ängsten und Rückschlägen fanden wir alle Orientierung. Mechtild prägte die Art, wie wir heute Tausenden von Betroffenen helfen.

Die DKMS steht für die Hoffnung auf Leben. Und vieles, was wir heute über das Leben wissen, lernten wir von Mechtild.

Krebspatienten entwickeln eine andere Perspektive auf den Alltag – ihre Erfahrungen sind viel intensiver als die gesunder Menschen. Mechtild entwickelte insbesondere in den Zeiten der Strahlen- und Chemotherapie eine viel engere Bindung an menschliche Grundbedürfnisse. Der Stellenwert einfacher Dinge steigt enorm, wenn man sie nicht mehr als selbstverständlich betrachtet. Die Interessen bleiben die gleichen, doch die grundlegenden Lebensfragen sieht man in einem ganz neuen Licht.

Mechtild ging seit ihrer ersten Therapiephase zum Beispiel viel öfter an die frische Luft als früher. Jemand, der wochenlang das Bett nicht verlassen darf, weil sein Immunsystem durch die Behandlung stark geschwächt ist, empfindet einen Spaziergang im Freien als großen Luxus. Ähnlich ist es mit dem Essen oder mit ganz normalen Formen der Geselligkeit. Während der Therapie werden die Patienten physisch isoliert, um Keime und Viren von ihnen fernzuhalten. Eine einfache Berührung, eine Umarmung bekommen dadurch eine ganz andere Bedeutung. Sogar ein unbefangener, alltäglicher Umgang mit anderen Menschen, den man sonst für selbstverständlich hält, ist in dieser Situation etwas Besonderes. Schließlich ist man ständig von Menschen umgeben, deren Verhalten von der Krankheit geprägt wird. Weil ein ungezwungener Umgang jedoch für viele Außenstehende schwer zu bewerkstelligen ist, wenn der Krebs immer mit im Raum ist, scheitern in dieser Zeit viele Freundschaften.

Dass wir als Initiative so schnell laufen lernten, ist zu großen Teilen Mechtilds Vorbild zu verdanken. Während sie das Leben mit dem Krebs zu bewältigen lernte, lernten wir von ihr – zum Beispiel, uns auch von den schwersten Rückschlägen nicht entmutigen zu lassen.

Hoffnungen und Rückschläge

Im April 1991 bekam Mechtild endlich etwas zurück: Tatsächlich hatten sich gleich zwei Stammzellspender gefunden, deren Gewebemerkmale nach damaligen Maßstäben eine ausreichende Übereinstimmung mit Mechtilds Stammzellen aufwiesen – ein Spender aus den USA und eine junge Frau aus Deutschland.

Wie das Leben so spielt: Ausgerechnet bei dieser jungen Frau aus Deutschland handelte es sich nicht um eine unserer Spenderinnen. Die 23-jährige Studentin Cornelia Christ hatte sich im Herbst 1990 bei einem gewöhnlichen Blutspendetermin in der Ulmer Blutspendezentrale typisieren lassen. Deren Leiter, Dr. Shraga Goldmann, war Immungenetiker und sammelte an der Ulmer Uniklinik schon seit längerem Spenderdaten aus Familientypisierungen, die er für eigene Patienten durchführte. Diese wollte er nach und nach durch die Daten von Fremdspendern ergänzen, um mehr Patienten helfen zu können. Dafür versuchte er bei den Blutspendeterminen Aufmerksamkeit zu erzeugen.

Cornelia Christ wurde auf das Thema Stammzellspende aufmerksam. Und nur ein halbes Jahr nach ihrer Ersttypisierung, am Ostersonntag 1991, bekam sie die Anfrage von Prof. Goldmann aus Ulm. Sie erklärte sich zur Knochenmarkspende bereit – und bekam schon kurz darauf den nächsten Anruf. Dieses Mal von Prof. Ehninger, der ihr mitteilte, dass er sich für sie als Spenderin entscheiden würde, wenn sie endgültig zusagte. Das tat sie bereits am nächsten Tag – gegen den Rat ihrer Familie. Und schon bald saß sie in einem Taxi nach Tübingen auf dem Weg zur Voruntersuchung.

Es sah so aus, als ob sich für Mechtild alles zum Guten wenden würde.

Am 15. April fand die Knochenmarkübertragung in der Universitätsklinik Tübingen bei Prof. Ehninger statt. Etwa neun Monate waren seit Mechtilds Diagnose vergangen, und nun sah es so aus, als ob sich für sie alles zum Guten wenden würde.

Doch kurze Zeit nach der Übertragung kam es bei Mechtild zu einer Folgewirkung, die Mediziner »Graft-versus-Host-Reaktion« (GVH) nennen. Das bedeutet, dass das Immunsystem des Spenders, das mit dem Knochenmark transplantiert wird, die Körperzellen des Empfängers als fremd erkennt und dagegen reagiert.

Vor einer Knochenmarktransplantation wird das Immunsystem des Empfängers durch Bestrahlung und Chemotherapie praktisch vollständig ausgeschaltet. Die Stammzellen des Spenders verfügen jedoch über eine eigene Immunabwehr und, dass die Spenderzellen den Empfängerkörper abstoßen, lässt sich also nicht ausschließen. Das Risiko, dass das geschieht, lässt sich durch eine möglichst exakte Typisierung reduzieren, bei der eine hohe Anzahl der Gewebemerkmale beider Personen miteinander abgeglichen wird. Es ist umso geringer, je exakter die Übereinstimmung der Gewebemerkmale von Spender und Empfänger ist. Nach aktuellem, wissenschaftlichen Stand müssen für eine erfolgreiche Transplantation möglichst zehn Merkmale zwischen Spender und Patient übereinstimmen.

1991 war die Gewebeanalyse jedoch bei weitem noch nicht so hochauflösend wie die, die wir heute einsetzen. Damals waren nur 350 relevante Merkmalsausprägungen bekannt, heute sind es rund 7000. Die Wahrscheinlichkeit, dass es zu solchen Abstoßungsreaktionen kommt, ließ sich daher viel schlechter vorhersehen. Die feststellbaren Gewebemerkmale von Mechtild und Cornelia Christ passten gemäß dem damaligen Stand der Forschung ausreichend gut zusammen. Es gab aber keine hundertprozentige Übereinstimmung. Nach dem heutigen Stand hätte man möglicherweise weitergesucht und einen anderen Spender bevorzugt, wenn man mehr Auswahl gehabt hätte.

Trotz der heftigen Abstoßungsreaktion bestand jedoch bald wieder Hoffnung: Die GVH-Reaktion der Spenderzellen konnte überwunden werden, und bald ging es Mechtild merklich besser.

Etwa vier Monate nach der Transplantation erlitt Mechtild jedoch ein akutes Knochenmarkversagen. Das heißt ihr Knochenmark war nicht mehr in der Lage, Blutzellen zu produzieren. Selbst die ganz banalen Angriffe durch Keime, wie unser Immunsystem sie unbemerkt routinemäßig abwehrt, wurden für Mechtild nun zu einer schweren Bedrohung.

Mechtild hat es nicht geschafft. Am 16. September 1991 starb sie – an einer Lungenentzündung, die ihr geschwächter Körper nicht mehr hatte bewältigen können.

Doch Mechtild starb nicht unvorbereitet. Wir alle wussten, dass es Jahre dauern würde, bis wir die Hoffnung auf Heilung für Blutkrebspatienten signifikant erhöhen konnten. Mechtild hatte während ihrer gesamten Erkrankung damit rechnen müssen, dass unsere Bemühungen um einen passenden Spender für sie zu spät kommen würden, und sie hatte sich mit ihrem Schicksal arrangiert.

Auch in dieser Hinsicht haben wir viel von ihr gelernt. Sie betrachtete die Möglichkeit, Abschied nehmen und friedlich sterben zu können, als Trost, der ihr die Bedrohung durch den Tod erleichterte. Wir hatten den Eindruck, dass Mechtild mit dem Leben versöhnt von uns ging. Dadurch konnten wir alle uns mit diesem schwersten aller Lebensthemen auseinandersetzen. Von ihr lernten wir, mit dem Tod umzugehen.

Deshalb kam es für uns bei all der Trauer, die wir in der Folgezeit zu bewältigen hatten, auch nicht in Frage aufzugeben. Wir hatten Mechtild nicht retten können, doch wir hatten ihre Chancen steigern können. Wir hatten erleben dürfen, wie ihr zunächst erfolgreich Knochenmark transplantiert wurde. Wir hatten mit ansehen müssen, wie begrenzt die Möglichkeiten des noch unausgereiften Therapieverfahrens waren, um den Patienten zu helfen, für die tatsächlich ein Spender gefunden wurde. Wir wussten, was zu tun war – und wir verfügten inzwischen über das Know-how und die Mittel, um es umzusetzen. Nicht nur die Spendersuche, sondern auch die Forschung über Blutkrebs und die Entwicklung des Typisierungsverfahrens mussten vorangetrieben werden. Unser Ziel war das gleiche geblieben, doch unsere Aufgaben hatten sich erweitert.

All das mit dem Tod Mechtilds hinter uns zu lassen und die vier Monate zuvor offiziell gegründete DKMS wieder aufzugeben, wäre einer Kapitulation vor dem Krebs gleichgekommen. Wir schuldeten es Mechtild weiterzumachen. Niemand hatte eine bessere Ausgangsposition als wir, um den Kampf gegen den Blutkrebs erfolgreich zu führen. Wir hatten eine Verantwortung übernommen, und wir brannten dafür, ihr gerecht zu werden. Für Mechtild. Aber auch für sehr viele andere Menschen, auf deren Zukunft wir großen Einfluss nehmen konnten. Da waren die inzwischen zahlreichen Patienten, aber auch all die Unterstützer in unserer Gemeinschaft, die wir persönlich kannten, die mit uns kämpften und die große Hoffnungen in uns setzten. Da war zum Beispiel Patrick, der sich mit uns

Aufzugeben wäre einer Kapitulation vor dem Krebs gleichgekommen.

für Mechtild und alle anderen Betroffenen eingesetzt hatte. Er bekam, etwa zwei Jahre nachdem wir ihn kennengelernt hatten, eine Transplantation. Auch er konnte den Blutkrebs schließlich jedoch nicht besiegen – ein weiterer Ansporn für uns, den Kampf auch in seinem Namen weiterzuführen.

Mechtilds Schicksal gab uns Orientierung, ebenso wie all die anderen Schicksale und auch das Wissen um die nächsten Schritte. Unser Ziel hatten wir so klar vor Augen wie nie zuvor – nicht das Geringste hatte sich daran geändert. Wir waren eher noch entschlossener als etwa ein Jahr zuvor, als wir uns entschieden hatten, dem Krebs die Stirn zu bieten. Wir würden uns nicht geschlagen geben. Nicht trotz, sondern wegen Mechtild – und all den anderen.

Ausweitung der Kampfzone

Die frisch gegründete DKMS musste, inmitten all der Hoffnungsmomente und Rückschläge, was Mechtilds Krankheit anging, in ganz eigenen Kämpfen bestehen – ohne dass man beides jemals wirklich hätte trennen können.

Hatten wir als private Initiative noch eine gewisse Schonfrist für die Professionalisierung unserer Arbeit gehabt, mussten wir nach der Gründung mit ganz neuen Herausforderungen zurechtkommen: Wir waren nun in zwei Welten unterwegs. Die eine war unsere eigentliche Arbeit, die Suche nach Spendern, mit all ihren fachlichen Voraussetzungen. Die andere war die Welt der Wirtschaft, mit der die meisten von uns sich zuvor nur sehr bedingt hatten auseinandersetzen müssen. Hier brauchten wir Orientierung – doch für das, was wir taten, gab es keine echten Vorbilder, zumindest nicht in Deutschland, und auch im Ausland nur bedingt.

Wir waren nun in zwei Welten unterwegs.

Bereits für die Unterstützung durch die Krebshilfe in Höhe von fünf Millionen Mark hatten wir einen Businessplan ausgearbeitet, der die grundlegenden unternehmerischen Prozesse auf einen Nenner brachte. So gut es ging, hatten wir uns dabei am Modell einer amerikanischen Spenderdatei orientiert, bei der die Spendersuche bereits damals relativ professionell aufgestellt war. Dass die Wirtschaftlichkeit der DKMS auf möglichst sicheren Beinen stand und vor allem aber rechtlich alles einwandfrei war, war auch für die Verhandlungen mit den Krankenkassen von enormer Bedeutung. Die Typisierung der Spender finanzierte die Deutsche Krebshilfe; oder wir taten es über die Spendengelder, die wir von Privatpersonen und Unternehmen einnahmen. Die eigentliche Behandlung zahlten die Krankenkassen. Wir erhielten und erhalten von ihnen eine Gebühr für die weitergehenden Blutuntersuchungen beim Spender und für Vermittlung eines geeigneten Spenders. Um die Anerkennung der Krankenkassen zu bekommen, dass wir geeignet waren, einem solchen medizinischen Auftrag gerecht zu werden, mussten wir innerhalb kürzester Zeit zu einer sehr professionellen Organisation heranwachsen.

Personell waren wir dafür – um es vorsichtig zu formulieren – unterbesetzt. Die wenigen Menschen, die damals an Bord waren, bildeten jedoch inzwischen ein eingeschworenes Team. Es bestand aus Adelheid Heilemann, die ihren Mann an den Blutkrebs verloren hatte, Rose Krüger, die insbesondere die schnell anwachsende Öffentlichkeitsarbeit betreute, und Uta Ehninger, die Nichte von Mechtilds behandelndem Arzt und Gründungsmitglied Prof. Ehninger. Ich selbst, Claudia Rutt, übernahm die Geschäftsführung der DKMS nach Mechtilds Tod im September 1991. Keiner von uns wollte unter dem Einfluss der Trauer zu lange untätig bleiben. Der Krebs macht schließlich auch keine Pausen. Peter Harf stand uns neben

Wir konnten nicht mehr ohne Rücksicht auf Formalitäten helfen.

seiner hauptberuflichen Tätigkeit beratend zur Seite. Für alle medizinischen Belange stellte uns Prof. Ehninger Dr. Hähn, einen Arzt aus seinem Tübinger Team, als Berater zur Verfügung.

Nach Monaten in einem geliehenen Büro in einem Hinterzimmer einer Arztpraxis in Dettenhausen, zogen wir im Juni 1991 in unser erstes eigenes Domizil in Tübingen.

Was vorher spontan nach Bedarf organisiert worden war, musste nun sehr schnell planbare Formen annehmen. Unsere wilde, aber äußerst effiziente Gruppe von »Verrückten« stand plötzlich vor einer ganz neuen Herausforderung: der Bürokratie. Wir konnten nicht mehr ohne Rücksicht auf Formalitäten helfen, wie wir es für richtig hielten; wir mussten es so tun, dass wir dauerhaft damit weitermachen konnten, ohne den Vorgaben von Krankenkassen, Finanzamt und Wirtschaftlichkeit zu widersprechen.

Diese Regelwerke waren eine neue Herausforderung. Bis zu diesem Zeitpunkt hatte in unserem Fokus gestanden, Menschen zum Helfen zu motivieren. Jetzt waren wir nicht selten gezwungen, ihnen und uns einen Rahmen zu setzen. Helfen war nun mehr als eine persönliche Leidenschaft – es war auch zu einem Job geworden.

Die Ausweitung unserer Kampfzone führte allerdings auch zu weiteren Kollisionen auf der fachlichen Ebene. Im ZKRD, dem Zentralen Knochenmarkspender-Register Deutschland, das 1992 offiziell gegründet wurde, werden die Daten aller Knochenmarkspender des Landes zentral anonym erfasst. Diese Datenbank steht allen Ärzten zur Verfügung, die für Patienten nach geeigneten Stammzellspendern suchen. Heute stellen wir mit unseren über drei Millionen deutschen Spendern den größten Teil der 4,9 Millionen verfügbaren deutschen Spenderdatensätze des ZKRD. Damals hatten wir zunächst einige Hürden zu überwinden, um es mit unseren Daten

Mit unserem Erfolg hatten wir gleichzeitig Wettbewerbern den Weg geebnet.

überhaupt in ein Register zu schaffen – denn eine zentrale Erfassungsstelle bestand offiziell noch gar nicht. Mehrere Institutionen erhoben den Anspruch, nationales Register zu werden.

Besonders hemmend waren die Konkurrenzkämpfe, die sich mit wachsender öffentlicher Wahrnehmung (und Größe der Datei) häuften. Mit unserem Erfolg hatten wir gleichzeitig Wettbewerbern den Weg geebnet. Eigentlich eine gute Sache, wenn auch die sich am gemeinsamen Ziel orientiert hätten, Leben zu retten, anstatt sich an Revierkämpfen festzubeißen und alles daranzusetzen, uns von der Bildfläche verschwinden zu lassen.

Plötzlich schossen überall Konkurrenzdateien aus dem Boden – bemerkenswerterweise in mehreren Fällen von genau jenen Interessengruppen gegründet, die uns zuvor das Scheitern unserer Unternehmung prophezeit hatten. Mehrere Blutspendedienste, die die Möglichkeit theoretisch schon Jahre zuvor gehabt hätten, sprangen nun auf den Zug auf und eröffneten ihrerseits kleine Stammzellspenderdateien in Konkurrenz zu uns. Zwischenzeitlich gab es bis zu 50 Dateien für Stammzellspender in Deutschland. Wir hatten uns inzwischen allerdings einen Vorsprung erarbeitet, und die meisten dieser Konkurrenzdateien konnten nicht auf Dauer mithalten; heute gibt es in Deutschland nur noch 25 von ihnen. Keine davon ist auch nur annähernd so groß wie die DKMS; nur einige wenige haben eine effiziente Größe erreicht.

Heimliche Hilfe ist keine Tugend

Kein Wunder also, dass wir direkten Angriffen durch diese Wettbewerber ausgesetzt waren. Ihre Waffen zielten auf unsere Seriosität: Wir waren kein etablierter Player in der Gesundheitsindustrie, also versuchte man, uns als inkompetent darzustellen. In den Vordergrund stellten unsere Gegenspieler dabei ausgerechnet ethische

Argumente, die uns noch heute hin und wieder begegnen: Aus einer schweren Krankheit ein »Medienspektakel« zu machen sei nicht mit dem Ethos medizinischer Arbeit vereinbar.

Wir haben genau die umgekehrte Erfahrung gemacht. Zum einen braucht Aufklärung nun einmal Öffentlichkeit. Man kann nicht Millionen von potenziellen Spendern erreichen, indem man heimlich gutmenschelt. Nur wer mit der Diagnose Blutkrebs (oder Krebs oder HIV oder ...) etwas anfangen kann, kommt auf die Idee, helfen zu wollen. Und nur wer bei dieser Hilfsbereitschaft zielgenau abgeholt wird, kann auch tatsächlich seinen Beitrag leisten. Die DKMS muss öffentlich wahrnehmbar sein – je mehr, desto besser. Man muss die Krankheit greifbar verständlich machen. Und der wirkungsvollste Weg, Menschen zu zeigen, warum ihre Hilfe gebraucht wird, sind die Gesichter und die Geschichten von Betroffenen. Ihnen wollen die Menschen helfen. Einer anonymen Gruppe von Gutmenschen-Experten hilft man dagegen nicht gern. Wer möchte für etwas spenden, das er nicht versteht?

Aufklärung braucht Öffentlichkeit.

Auch das ist ein wichtiger Aspekt der Sinnstiftung: Wer gesellschaftliche Verantwortung übernimmt, muss sich an den eigenen Maßstäben messen lassen und Gesicht zeigen. Das eigene Gesicht, damit die Betroffenen und Angehörigen wissen, dass sie nicht allein sind. Und die Gesichter mutiger Betroffener, die sich für ihr Schicksal nicht schämen, damit die Öffentlichkeit von ihrem Leid und der Notwendigkeit zu helfen überhaupt erst erfährt.

Wer gesellschaftliche Verantwortung übernimmt, muss Gesicht zeigen.

Ja, wir sind oft in den Medien präsent. Und das ist gut so. Nicht weil wir uns gern reden hören, sondern weil es der beste Weg ist, um die Bevölkerung über Blutkrebs aufzuklären und ihr einen Weg der Hilfe aufzuzeigen. Aber auch, um persönlich Verantwortung zu übernehmen. Die DKMS steht dafür, dass die Hilfe der Spender da ankommt, wo sie gebraucht wird.

Die öffentliche Wahrnehmung hat jedoch noch einen anderen wichtigen Effekt für uns – genau wie für alle Unternehmen und Engagierten, die sich einem gesellschaftlich bedeutsamen Ziel verschreiben: Erst durch die Präsenz in Medien und Netzwerken wird aus einem Ziel eine Gemeinschaft und aus einer Gemeinschaft eine Bewegung. Indem wir und unsere Unterstützer unsere Gesichter in die Kamera halten, ermutigen wir auch andere Betroffene und Helfer, Gesicht zu zeigen. Jeder von ihnen ist für sich genommen ein weiterer Multiplikator.

So zum Beispiel der Bundeswehrsoldat Marco. Er zeigte Gesicht, indem er einen ganz persönlichen Blog über seine Erlebnisse als Stammzellspender veröffentlichte, um anderen die Angst vor der Spende zu nehmen und potenziellen Spendern den Weg zu weisen, indem er sie an seinem eigenen teilhaben ließ. Als Marco am 20. Dezember 2011 erfuhr, dass er tatsächlich für einen Patienten als Spender ausgewählt worden war, schrieb er seinen ersten Blogeintrag: »Wenn man sich registriert für die Spenderkartei, ist es das eine, aber jetzt hier zu sitzen und zu wissen, dass ich wirklich in Frage komme, ist doch ein anderes Gefühl. Ich bin aufgeregt und irgendwie erfreut, dass ich etwas Gutes tun und einem Menschen helfen kann. Und wie gehe ich damit um? Ich schreibe den ersten Blog meines Lebens.« Für Marco war der Schritt an die Öffentlichkeit also auch ein Stück Selbstreflexion.

Tue Gutes und rede darüber – nur so kann die Gemeinschaft wachsen.

Über unsere Aktivität in den Medien, aber auch zum Beispiel über unsere Spendermailings können wir einer breiten Öffentlichkeit Aufklärung und eine Bindung an unser Hilfssystem anbieten. Diese Orientierung tragen die Spender selbst weiter in ihr privates und berufliches Umfeld. Besonders in Zeiten von Social Media ist das eine enorm effektive Maßnahme, mit der viele Spender unser Ziel unterstützen, ohne dass wir sie darum bitten müssten. »Tue Gutes und rede darüber« – dieses Sprichwort trifft tatsächlich den Nagel auf den Kopf, denn nur so kann die Gemeinschaft wachsen.

Betroffene brauchen Orientierung

Wir von der DKMS können uns an den Betroffenen, ihren Bedürfnissen und ihrer Rückmeldung orientieren. Genauso müssen wir aber auch dafür sorgen, dass die Betroffenen sich an uns orientieren können – auch das gehört zum Lebenretten dazu. Vertrauen ist die Grundlage von allem, was wir tun. Wir müssen den Patienten und ihren Angehörigen verlässliche Partner sein, dabei aber auch unsere eigenen Grenzen anerkennen.

Was die wirklich adäquaten Mittel sind, mit denen wir unser Ziel erreichen können, mussten wir selbst erst durch Learning by Doing herausfinden. Insbesondere mit einer Lektion, die wir zu lernen hatten, taten wir uns anfangs schwer: Persönliche Zuwendung ist nicht immer der effektivste Weg der Hilfe. Seit unserer Gründung erhielten wir jeden Tag Anrufe von Betroffenen und Angehörigen, die auf der Suche nach einem Stammzellspender waren – und oft auch nach einem offenen Ohr. Jeder von uns verbrachte liebend gern zwei Stunden am Telefon mit einem dieser Patienten, denen ja schließlich unser ganzes Engagement galt.

So dünn, wie wir damals besetzt waren, fehlten uns diese zwei Stunden allerdings dann auch, um tatsächlich unseren Kernaufgaben bei der Suche nach Stammzellspendern nachzugehen. Eine schwierige Abwägung, die uns manchmal noch heute Kopfzerbrechen bereitet. Als Mensch einfach nur für einen anderen Menschen da sein zu wollen, aber nicht immer zu können: Hier unterscheiden sich die Verantwortungsbereiche privater und organisierter Hilfsangebote. Als Unternehmen müssen wir uns darauf konzentrieren, Spender zu finden, die Forschung voranzutreiben und die Öffentlichkeit aufzuklären, um so viele Leben wie möglich retten zu können. Auch wenn wir manchmal lieber zwei Stunden lang einem Betroffenen von Mensch zu Mensch am Telefon beistehen würden.

Bei unseren Kontakten mit Betroffenen bekamen wir allerdings auch Einblicke in diejenigen Sorgen und Nöte, mit denen wir selbst überfordert sind. Diese Grenzen zu erkennen war ein wichtiger Bestandteil unseres Orientierungsprozesses. Gegen den Krebs selbst können wir inzwischen in vielen Fällen etwas ausrichten. Mit der DKMS LIFE unterstützen wir krebskranke Frauen auch bei der Bewältigung der Nebenwirkungen, die die Therapie mit sich bringt. Doch gegen die tiefen Ängste, die mit der Diagnose Krebs einhergehen, können auch wir oft wenig ausrichten.

Unsere Grenzen zu erkennen war ein wichtiger Bestandteil unseres Orientierungsprozesses.

Wie groß diese Ängste sein können und wie oft die Patienten mit ihnen allein gelassen werden, zeigt eine Studie aus Frankfurt, über die der *Spiegel* im September 2012 berichtete: Nur 16 bis 46 Prozent (je nach Diagnose) der 1300 befragten Krebspatienten gaben an, dass ihre Ärzte sich in der Arzt-Patienten-Kommunikation mit ihren Sorgen und Ängsten ausreichend beschäftigt hätten. Felix Tauchert vom Universitären Zentrum für Tumorerkrankungen in Frankfurt, der mit seinem Team die Studie durchgeführt hat, fordert deshalb ein Umdenken in der Arzt-Patienten-Kommunikation. Da die physischen Auswirkungen der Therapie aufgrund besserer Behandlungsmöglichkeiten in den letzten Jahren verringert werden konnten, müssten Themen wie soziale Probleme, Depressionen, Angstzustände, Sorgen, Schlaflosigkeit und sexuelle Probleme dafür nun endlich ernster genommen werden, da sie für viele Betroffene eine besonders große Belastung darstellen. »Diese Themen werden im Arzt-Patienten-Gespräch offenbar nicht adäquat berücksichtigt«, wurde Tauchert vom *Spiegel* zitiert.

Auch bei unseren ersten Aktionen merkten wir oft, wie sehr die Medizin dazu neigt, außermedizinische Faktoren der Krankheit auszublenden. Nicht wenige Ärzte, die sich bei uns einfanden, machten vor aller Augen und Ohren ihrer Kritik Luft: dass wir den Menschen Hoffnung vorgaukelten und doch nie einen Spender für sie finden würden und dass das Wachstum, das uns vorschwebte und die Hoffnung real machte, nur eine Seifenblase sei, die schnell genug zerplatzen würde. Diese Mediziner ignorierten, was sich um sie herum abspielte: wie stolz die Patienten auf ihre Angehörigen waren, die sich für sie einsetzten, wie die Welle der Hilfsbereitschaft ihnen Hoffnung machte und Kraft gab und wie sehr allein schon damit allen Beteiligten geholfen war. Die Energie, die bei diesen Gelegenheiten freigesetzt wurde und die aus keiner medizinischen Therapie erwachsen kann. Der abstrakten Wissenschaft menschliche Wärme einzuhauchen – das kann auch die modernste Krebstherapie nicht leisten.

Verantwortung zu übernehmen heißt auch, die eigenen Grenzen anzuerkennen.

Anzuerkennen, dass wir nicht für jeden Missstand die Verantwortung übernehmen konnten, den der Krebs mit sich bringt, war eine schwer verdauliche Erkenntnis in unserer Orientierungsphase als Unternehmen. Doch diese bittere Pille müssen alle Unternehmen und Privatpersonen schlucken, die anderen effektiv helfen wollen: Verantwortung zu übernehmen heißt auch, die eigenen Grenzen anzuerkennen. Wirklich effektiv kann man nur arbeiten, wenn man sich auf seine Kernkompetenzen konzentriert.

In einer Gemeinschaft orientiert man sich aneinander. Von dieser Form der Orientierung profitierten wir nach unserer Gründung am stärksten: durch den direkten Draht zu den Betroffenen und den Angehörigen, die uns daran erinnerten, worauf es bei unserer Arbeit ankam. Durch die zahlreichen Menschen, die sich der Gemeinschaft der Spender anschlossen und von denen wir lernen konnten, wie so eine Gemeinschaft funktioniert. Durch das Echo der Öffentlichkeit auf unsere Aktionen und unsere Präsenz in den Medien, die alle Unkenrufer eines Besseren belehrte.

Bei einem sinnorientierten Unternehmen kommt zu dieser inneren Orientierung an der Gemeinschaft aber noch die Außenorientierung hinzu. Da es für unser Unternehmen kein wirkliches Vorbild gab, fingen wir nach der Gründung in den meisten Belangen bei null an. Deshalb mussten wir in unserem Enthusiasmus auch erst lernen, wie wir unsere Kraft am besten bündeln konnten. Dabei stellten die fachlichen Aspekte stets das geringste Problem dar, denn hier konnten wir uns an Experten aus unserem Netzwerk halten. Viel stärker machten uns die politischen Aspekte des Unternehmertums zu schaffen: Wir mussten uns gegen Konkurrenten durchsetzen, die unsere Arbeit torpedierten. In der Welt der etablierten Gesundheitsindustrie mussten wir um Anerkennung kämpfen. Und in der Wirtschaftswelt mussten wir uns, wie jedes junge Unternehmen, an den Gesetzen der Bürokratie und den Regeln der Betriebswirtschaft reiben.

Sinnorientierung ist manchmal knallhart.

All diese Aspekte und noch viele mehr kennzeichneten die Orientierungsphase nach der offiziellen Gründung der DKMS. Und welche Form der Orientierung hat uns am meisten genützt? Wo fanden wir wirklich Antworten, wenn wir einmal nicht weiterwussten?

In der konsequenten Fokussierung auf den Sinn unseres Tuns. Wenn man mit einer Krankenkasse über die Klauseln einer Gebührenregelung verhandelt, hat man nicht das Gefühl, Leben zu retten. Trotzdem ist die Verhandlung notwendig, um genau das zu tun. Wer Sinnorientierung also für eine zu schwammige Basis hält, um unternehmerische Entscheidungen darauf zu begründen, der irrt gewaltig. Sinnorientierung ist manchmal knallhart. Im Gegensatz zu Benchmarks und Manager-Boni lässt sie sich nicht einfach umwidmen oder aussetzen, sondern gibt zielgenau die Richtung vor.

Mit ein paar Kennzahlen wären wir in unserer Anfangszeit jedenfalls nicht weit gekommen. Mit der Absicht, Leben zu retten, sind wir dagegen sehr gut gefahren – insbesondere dann, wenn es einmal wirklich kritisch wurde. Vieles im Business ist einfach Verhandlungssache. Wenn man jedoch in einer Verhandlung nicht weiß, wofür man steht, zieht man schnell den Kürzeren. Mit dem Krebs dagegen kann man nicht verhandeln. Beim Lebenretten gibt es keinen Raum für Kompromisse. Dieser Standpunkt ist eine ganz hervorragende Ausgangsbasis in jeder Verhandlung und gegen jeden Angriff von außen – sogar für uns als blutige Anfänger, im schicksalsträchtigen Jahr 1991.

Wir hatten ein Ziel, das die Richtung vorgab, und eine Gemeinschaft, die uns bei unseren ersten Schritten tatkräftig unter die Arme griff. Mehr braucht man nicht, um laufen zu lernen.

4

Der Sprung ins kalte Wasser

Improvisieren für den guten Zweck

Kleiner Beitrag, große Wirkung

Ein Telefon klingelt in unserem Büro in Tübingen. Dann noch eines. Dann sind alle Leitungen auf einmal belegt. Es hört sich an, als stünde man im Vorzimmer eines Callcenters. Ein Unbeteiligter, der zufällig hier hereingestolpert wäre an diesem Morgen, nur Monate nach der Gründung unserer Datei, hätte wohl ein überraschtes Gesicht aufgesetzt: Die vier Mitarbeiter der DKMS, zusammen mit einigen eilends herbeigerufenen studentischen Aushilfen, produzieren in ihrem provisorischen Hinterzimmerbüro ein Stimmengewirr wie in der Bestellannahme eines Versandhauses.

Adelheid Heilemann, die ihren Mann an den Blutkrebs verlor, redet beruhigend auf eine Angehörige ein, die mehr sucht als einen Stammzellspender für ihren Verwandten: Zuwendung, Trost, Hoffnung. Rose Krüger versucht wie wir alle händeringend, der Flut von telefonischen Registrierungswünschen Herr zu werden. Eine unserer Helferinnen hat es gerade mit einem Hausarzt zu tun, der sich Sorgen macht, weil eine Knochenmarkspende doch »nicht ungefährlich« sei – er sei nicht sicher, ob er seiner Patientin, die vor ihm sitzt und eine Blutprobe abgenommen haben will, dazu raten soll. Das Telefonat dauert eine Weile; einen Arzt, der seine Patientin schützen möchte, müssen und wollen wir ernst nehmen. Bei solchen Gesprächen steht unser Ruf auf dem Spiel, wie eigentlich bei jedem Gespräch an diesem Tag.

Bei allen Gesprächen an diesem Tag steht unser Ruf auf dem Spiel.

So geht es seit dem vorherigen Abend. Seit das ZDF, im *Gesundheitsmagazin Praxis*, im Vorabendprogramm einen Beitrag über die DKMS gesendet hat, verbunden mit einem Aufruf zur Registrierung in unserer Datei.

Es war nicht der erste Fernsehbeitrag über die DKMS, aber unsere erste Fernsehaktion mit einem direkten Aufruf an potenzielle

Spender. Als die Zusage des Senders für den Beitrag kam, waren wir begeistert: Dass die Live-Aktion im Fernsehen einen Bekanntheitsschub bringen würde, damit hatten wir gerechnet. Auch hatten wir inzwischen Übung darin, Tausende von Spendern bei einem einzigen Termin zu versorgen, und mehr als das: ihnen ein gutes Gefühl zu vermitteln, ihnen Dankbarkeit zu zeigen dafür, dass sie bereit waren, Leben zu retten. Wir schaffen das, hatten wir gedacht, wir haben noch alles geschafft in den letzten Monaten.

Am Ende sollten wir recht behalten, und dennoch: Die Anmeldewelle, die seit dem Vorabend und noch einige Tage lang über uns hinwegrollte, hatten wir in dieser Form nicht kommen sehen. Am Ende dieser Aktion würden wir insgesamt 8589 Spenderadressen registriert und unzählige Telefonate geführt haben.

Bei dieser Aktion und in den Monaten danach, als das Interesse an einer Registrierung in der Bevölkerung stetig zunahm, waren Herausforderungen zu bewältigen, mit denen wir bei unseren vorherigen Aktionen vor Ort in den Städten so nicht konfrontiert gewesen waren.

Als wir zu ahnen begannen, dass der Ansturm nicht abreißen würde, mussten wir improvisieren. In kürzester Zeit mussten wir ein System organisieren, das beinahe über Nacht greifen musste. Jeder dieser Spender, der sich da am Telefon oder per Post bereit erklärte, sein Blut typisieren zu lassen, musste im doppelten Sinn »abgeholt« werden. Die meisten ließen sich das Blut von ihren Hausärzten abnehmen. Doch dann musste jemand dorthin fahren und die Blutproben einsammeln: Klingeln, bei denen, die zu Hause waren. Die Tüte mit dem Röhrchen von der Türklinke nehmen bei vielen Berufstätigen. In manchen Fällen erst einmal die Adresse oder den Schrebergarten finden, wo jemand mit einer Blutprobe in der Hand wartete. Welchen Weg sie auch immer bis

24 Stunden – mehr Zeit für den Weg ins Labor hat eine Blutprobe nicht, die potenziell Leben retten kann.

zu ihrer Ankunft bei uns genommen haben würde: Schnellstmöglich musste jede Blutprobe in unserem Büro sein, um innerhalb von 24 Stunden die Reise zum Labor in den USA absolvieren zu können. 24 Stunden – mehr Zeit für den Weg ins Labor hat eine Blutprobe nicht, die einen Menschen zum potenziellen Lebensretter machen kann.

Für uns vier Mitarbeiter allein war diese Herkulesaufgabe nicht mehr zu bewältigen. Unsere studentischen Aushilfen, die uns vor allem am Telefon unterstützten, mussten schnell dazulernen. Jeder Anruf in diesen Tagen war anders: mal ein Spender, mal ein Betroffener, mal ein Arzt, mal ein Angehöriger. Dazwischen ein Fahrer, der einen Spender nicht finden konnte und doch nicht aufgeben wollte. Dann ein Rückruf bei einem Spender: Wir finden Sie nicht! Dauerstau am Fax: Dutzende Menschen, die gleichzeitig ihre Adressen schickten. Anrufe, Rückrufe, klingelnde Fahrer, Blutproben, mehr Fahrer, mehr Anrufe.

Müde waren wir alle, doch die Nase voll hatte keiner – wie lang die Tage auch wurden. Und wenn manchmal noch so wenig Zeit blieb, um zwischen den Telefonaten Luft zu holen: Keiner beschwerte sich. Keiner wäre auch nur auf die Idee gekommen. Dieser Erfolg – wir hatten ihn nicht zu erhoffen gewagt.

Viele Daten, wenig System: Improvisieren für Fortgeschrittene

Vielleicht war es der Tag nach der Fernsehaktion, an dem wir begriffen, dass unsere Idee wirklich Fahrt aufnahm. Nur Monate waren vergangen, seit die DKMS offiziell gegründet worden war. Wir hatten eine Handvoll Vor-Ort-Aktionen mit jeweils Tausenden Spendern erfolgreich bewältigt – vor und nach der Gründung. Vor lokalem Publikum von Hamburg bis Dresden und vor laufenden Fernsehkameras hatten wir von unserem Anliegen erzählt. Schon bei einer einzelnen Aktion hatten wir mehr Stammzellspender gewonnen, als vor der Gründung der DKMS in ganz Deutschland registriert waren. Durch den ZDF-Beitrag später war die Zahl sprunghaft angestiegen.

Irgendwann auf diesem Weg, irgendwann in den vergangenen Monaten, waren wir von einer eingeschworenen privaten Aktionsgruppe zu einem Unternehmen geworden. Vielleicht am Gründungstag, dem 28. Mai 1991. Vielleicht einen Monat später, als wir unser Hinterzimmerbüro bezogen und die ersten Arbeitsverträge unterschrieben hatten. Vielleicht aber auch schon lange vorher.

Und was taten wir in dieser Zeit? Wir improvisierten. Erst einmal. Dann immer wieder. Im Prinzip improvisierten wir seit Anfang des Jahres 1991, seit das Schicksal von Mechtild uns zusammengeschweißt hat. Immer wieder wurden wir vor neue Herausforderungen gestellt und durften dabei nie unnötig Geld ausgeben. Manchmal improvisieren wir noch heute, mehr als weltweit 3,7 Millionen Spender später. Nicht weil wir es zwingend so machen müssten, sondern weil wir es so machen wollen. Weil es funktioniert. Das Improvisieren ist Teil unseres Erfolgsgeheimnisses. Hätten wir am Anfang nicht so oft mit null Rüstzeug in der Hand vor immer neuen Herausforderungen gestanden, hätten wir es wahrscheinlich nie so weit geschafft. Doch wer an seine Sache glaubt, der findet einen Weg.

Das Improvisieren ist Teil unseres Erfolgsgeheimnisses.

Bis heute sind wir davon überzeugt, dass unser Erfolg zum Teil auf diesen Variationen unserer Motivation beruht: etwas Sinnvolles zu tun. Dass das Ziel unserer Bemühungen zuerst da war und wir dann einen Weg ins Dickicht geschlagen haben, das hat uns stark gemacht.

Doch wer diesen Weg wählt anstatt einer vorgezeichneten Roadmap, der muss improvisieren. Wer ins kalte Wasser springt, muss schnell schwimmen lernen, sonst geht er unter. Der Erfolg zwang uns zum Improvisieren, so wie er jedes junge Unternehmen, das plötzlich abhebt, zum Handeln zwingt.

Schon im Herbst 1991, nach Aktionen in Ludwigshafen, Hamburg, Dresden und Darmstadt, nach mehreren Fernsehsendungen und unermüdlicher Spendersuche auf allen erdenklichen Kanälen, hatten wir – die ZDF-Aktion inbegriffen – bereits etwa 50 000 Datensätze angesammelt. Was wir nicht hatten, war ein System. Jedes Mal wenn ein passender Spender gesucht wurde, mussten wir tausende Datensätze von Hand durchgehen. Jede Anfrage bedeutete das Bezwingen eines Papierbergs. Das ist ganz wörtlich zu verstehen: Die Einverständniserklärungen der Spender türmten sich in unserem Hinterzimmerbüro wie die Skyline einer kleinen Papierstadt. Wir, die ersten vier Angestellten, und unsere studentischen Aushilfen mussten regelrecht darüberklettern. In der Woche, an den Wochenenden, ohne Unterlass. Oft verbrachten wir ganze Nächte in diesem Hinterzimmer, bestellten Pizza in unsere Papierstadt und wühlten uns durch die Spenderdaten.

Irgendwann ging das nicht mehr – 50 000 Daten, bei rasch steigender Tendenz, kann man nicht jedes Mal durchblättern oder in einfachen Tabellen durchsuchen. Wir brauchten eine Datenbank für die Typisierungsergebnisse. Wir brauchten so einiges. Doch dafür brauchten wir vor allem Geld. Ohne System, ohne neue Prozesse ging es jetzt nicht mehr. Aber woher nehmen, wenn nicht stehlen? Allerdings zahlten sich unser Durchhaltevermögen und der Mut zur Öffentlichkeit schon kurze Zeit später aus: Zum Jahresende 1991 erhielten wir den ersten Zuwendungsbescheid vom Bundesministerium für Gesundheit. Die Mittel waren für den Aufbau des Briefspendersystems vorgesehen, das wir daraufhin einführen konnten, und für die Registrierung von 10 000 Briefspendern.

Noch während wir die Frage nach den Mitteln zu lösen hatten, stellten sich uns jedoch auch ganz andere praktische Fragen: Wie können wir unsere Prozesse optimieren? Zuerst brauchten wir eine Software-Lösung, um die Spenderdaten effektiv nach Treffern durchsuchen zu können. Nichts leichter als das, würde man heute sagen: Dafür gibt es hervorragende Datenbanksysteme. Damals sah das jedoch ganz anders aus: 1991 war die Technik, vorsichtig formuliert, noch nicht so weit wie heute. Heutzutage tragen wir Armbänder, die unsere Schritte zählen, per Bluetooth mit unserem Handy kommunizieren, uns mit den visualisierten Daten bei einer gesunden Lebensweise unterstützen und uns mit witzigen Animationen auch noch zur Bewegung animieren. 1991 war die Visualisierung von Daten auf einem Computerbildschirm so aufregend wie das Kachelmuster im Badezimmer Ihrer Oma. Wahnsinnig schwer hatten wir es also nicht, als wir uns für ein Computersystem entscheiden mussten: Die Commodore Amigas, die wir schließlich anschafften, waren sehr ungewöhnlich, da sie damals eher als Spielkonsolen bekannt waren. Sie verfügten aber auch über ein hohes Potential, eine Datenbank aufbauen zu können und das zu einem sehr niedrigen Preis.

Natürlich brauchten wir neben der Hardware auch eine Software – nicht nur in technischer Hinsicht. Zwar mangelte es in unserem kleinen Team nicht an Motivation und glücklicherweise auch nicht an Spendern in der Öffentlichkeit. Und was uns an praktischer Erfahrung bei den zahlreichen operativen Aufgaben des Gründeralltags fehlte, machten wir mit Enthusiasmus wett. Allerdings hatte zu diesem Zeitpunkt niemand von uns eine Ahnung davon, wie man 50 000 Datensätze so aufsetzt und sortiert, dass dabei eine alltagstaugliche und zukunftssichere Spenderdatei herauskommt. Immerhin musste sie sowohl dem medizinisch notwendigen Informationsbedarf als auch der Belastung durch die alltägliche Spendersuche gerecht werden. Nicht zu vergessen: Sie musste ausbaufähig sein,

Was uns an praktischer Erfahrung fehlte, machten wir mit Enthusiasmus wett.

um ständig weiter wachsen zu können. Denn dass die Spenderzahl weiterhin schnell steigen würde, daran zweifelten wir zu diesem Zeitpunkt nicht mehr. Die Herausforderung bestand darin, dem Wachstum standzuhalten.

Prof. Ehninger, der die medizinischen Bereiche als Experte unterstützt, ermöglichte uns eine pragmatische Lösung: Wenn es keine Software gab, die wir verwenden konnten, dann musste eben eine programmiert werden. Er kontaktierte einen Spezialisten und beauftragte ihn mit dem Aufsetzen einer geeigneten Datenbanklösung. Um jedoch zu wissen, wie die überhaupt auszusehen hatte, welche Daten relevant waren und wie man sie sinnvoll sortieren konnte, nahmen wir uns die ausländischen Register als Vorbild und griffen auf die Erfahrungen von Prof. Ehninger zurück.

Als die Software endlich bereitstand, war wieder Durchhalten angesagt: Erst einmal mussten 50 000 Datensätze in die Datenbank eingespeist werden. Von Hand, versteht sich: Unsere Excel-Dateien mussten auf das neue System übertragen und dann manuell kontrolliert werden. Bei dieser monotonen Tätigkeit war äußerste Konzentration gefragt: Die damals übliche AB-Typisierung der Blutproben lieferte als Ergebnis einen vierstelligen Code, der jedem Spender zugeordnet wurde. Fehler an dieser Stelle hätten Schicksale bestimmen können: Ein falsch eingegebener Code konnte bei der Spendersuche bedeuten, dass die Software später den möglicherweise entscheidenden Treffer nicht hätte vermelden können.

Die Methode, mit der damals die Blutuntersuchungen durchgeführt wurden, ist inzwischen veraltet. Ab 2006 führten wir – als weltweit erste Datei – schrittweise eine hochauflösende Typisierung für alle Neuaufnahmen ein. Früher wurde zunächst eine erste Blutprobe entnommen und mitttels AB-Typisierung auf die vier grundlegenden Merkmale untersucht. Um endgültig entscheiden zu können, ob ein Spender »passt«, war dann noch ein Zwischenschritt nötig. Erst bei diesem zweiten Schritt, der sogenannten DRB1-Typisierung, wurden alle damals relevanten Marker untersucht. Damals waren das noch einige Hundert – heute sind über 7000 relevante Gewebemerkmale in dieser Teststufe bekannt, wodurch die Typisierung immer treffsicherer wird, aber auch immer anspruchsvoller.

Die Aufteilung des Tests auf mehrere Schritte war damals in erster Linie deshalb notwendig, weil die komplette Typisierung sehr teuer war. Außerdem gab es in Deutschland zu diesem Zeitpunkt kein Labor, das sie in der bei uns anfallenden Menge zu konkurrenzfähigen Preisen durchführen konnte. Deshalb mussten wir das Blut zur Untersuchung in die USA schicken. Seit der Einführung der hochauflösenden Typisierung können wir beide Schritte in einem durchführen. Die Suche nach Spendern ist dadurch schneller geworden: Schon der erste Test kann nachweisen, ob eine 100-prozentige Übereinstimmung zwischen Spender und Empfänger vorliegt. Ist das der Fall, erfolgt nur noch eine Bestätigungstypisierung und ein ausführlicher Gesundheitscheck, bevor die Stammzellentnahme stattfinden und dem Patienten geholfen werden kann.

Natürlich war die Datenbank bei weitem nicht die einzige interne Baustelle. Sie machte uns fachlich effektiv handlungsfähig, was unseren Kernprozess betraf: Stammzellspender zu finden. Doch nebenbei mussten wir auch all die Prozesse anschieben und strukturieren, die bei einem jungen Unternehmen eben so anfallen: Wir brauchten juristisch tragfähige Verträge, Einverständniserklärungen für die Spender, die fortlaufend neuen Anforderungen angepasst werden mussten. Wir mussten mit dem Labor, mit Kurieren und vor allem mit den Krankenkassen verhandeln. Wir mussten unsere eigene interne Zusammenarbeit regeln und herausfinden, wer was am besten konnte. Wir mussten eine verlässliche Buchhaltung etablieren.

Jeder Prozess war das Ergebnis eines Improvisationsmarathons.

Jeder Prozess war Ergebnis eines Improvisationsmarathons, wie ihn jeder Gründer aus eigener Erfahrung kennt: Aller Anfang ist schwer.

Regeln, Gesetze, Richtlinien: Die Mühen der Ebene

Als die DKMS als Unternehmen Fahrt aufnahm, war es mit der Bewegungsfreiheit vorbei, die wir als private Initiativgruppe genossen hatten. Wir mussten nicht nur unsere internen Prozesse in den Griff bekommen, sondern uns auch in die gesellschaftlichen Organisationsformen des Helfens einordnen. Denn: Kein Unternehmen kann seinen Zweck verfolgen, ohne sich an die Spielregeln der Wirtschaft und des Marktes zu halten. Handelt es sich um einen gemeinnützigen Unternehmenszweck wie im Fall der DKMS, so gilt das umso mehr.

Wir mussten, nachdem wir im Anfängerbecken der Erprobungsphase die ersten Züge gemacht hatten, nun auch im Ozean der Verordnungen und Gesetze schwimmen lernen. Und in diesem Ozean wimmelt es nicht nur von Untiefen und Sandbänken, sondern auch von Haien.

Das Funktionieren als Unternehmen ist ein ständiger Eiertanz, wenn man noch nicht einmal über die internen Prozesse verfügt, die bei der Eingliederung in all die externen Regelapparate vorausgesetzt werden. Unsere erste Begegnung mit dem Finanzamt kann man sich in etwa so reibungslos vorstellen wie das Erstellen der ersten Einkommenssteuererklärung, wenn man gar nicht weiß, was die Einkommenssteuer ist. Die schwierige Frage, was man absetzen darf und was nicht, ist harmlos im Vergleich zu der Frage: Was ist gemeinnützig und was nicht?

Für uns war natürlich von Anfang an klar, dass wir ein gemeinnütziges Unternehmen waren. Die Behörden mussten wir jedoch erst einmal davon überzeugen. Das musste uns auf Anhieb gelingen. Wir bekamen die Bewilligung vom Amt schon im Juni 1991, einen Monat nach der Gründung der DKMS. Allerdings brachte das eine zusätzliche Schwierigkeitsstufe für jeden alltäglichen Vorgang mit sich: Alles, wirklich alles, was wir taten, musste mit den Bestimmungen zur Gemeinnützigkeit vereinbar sein oder vereinbar gemacht werden. Nicht wenige gut gedachte Unternehmenszwecke sind an der Herausforderung Gemeinnützigkeit bereits gescheitert: Gutes zu tun ist kein Freibrief für die Unternehmensführung. Ein gemeinnütziges Unternehmen muss innerhalb eines noch strikteren Regelapparats funktionieren als eines in der freien Wirtschaft. Steuerlich gilt es, eine Vielzahl von spezifischen gesetzlichen Regelungen zu beachten. Dort lauern viele Fallstricke.

Gutes zu tun ist kein Freibrief für die Unternehmensführung.

Der Gesetzgeber verlangt für die steuerliche Begünstigung die Erfüllung verschiedener Kriterien, von denen jedes einzelne viel Interpretationsspielraum auf Seiten des Unternehmens, nicht aber bei der steuerlichen Anerkennung zulässt. Besonders anspruchsvoll ist die Erfüllung des folgenden Grundsatzes: »Der Zweck muss selbstlos, ausschließlich und unmittelbar verfolgt werden.« Diese Klausel bedeutet, dass jegliche unternehmerische Handlung unter dem Licht der Selbstlosigkeit zu betrachten ist. Jede Transaktion, die wir tätigen, muss nachweislich ausschließlich dem Zweck dienen, durch die Gewinnung von Stammzellspendern Leben zu retten.

Gerade bei der Veranstaltung von Charity-Events, die manchmal eine Menge Geld kosten, dafür aber auch einen großen Gewinn für den guten Zweck bringen, ist das nicht immer einfach. Sicher gibt es immer wieder Vorwürfe, die mit solchen Events einhergehen: Warum exklusives Essen und Getränke servieren, wenn man diese Gelder auch anders investieren könnte? Die Antwort ist logisch und doch nie einfach: Um hochkarätige Geldspender zu gewinnen und nachhaltig zu motivieren, muss man ihrer Prominenz gerecht werden. Eine Voraussetzung dafür ist es, dem guten Zweck eine Bühne zu bieten – jene Bühne, die Wohltätigkeit braucht, um Öffentlichkeit zu erlangen. Und dafür sind aufwendige Charity-Events mit vielen Prominenten, die von den Medien wahrgenommen werden, eine sehr solide Möglichkeit, die wir ausschließlich über unsere Schwestergesellschaft DKMS LIFE nutzen. Die Kosten sind durch die Einbeziehung von Sponsoren zu 100 Prozent gedeckt. Und der Mehrwert im Hinblick auf öffentliche Aufmerksamkeit und Spendergewinnung ist enorm.

Solche vergleichsweise luxuriösen Erwägungen bilden jedoch nur die Spitze des Eisbergs, denn der kleinste Prozess musste damals durchleuchtet werden und der Prüfung standhalten können. Haben wir es bereut, uns nicht erst monatelang in die gesetzliche Rahmensetzung, in das Dickicht von Regeln und Verordnungen eingearbeitet zu haben, bevor wir aus der Idee DKMS praktisch über Nacht das Unternehmen DKMS machten? Keine Sekunde. Wer nicht anfängt, ist schon gescheitert.

Viel wichtiger noch als die gesetzlichen Regelungen war uns von Anfang an die kompromisslose Integrität gegenüber den Menschen, denen zu helfen wir uns verpflichtet hatten: den Blutkrebspatienten. Dazu gehört nicht nur ein intaktes Wertegerüst, das ständig reflektiert wird und immer handlungsleitend ist. Dazu gehört eben auch die Befolgung von Regeln – geschriebenen und ungeschriebenen. Notwendig ist jedoch auch die Bereitschaft, dafür zu kämpfen, dass die bestehenden Regeln der Erfüllung ihres Zwecks gerecht werden. Wir haben es uns von Anfang an herausgenommen, Regeln zu hinterfragen, die unserem Zweck im Wege standen, und wir tun das bis heute.

Nicht verleugnen lässt sich, dass es in dieser Anfangsphase durchaus Momente des Fröstelns im kalten Wasser gab, wenn wir es mit starren, überholten Regelkonstrukten zu tun bekamen, die uns an die Grenzen unserer Möglichkeiten führten. Als kleines, junges Team, das von morgens bis abends improvisiert, kann man sich einer gewissen Freibeutermentalität in der Startphase nicht erwehren – und das ist auch gut so. Umso mehr, wenn man etwas aufzubauen versucht, das noch niemand zuvor versucht hat. Als Pionier ist man in gewisser Weise auf den Regelbruch angewiesen. Wer daran keinen Spaß hat, wird kein Unternehmen gründen. Einstecken zu können gehört allerdings genauso dazu.

Das Entdecken, das Zupacken, das ständige Ausprobieren in der Gründungsphase eines Unternehmens hat ein spielerisches Element. Ein Gründer lässt sich mit einem Kind vergleichen, das die Welt ertastet: Er läuft so weit, bis der Zaun ihn aufhält. Er fasst alles an, was interessant aussieht. Er gestaltet sich seine eigene kleine Welt. Er misst sich mit anderen Persönlichkeiten. Er testet seine Grenzen aus. Doch bei all dem Entdeckungstrieb stößt er irgendwann auch auf Hindernisse. Entweder schafft er es dann, seine Idee über diese Hürden mitzunehmen, oder er wirft sie ab wie Ballast, um im Regellabyrinth möglichst reibungsfrei voranzukommen. Wen eine neue, sinnvolle Idee antreibt, hat es anfangs schwerer. Doch wer sie unterwegs zurücklässt, hat keinen Grund mehr anzukommen.

Wer den Sinn und Zweck unterwegs zurücklässt, hat keinen Grund mehr anzukommen.

Kleine Fische sind wendiger: Warum wir uns nicht schlucken ließen

Die Gründermentalität wird aber nicht nur durch Gesetze und Verordnungen auf eine harte Probe gestellt. So kann die ursprüngliche Idee ebenfalls vereinnahmt werden, wenn es beispielsweise um die Akquisition von Mitteln geht. Auch wir hatten damit zu kämpfen. Oft mussten wir nach dem Weg fragen, während wir im Labyrinth unterwegs waren, weil wir so vieles nicht wussten und erst lernen mussten. So mancher bot uns unterwegs an, uns unser Päckchen abzunehmen. Hätten wir uns darauf eingelassen, wäre die DKMS heute nicht da, wo sie ist.

Schon kurz nach der Gründung im Mai 1991 waren wir in Verhandlungen mit dem Bundesministerium für Gesundheit getreten. Dort hörte man uns zwar offen zu, war zunächst aber nicht uneingeschränkt begeistert von dem, was wir vorhatten. Etwas Neues aufzubauen in der Größenordnung, die uns vorschwebte – und auch zunehmend realistisch wirkte –, stellte in bürokratischer Hinsicht natürlich auch für all jene eine große Herausforderung dar, die wir um Unterstützung baten. Warum in ein neues System investieren, wenn es andere Systeme gab, in die man uns eingliedern konnte? Lange Zeit hegte das Ministerium die Absicht, uns in die Verantwortung der Deutschen Stiftung Organspende (DSO) oder des Deutschen Roten Kreuzes (DRK) einzugliedern: Dort gab es ein fertiges System zur Gewinnung, Verwaltung und zum Umgang mit Spendern. Dort waren die Prozesse installiert, die Infrastruktur etabliert, und wenn wir lange genug an uns gefeilt hätten, hätten wir wohl reingepasst in diese Schablone.

An uns feilen, bis wir in die Schablone passen? Das wollten wir nicht.

Aber das wollten wir nicht.

Natürlich war uns klar, dass wir ohne die Unterstützung durch starke Partner nicht mehr lange weitermachen konnten. An allen Ecken und Enden wuchs uns der Erfolg über den Kopf, und wir brauchten Mittel, um auf höherem Niveau arbeiten zu können.

An diesem Punkt standen wir vor der Frage, vor der viele Unternehmen irgendwann stehen, die auf fruchtbarem Boden gesät haben und schnell wachsen: Welche Kompromisse sind wir bereit einzugehen? In diesem Moment ist die Zeit der einfachen Antworten vorbei. Als Unternehmer kann man viele Kompromisse machen: bei den Prozessen, bei den Finanzen, bei der Kommunikation und in vielen anderen operativen Gestaltungsfragen. In einem einzigen Punkt jedoch müssen Kompromisse tabu sein, wenn man als Unternehmer seine Freiheit und seine Selbstbestimmtheit behalten will: dem Sinn und Zweck der Sache. Das ist eine Frage der Haltung. Die Sinnorientierung darf nicht gestaltet werden, sondern muss alles andere gestalten. Sie abzugeben bedeutet die unternehmerische Selbstaufgabe.

Beim Sinn und Zweck der Unternehmung müssen Kompromisse tabu sein.

Hätten wir uns in den bestehenden Apparat der DSO eingegliedert, hätten wir uns operativ vieles erspart und uns gewiss das Leben leichter gemacht. Wir hätten aber auch die Deutungshoheit über den Zweck unseres Unternehmens aufgegeben. Und das kam für uns zu keinem Zeitpunkt in Frage. Eher hätten wir unsere Papierstadt im Tübinger Büro noch auf 100 000 papierne Datensätze erweitert und uns ein weiteres Jahr lang die Nächte mit Pizza um die Ohren geschlagen.

Hinzu kam, dass die Organspende auch in der Außenwirkung ein ganz anderes Thema ist: Organe werden toten Spendern entnommen, bei uns ging es dagegen um Lebendspenden.

Wir hatten die Verantwortung dafür übernommen, möglichst vielen Blutkrebskranken zu einem Spender zu verhelfen. Wir wollten diesen Menschen das Leben retten. Als Anhängsel der DSO hätten wir vermutlich auch Leben gerettet, doch dieses Anliegen hätte immer hinter einem anderen zurückgestanden. Immer hätten wir jemanden um Erlaubnis bitten müssen, immer wären wir von den vorgegebenen Möglichkeiten abhängig gewesen. Wir aber wollten uns nicht an Möglichkeiten orientieren, sondern Möglichkeiten schaffen.

Wir wollten uns nicht an Möglichkeiten orientieren, sondern Möglichkeiten schaffen.

Letztlich war es der öffentlichen Unterstützung durch die vielen tausend freiwilligen Stammzellspender zu verdanken, dass wir die Anschubförderung des Bundesministeriums erhielten, obwohl wir uns der Eingliederung in die DSO oder das DRK verweigerten. Hätten wir die harte Phase des Improvisierens nicht lange genug durchgehalten, um so beachtliche Erfolge vorweisen zu können, wäre es leicht gewesen, uns abzuweisen.

Dass wir so unbeirrt an unserer Sache festhielten, überzeugte letztlich auch das Ministerium: Was wir taten, war so förderungswürdig und funktionierte so effektiv, dass man uns die Unterstützung nicht nur deshalb verweigern konnte, weil wir es auf unsere Art machen wollten. Schließlich hatten wir ja ganz offensichtlich Erfolg damit. Wir hatten die Unterstützung der Menschen. Uns abzuweisen hätte bedeutet, sie abzuweisen: die Betroffenen und die Spender gleichermaßen und wir hatten Know-how bewiesen.

Leben retten ist nicht umsonst: Wie wir die DKMS finanzierten

Natürlich hatten wir diesen Punkt auch in finanzieller Hinsicht nicht allein aus eigener Kraft erreicht. Für den Ausbau der Datei waren wir von Anfang an auf Spenden angewiesen. Vor der Gründung erhielten wir zunächst umfangreiche Firmen- und Privatspenden, dann die Mittel von der Deutschen Krebshilfe. Unsere größte Kostenstelle war die Finanzierung der Typisierung. Heute wird der Großteil davon durch die Stammzellspender selbst getragen: Die Kosten einer Registrierung bei der DKMS betragen 50 Euro. Privatpersonen zahlen diesen Betrag aus eigener Tasche, wenn es ihnen möglich ist. Wir sind auch nach über 20 Jahren in unserem Job immer noch täglich dankbar dafür, dass die Menschen sich nicht scheuen, für ihre potenziell lebensrettende Registrierung auch noch in die eigene Tasche zu greifen. Wir haben uns zudem stark auf die Spendergewinnung in Unternehmen konzentriert und seitdem Tausende von Betriebstypisierungen durchgeführt. Die Kosten dafür übernehmen in der Regel die teilnehmenden Firmen. Manchmal unterstützen die Mitarbeiter die Aktion sogar zusätzlich durch Geldspenden.

Was heute aufgrund effizienterer Testverfahren möglich ist, war 1991 noch gar nicht denkbar. Allein die anfangs noch hohen Laborkosten für jede Typisierung konnten wir den Stammzellspendern nicht zumuten. Ohne die großzügigen Privat- und Firmenspenden in der Anfangszeit wäre unser Unterfangen von Beginn an zum Scheitern verurteilt gewesen: Von Januar bis Februar 1991 sammelten wir insgesamt zwei Millionen Mark.

Heute stützt sich die Finanzierung der DKMS – abgesehen von der Finanzierung der Anfangstypisierung durch die Stammzellspender selbst – auf zwei Säulen: Zum einen erhalten wir nach wie vor Geldspenden von Privatpersonen und Unternehmen. Die Krankenkassen bilden heute den zweiten Stützpfeiler unserer Arbeit: Sie zahlen Pauschalen für die Dateipflege, also administrative Kosten, und übernehmen die Kosten für die erfolgreiche Spendervermittlung ab dem Zeitpunkt, an dem in unserer Datei ein Treffer gefunden ist und ein Spender zu einem Patienten passen könnte.

Im Herbst 1991 waren wir trotz der Anschubfinanzierung des Bundesministeriums von einer gesicherten Finanzierung noch weit entfernt. In dieser entscheidenden Phase kam uns ein Partner zu Hilfe, dessen Unterstützung wesentlichen Einfluss auf unsere weiteren Möglichkeiten hatte: die Krebshilfe. Anders als die DSO verfügte die Krebshilfe nicht über ein Spendersystem, in das wir uns hätten integrieren können oder müssen. Sie bot uns stattdessen die Art Unterstützung, die es uns ermöglichte, unseren eigenen Weg weiterzugehen: Wir erhielten weitere finanzielle Förderung in Höhe von fünf Millionen Mark und Schützenhilfe bei den Prozessen, blieben dabei jedoch selbstbestimmt. Die Krebshilfe übernahm also die Rolle eines Paten für unsere weitere Entwicklung.

Solche Patenschaften sind in der deutschen Wirtschaftslandschaft leider noch viel zu wenig verbreitet – dabei haben sie Vorteile für beide Seiten. Täglich lesen wir von Firmenzusammenschlüssen und davon, dass größere Unternehmen kleinere schlucken. In den einschlägigen Berichten heißt es mit geradezu verdächtiger Einvernehmlichkeit, dass »beide Seiten von der Zusammenarbeit profitieren«. Der Profit ist jedoch meist rein finanzieller Art, und nicht wenige geschluckte Unternehmen lösen sich innerhalb kürzester Zeit auf. Ihre Bestandteile verschwinden dann irgendwo in den Organigrammen des Konzerns, der sie aufgesaugt hat. Das ist nur logisch, denn sie geben durch die Übernahme ihre Handlungsfähigkeit auf.

Patenschaften sind in der deutschen Wirtschaft viel zu wenig verbreitet.

Leider machen auch gemeinnützige Körperschaften in dieser Hinsicht keine Ausnahme: Sie sind genauso von der Gefahr der Vereinnahmung bedroht wie Unternehmen der freien Wirtschaft, sobald der Erfolg sich einstellt; wenn auch aus anderen, vorwiegend bürokratischen Gründen. Die DKMS ist dafür nur eines von vielen Beispielen. Erfreulicherweise zeigt unsere Geschichte aber auch, dass es sich lohnt, sich nicht vereinnahmen zu lassen – mit der Krebshilfe hatten wir einen gewichtigen Partner an Bord, der uns mehr Freiraum ließ, als es bei den anderen Optionen der Fall gewesen wäre.

Selbstbewusstsein – der Schlüssel zum unternehmerischen Erfolg

Die Haltung, die uns vor der Vereinnahmung bewahrt hat, lässt sich in einem Wort zusammenfassen: Selbstbewusstsein. Dieses Selbstbewusstsein hatten wir aus unserem Ziel entwickelt, so viele Leben zu retten wie möglich.

Als wir unsere Eigenständigkeit behaupten mussten, standen wir zeitweise in einem offenen Konflikt mit unseren externen Partnern, obwohl wir es uns rein finanziell betrachtet nicht leisten konnten. Trotzdem blieben wir unbeirrt. Die Diskussion, ob wir uns diese Beharrlichkeit erlauben konnten oder nicht, kam gar nicht erst auf. Wir hatten ein klares Ziel, und wir wollten es im großen Stil umsetzen – alles andere hätte einfach keinen Sinn ergeben. Wir waren in der ebenso verantwortungsvollen wie angenehmen Lage, nur zwei Optionen zu haben: ganz oder gar nicht.

Eine Stammzellspenderdatei kann man nicht klein aufziehen. Die Suche nach dem genetischen Doppelgänger eines Menschen ist eine äußerst anspruchsvolle Aufgabe, die viel mit Mathematik zu tun hat. Die Trefferquote ist wahnsinnig niedrig, weil so viele Gewebemerkmale im Blut von Spender und Empfänger übereinstimmen müssen. Bevor wir mit unserer Arbeit begannen, gab es in Deutschland etwa 3000 registrierte Stammzellspender. Das ist nicht einmal ein Tropfen auf den heißen Stein. Wir wussten von Anfang an: Wir brauchten nicht ein paar tausend Spender, und auch ein paar zehntausend konnten nicht das Ziel sein. Die 50 000, die wir zu diesem Zeitpunkt hatten, waren ein guter Anfang, mehr nicht. Wir waren noch lange nicht da, wo wir hinwollten; wo wir hinmussten, um etwas zu bewirken.

Doch die turbulente Startphase hatte etwas verändert: Wir waren jetzt nicht nur davon überzeugt, sondern hatten auch den Beweis dafür, dass das, was wir vorhatten, möglich war. Die Spender rannten uns bei jeder Aktion regelrecht die Türen ein. Der Wille zu helfen ist eine menschliche Triebfeder, die man gar nicht überschätzen kann. Das sorgte dafür, dass uns kein Rückschlag und kein Konflikt aus dem Konzept bringen konnte.

Dieses Selbstbewusstsein war auch der Grund dafür, warum die Improvisationsphase uns nicht das Genick brach, sondern uns stark machte. Improvisieren kann man auf zweierlei Art. Entweder man reagiert halbherzig auf operative Notwendigkeiten und investiert immer nur so viel Energie, dass man noch genug Kraft für den Rückzug hat. Man agiert kurzsichtig, nimmt immer nur die eine Hürde in den Blick. Schafft man es nicht darüber, dann ist eben irgendwann Schluss. Wenn man das Scheitern jedoch auf diese Weise permanent als Option mitschleppt, wird man nie die Unsicherheit des Anfängers los, der Angst vor der eigenen Courage hat.

Wenn man das Scheitern permanent als Option mitschleppt, wird man nie die Unsicherheit los.

Die andere Möglichkeit, die wir vom ersten Tag an bewusst gewählt haben, ist das professionelle Improvisieren, das keine Provisorien zulässt. Wir haben schon in der Anfangsphase jeden Ablauf mit dem Anspruch aufgesetzt, dass er ab sofort und dauerhaft funktionieren musste. Wenn das nicht möglich war, verzichteten wir auf einen Prozess und blieben dauerhaft beim Improvisieren – bis heute. Was sich inkonsequent anhört, ist purer Pragmatismus: Ein Prozess kann scheitern, wenn sich die Rahmenbedingungen ändern. Beim Improvisieren aus der Situation heraus hingegen kann man sicher sein, dass man die Konsequenzen über den momentanen Kontext hinaus in Betracht zieht. Nichts, was wir anpackten, durfte »irgendwie erledigt« werden, damit es erst einmal weiterging – um uns später möglicherweise einzuholen wie ein Bumerang, der uns im schlimmsten Fall das Genick brechen

Professionelles Improvisieren lässt keine Provisorien zu.

konnte. Weil wir wussten, dass wir einen langen Weg vor uns hatten, mussten unsere Vehikel stabil sein. Möglich war diese konsequent professionelle Herangehensweise an jede operative Kleinigkeit also allein durch die langfristige Orientierung.

Den gleichen Anspruch legten wir beim Outsourcing an. Mit den Labors in den USA beispielsweise arbeiteten wir viele Jahre lang zusammen und suchten uns immer wieder die qualitativ besten und gleichzeitig preiswertesten Partnerlabors. Natürlich mussten wir uns durchaus Kritik dafür anhören, dass wir diese hochsensible Aufgabe von einem ausländischen Labor durchführen ließen. Sowohl vom technischen Stand als auch im Sinne des Kostenfaktors waren diese Labors damals jedoch die sinnvollste Wahl. Wir konnten es uns angesichts unserer Zielsetzung einfach nicht erlauben, bei der Qualität der Typisierung Kompromisse einzugehen. Die weltweit besten Labors waren für uns die einzige erstrebenswerte Option.

Auch bei der Auswahl unserer übrigen Partner hatten wir von Beginn an keine Angst vor großen Namen. Selbst als wir noch eine kleine Privatinitiative waren, scheuten wir uns nicht davor, große Firmen anzusprechen. Wir waren von unserer Sache überzeugt und glaubten daran, dass wir den Partnern etwas zu bieten hatten. Je namhafter eine Firma ist, je mehr sie im Fokus der Öffentlichkeit steht, desto mehr profitiert sie davon, Gutes zu tun. Viele Firmen nutzen diese Erwartungshaltung der Menschen heute gezielt für ihre Öffentlichkeitsarbeit. Bei vielen beschränkt sich das Vorhaben, Gutes zu tun, jedoch auf steuerlich absetzbare Geldspenden und schöne Worte in bunten Imagebroschüren. Wir verlangten dagegen zu einer Zeit, als das noch alles andere als selbstverständlich war, tatkräftige Unterstützung von unseren Partnern. Auch hier zahlte sich unser Selbstbewusst-

Es gibt kein eindeutigeres Zeichen für Professionalität, als die eigene Überzeugung selbstbewusst zu kommunizieren.

sein aus: Es zeigte den Verantwortlichen in den Unternehmen, wie ernst wir es mit unserem Anliegen meinten. Es gibt kein eindeutigeres Zeichen für Professionalität, als die eigene Überzeugung selbstbewusst und qualifiziert zu kommunizieren.

Auf diesem Weg gewannen wir nicht nur finanzielle Unterstützung, sondern erschlossen auch einen Weg, viele Spender auf einmal bei gleichzeitiger Kostendeckung der Typisierung zu erreichen: die Betriebstypisierungen. Am 27. November 1991 fand eine Typisierungsaktion für die Mitarbeiter des Chemie- und Pharmariesen Merck in Darmstadt statt. Neben Hunderten von Privatpersonen ließ sich hier erstmals die Belegschaft eines Unternehmens typisieren. Die Unterstützung der Unternehmensführung ging jedoch noch weiter: Die Mitarbeiter wurden nicht nur Spender, sondern engagierten sich auch bei den administrativen Aufgaben der Registrierung. Und zu guter Letzt transportierte die Werksfeuerwehr von Merck die gesammelten 6413 Blutproben, die an diesem Tag abgenommen wurden, auch noch zum Flughafen, von wo aus sie zum Labor in den USA ausgeflogen wurden.

Vor dem Problem des Transports standen wir anfänglich bei jeder Aktion aufs Neue. Insbesondere die Zeitkomponente spielte dabei eine große Rolle: Die Blutproben mussten innerhalb von 24 Stunden im Labor untersucht werden, um zuverlässige Ergebnisse zu garantieren. Schnelligkeit war also die Maßgabe. Und Schnelligkeit für den Transport auf dem Luftweg hatte damals, 1991, einen Namen: Concorde. Es erschien uns angesichts der Bedeutung unserer Aufgabe nur logisch, dass das schnellste Transportmittel für die Blutproben gerade das richtige war – und dabei auch noch wesentlich günstiger, als die Proben in Deutschland typisieren zu lassen. Auch hier agierten wir mit der Selbstverständlichkeit dessen, der von seiner Sache überzeugt ist. Es gelang uns bereits nach der Typisierungsaktion in Düsseldorf am 24. Februar 1991, den Transport der Blutproben in die USA mit der Concorde durchzuführen.

Unser Selbstbewusstsein war wohl der ausschlaggebende Faktor dafür, dass wir uns in der schwierigen Anfangsphase behaupten konnten. Mit der sicheren Überzeugung, einen wichtigen gesellschaftlichen Beitrag zu leisten, konnten wir unsere Finanzierung sichern, starke Partner gewinnen und immer wieder Präsenz in den Medien demonstrieren. Es ist wohl die herausragende Lehre aus unserer Startphase als Unternehmen: Eine sinnvolle Initiative verwirklicht man entweder ganz oder gar nicht. Wenn der Sinn der Sache kompromisslos jeden Schritt bestimmt und bei jeder unternehmerischen Aktion selbstbewusst kommuniziert wird, kann er Berge versetzen.

Eine sinnvolle Initiative verwirklicht man entweder ganz oder gar nicht.

Die Gründungsphase: Freistilschwimmen mit Hindernissen

Nach der offiziellen Gründung der DKMS waren wir immer wieder mit Hürden konfrontiert, die uns ohne weiteres das Genick hätten brechen können. Es waren im Wesentlichen drei Tugenden, die uns schließlich zum Erfolg führten: kompromisslose Zweckorientierung, professionelles Improvisieren und unerschütterliches Selbstbewusstsein. Alle drei beruhen auf unserem unantastbaren Ziel, das über allem anderen steht: Leben zu retten.

Die Kooperation mit externen Partnern zwang uns zu Kompromissen auf operativer Ebene. Indem wir jedoch von Beginn an kommunizierten, dass wir unseren Zweck als nicht verhandelbar ansahen, sorgten wir für Klarheit bei allen Beteiligten. Damit machten wir uns nicht nur Freunde, doch wir konnten unsere Integrität gegenüber den Spendern und Betroffenen immer wahren.

Indem wir bei jeder einzelnen Problemstellung nicht auf den einfachsten Weg auswichen, sondern immer eine langfristige Lösung suchten, legten wir ein solides Fundament für unser weiteres Wachstum, das bis heute seine Stabilität bewahrt hat. Dennoch wussten wir schon damals, dass wir das Improvisieren nie aufgeben würden. Herausforderungen verändern sich – ganz besonders dann, wenn der Mensch im Mittelpunkt steht. Nicht alle Lösungen kann man in Bronze gießen. Wichtig ist, dass man sein Ziel nicht aus den Augen verliert.

5

Wachstumsschmerzen

Ein sinnorientiertes Unternehmen wird größer

Grobe Selbstunterschätzung

»Wie viele Spender glauben Sie in den nächsten drei bis vier Jahren motivieren zu können?«

Mit dieser Frage traf der Vertreter des Bundesministeriums für Gesundheit, mit dem wir zum wiederholten Male zusammensaßen, einen wunden Punkt. In seiner Behörde glaubte man noch immer nicht so recht daran, dass wir so weiterwachsen würden, wie das in den vergangenen Monaten geschehen war. Doch die Anschubfinanzierung des Ministeriums sollte über maximal vier Jahre laufen, und dafür mussten Zahlen her – keine Förderung ohne Planziel.

Bis zu vier Jahre lang sollte alles über den Tisch der Krebshilfe gehen, die einen Sitz im Verwaltungsrat hatte und das Wachstum unserer Strukturen kritisch überwachen sollte. Die Entscheidung war, dank des Drucks, den unsere Erfolge ausübten, gefallen. Das »Ob« stand nicht mehr in Frage. Nun musste man uns eben nur noch auf das Maß der Skalierung festlegen, bei der man uns unterstützen würde.

Im Gegensatz zum Ministerium hatten wir keine Zweifel daran, dass wir das hohe Niveau würden halten können. Doch natürlich hatten wir keine Ahnung, wie viele Stammzellspender genau wir in den nächsten drei Jahren für unsere Sache würden begeistern können. Wie auch: Es gab keinerlei Statistiken vergleichbarer Organisationen, die man für eine Schätzung hätte heranziehen können. Das Ministerium aber wollte von uns wissen, welche Zahl von Spendern für die Versorgung der deutschen Patienten notwendig wäre. Um das kalkulieren zu können, war eine ausreichende Datenmenge deutscher Spender notwendig. Und die gab es nicht. Also nahmen wir die einzige Richtgröße, die wir zur Verfügung hatten: die Zahl der Spender, die zum Zeitpunkt dieses Gesprächs bereits registriert waren – etwa 50 000. Und tippten aus der Not heraus, dass wir in weiteren drei Jahren wohl in jedem Fall weitere 150 000 Menschen dazu bewegen könnten, sich bei uns registrieren zu lassen. Diese Zahl schien uns eine sichere Bank zu sein: Was wir im ersten Jahr geschafft hatten, obwohl wir uns improvisierend von Aktion zu Aktion hangelten, das würden wir wohl auch in der Folgezeit in besser organisierter Form schaffen. Zu weit aus dem Fenster lehnen wollten wir uns jedoch auch nicht: Dass wir uns maßlos überschätzten und Steuergelder banden, die wir am Ende gar nicht brauchen würden, wollten wir uns später nicht vorwerfen lassen. Deshalb 150 000. Eine große Zahl.

Eine viel zu kleine Zahl, wie sich bald herausstellen würde. Da übten wir uns bei unseren Zielen einmal in Bescheidenheit, und prompt fiel uns das auf die Füße. Bis 1994 sollte die Finanzierung des Ministeriums laufen, die uns in die Lage versetzen sollte, unsere Datei auf diese festgelegte Spenderzahl zu bringen und unsere Organisation dabei so professionell aufzustellen, dass wir uns danach selbst würden tragen können. 1993, weniger als zwei Jahre später und weit über ein Jahr vor dem geplanten Auslaufen der Förderung, sollten wir die Zahl von 150 000 Spendern bereits erreicht haben.

Da übten wir uns bei unseren Zielen einmal in Bescheidenheit, und prompt fiel uns das auf die Füße.

Ein Grund zum Feiern – eigentlich. Ein Problem jedoch aus Bürokratensicht: Noch oft wurde uns vorgeworfen, dass wir uns grob verschätzt hatten und die Förderung im Nachhinein aufgestockt werden musste.

Aber mal ehrlich: Zum Zeitpunkt der Schätzung war noch nicht einmal das erste Jahr unserer Arbeit abgelaufen, an dessen Ende insgesamt 68 000 registrierte Spender standen. Wie hätten wir, nach diesem sensationellen Erfolg, damit rechnen sollen, dass das Wachstum mit jedem weiteren Jahr noch rasanter vonstattengehen könnte, als wir uns das damals vorstellen konnten?

Wer viele Spender will, muss Spenden einfach machen

Die erste Tranche der insgesamt rund 21 Millionen Mark, die wir letztlich über den Zeitraum von drei Jahren vom Bundesministerium für Gesundheit erhielten, war für den Aufbau unserer IT, Buchhaltung, Gehälter und weitere organisatorische Notwendigkeiten bestimmt. Darüber hinaus sollten sie uns bei unserem neuen Vorhaben unterstützen, in das wir hohe Erwartungen setzten: dem Aufbau unseres Briefspendersystems.

Helfen muss einfach sein, damit es massentauglich ist.

Die Ratio hinter dieser Idee war einfach: Was wir von den Menschen brauchten, war klar. Dass sehr viele es uns zu geben bereit waren, wenn wir die Gelegenheit bekamen, sie zu überzeugen, auch. Doch ganz gleich, wie viele Spenderaktionen wir veranstalten würden und wie effektiv unsere Öffentlichkeitsarbeit funktionierte, wir würden es nie schaffen, dass jeder potenzielle Spender sich auf den Weg zu einer Registrierungsaktion in seiner Nähe machen würde. Wir mussten auch den Menschen die Chance zum Spenden geben, die nicht die Möglichkeit hatten, an einer solchen Aktion teilzunehmen. Helfen muss einfach sein, damit es massentauglich ist: Die Spende muss, am besten im Wortsinn, bei den Leuten zu Hause auf dem Sofa abgeholt werden können. Fernsehaktionen wie die mit dem *Gesundheitsmagazin Praxis*, mit der Abholung jeder einzelnen Spende vor Ort, waren dafür eine Möglichkeit, doch sie sind logistisch wahnsinnig aufwendig und können keine Dauerlösung sein.

Neben der Perfektionierung unseres Systems für die Registrierungsaktionen und der Betriebstypisierungen war das Briefspendersystem unsere wichtigste Mission im Zuge der Skalierung unseres Modells: Einfacher als per Post lässt sich der Transport der Blutprobe vom Bürger zu Hause ins Labor nicht bewerkstelligen. Er ist einfach, er ist für jeden umzusetzen und nicht an ein bestimmtes Zeitfenster gebunden. Per Brief kann jeder spenden, wann er will.

Das funktioniert inzwischen viel einfacher als zu Beginn, denn seit 2007 ist für die Ersttypisierung nicht einmal mehr eine Blutabnahme erforderlich. Der Spender bekommt von uns ein Registrierungsset mit Wattestäbchen und schickt uns einfach einen Abstrich seiner Wangenschleimhaut zu. Das genügt heutzutage für eine hochauflösende Typisierung. Mit dem Internet ist der ganze Prozess sogar noch simpler und damit auch massentauglicher geworden – jetzt können sich die Spender nicht nur per Brief oder telefonisch, sondern auch online registrieren lassen, um ihr Spenderset mit den Wattestäbchen nach Hause geschickt zu bekommen. Alternativ gibt es immer noch die Möglichkeit, sich in einer unserer Partnerkliniken in ganz Deutschland fünf Milliliter Blut abnehmen zu lassen. Auf diesem Weg werden viele Menschen auf uns aufmerksam, die wie Mechtilds Spenderin zum Beispiel sowieso in die Klinik gehen oder lieber mit einem Mediziner vor Ort sprechen wollen, bevor sie jemandem ihr Blut zur Verfügung stellen.

Heute machen die Briefspender (einschließlich der Online-Registrierungen) etwa ein Drittel der Registrierungen aus, die bei der DKMS eingehen. Etwa 10 bis 20 Prozent kommen durch die Betriebstypisierungen zusammen. Dieser Weg ist für uns besonders effizient: Wenn sich ein Unternehmen wie Volkswagen zur Durchführung einer Betriebstypisierung entschließt, können wir auf einen Schlag bis zu 70 000 Menschen ansprechen und Tausende Datensätze registrieren. Mehr Skalierung an einem einzigen Tag geht nicht.

Tatsächlich sind besonders große Unternehmen sehr an diesen Aktionen interessiert. Das hat einen einfachen Hintergrund: Blutkrebs ist statistisch betrachtet nur *relativ* selten – insgesamt gibt es in Deutschland etwa 11 000 Neuerkrankungen allein an Leukämie pro Jahr. Bei 70 000 Mitarbeitern ist die Wahrscheinlichkeit, dass mindestens ein Kollege oder Angehöriger von der Krankheit betroffen ist, schon sehr hoch. In diesen Fällen bekommt das Unternehmen nicht nur die Möglichkeit, soziales Engagement zu zeigen und als Partner der DKMS auf sich aufmerksam zu machen. Es bekommt auch die Chance, Menschen aus seiner Mitte zu unterstützen, die mit einem schweren Schicksal zu kämpfen haben und auch die Mitarbeiter können sich solidarisch zeigen.

Stellen Sie sich den Anblick einmal aus der Sicht dieser Patienten vor: Viele Kollegen stehen (natürlich nicht gleichzeitig) auf dem Werksgelände Schlange, um Leben zu retten. Vom Fließbandarbeiter bis zum Vorstandsvorsitzenden. In einem solchen Moment begreifen Sie, dass der Krebs kein unbezwingbarer Gegner ist. Der abstrakte Begriff »Unternehmensgemeinschaft«, der uns sonst immer nur in Imagebroschüren begegnet, bekommt dann eine ganz neue Bedeutung. Keine Rede vor der Belegschaft kann ein betriebliches Gemeinschaftsgefühl so ausdrücken, wie es bei diesen Gelegenheiten sichtbar wird. Kein Wunder also, dass wir mit dem Organisieren kaum hinterherkommen: Insgesamt 3688 deutsche Firmen (Stand: Juni 2013) haben bisher eine Betriebstypisierung durchgeführt.

In einem solchen Moment begreifen die Betroffenen, dass der Krebs kein unbezwingbarer Gegner ist.

Den größten Teil aller DKMS-Registrierten bilden die Menschen, die sich bei den klassischen Registrierungsaktionen vor Ort in unsere Datei aufnehmen lassen. Die kleine Zahl von Aktionen, die wir im ersten Jahr als junges Team durchführten, zu vervielfachen war die dritte Säule unseres Plans zur Skalierung. Und auch sie ging auf. Heute finden pro Jahr circa 800 dieser Aktionen statt – mehrere pro Tag also.

Natürlich hat sich seit 1991 einiges verändert: Die Initiative für die Aktionen geht inzwischen in den meisten Fällen nicht mehr von uns aus, sondern von Angehörigen, Freunden oder Kollegen der Betroffenen. Sie werden von den gleichen Beweggründen getrieben wie wir damals: nicht zur Untätigkeit verdammt zu sein, sondern Einfluss nehmen zu können auf die Überlebenschancen der Menschen in ihrem engsten Umfeld. Nur haben sie es heute zum Glück weitaus einfacher als wir damals: Sie müssen sich nur noch bei uns melden und uns um Unterstützung bitten. Die Logistik der Aktion übernehmen wir; an freiwilligen Unterstützern vor Ort mangelt es in den wenigsten Fällen. Insgesamt 815 000 Menschen sind auf diesem Wege schon zu Unterstützern der DKMS geworden.

Warten auf die erste Entnahme

Bis diese drei Säulen so reibungslos funktionierten und die Skalierung so effizient wurde, wie das heute der Fall ist, vergingen natürlich einige Jahre. Nach dem ersten Jahr des Bestehens der DKMS (die Zeit als Privatinitiative mitgerechnet) war unsere Datei zwar bereits auf 68 000 Spender angewachsen. Doch eines frustrierte uns enorm: Im ganzen Jahr 1991 hatten wir keine einzige tatsächliche Knochenmarkentnahme aus unserer Datei vermitteln, also faktisch noch kein einziges Leben retten können.

Das zeigt die Dimension der Aufgabe, die wir uns gestellt hatten: Selbst eine hohe fünfstellige Zahl von Spendern war nicht hoch genug, um innerhalb eines Jahres auch nur einen einzigen Treffer bei den zahlreichen Anfragen für Blutkrebspatienten zu erzielen. Hätten wir unser Vorhaben von schnellen Erfolgserlebnissen abhängig gemacht, wie es viele Entrepreneure in der freien Wirtschaft tun, hätten wir zu diesem Zeitpunkt wohl frustriert aufgegeben. Unsere Startphase zeigt, wie wichtig die Unterstützung und Anschubfinanzierung durch öffentliche Stellen für gemeinnützige Zwecke ist, deren quantitativer Erfolg auf der Skalierung eines qualitativen Modells beruht: Ohne die Anschubfinanzierung hätten wir keine Chance gehabt, die Größenordnung zu erreichen, die wir erreichen mussten, um unseren Zweck zu erfüllen und zu einer selbsttragenden Organisation zu werden.

Anfang 1992 vermeldete die Datenbank endlich einen Treffer. Nichts hatten wir mehr herbeigesehnt als die erste Übereinstimmung von Patientendaten mit einem Spenderdatensatz der DKMS.

Der erste Treffer in unserer Datei wurde zu einer Farce.

Doch das retardierende Moment ließ nicht lange auf sich warten: Der erste Treffer in unserer Datei wurde zu einer großen Enttäuschung, die demonstriert, wie groß die Vorurteile waren, gegen die wir damals tagtäglich anzukämpfen hatten.

Dabei fing alles gut an. Der Mann, der unser erster tatsächlicher Knochenmarkspender werden sollte, war auf unsere telefonische Nachfrage hin nach wie vor bereit, sich auf die Knochenmarkspende einzulassen. Doch das änderte sich, als er sein Vorhaben mit seiner Frau besprach, die sich gar nicht erst die Mühe machte, sich näher über die Entnahme zu informieren. Sie war eine der vielen, die Knochenmark hörte und wahrscheinlich sofort Rückenmark assoziierte. Die Erklärungen nützten nichts: Sie betrachtete das Leben ihres Mannes als akut gefährdet und setzte alles daran, ihn von der Spende abzubringen. Wirklich alles: Als sie ihm mit der Scheidung drohte, falls er die Knochenmarkspende durchführte, lenkte unser potenzieller Spender schließlich ein und rettete statt einem Leben seine Ehe. Und so wurde aus dem ersten Treffer in unserer Datenbank nicht die erste von uns vermittelte Knochenmarkspende. Statistisch betrachtet ein ziemlich unwahrscheinlicher Vorfall: Weniger als 2 Prozent der DKMS-Spender treten im Falle eines Treffers von ihrer Bereitschaft zur Spende zurück – der geringste Wert unter allen Dateien weltweit.

Im März 1992 wurde unsere Geduld endlich belohnt. Das ZKRD vermeldete einen Treffer: Einer unserer registrierten Spender passte zu einem Patienten, der gerade eine Knochenmarkspende benötigte.

Jetzt musste es schnell gehen, und plötzlich war wieder alles neu. Als Erstes stellte sich die Frage: Wo war der Patient? In Frankreich, wie sich herausstellte. Der Transport des entnommenen Knochenmarks musste also per Flugzeug erfolgen. Was zu der Frage führte, wie man Knochenmark eigentlich sachgerecht transportiert. Unsere Recherchen ergaben, dass der Beutel mit dem Knochenmark in anderen Ländern oft in einer Picknickbox transportiert wurde. Das erschien uns wenig vertrauenerweckend – und zeigt, wie provisorisch die Knochenmarkspende damals noch organisiert war. Sie kam einfach zu selten vor, als dass es einen wirklich durchdachten, standardisierten Prozess dafür gegeben hätte. Eine kompetente Firma schuf Abhilfe: Rimowa stiftete einen sehr stabilen und gut gepolsterten Hartschalenkoffer, wie er auch für Fotoausrüstungen verwendet wird, für den Transport der Lebensspende nach Frankreich.

Im März 1992 wurde unsere Geduld endlich belohnt.

Am 12. März 1992 war es so weit: Die erste Knochenmarkspende aus der Vermittlung der DKMS wurde erfolgreich entnommen. Nun mussten wir natürlich sicherstellen, dass die Spende sicher ihr Ziel erreichte – jemand würde sie ununterbrochen im Auge behalten müssen. Also schickten wir das Knochenmark mit einem Kurier auf die Reise, der es persönlich im Handgepäck mit sich führen und in der französischen Klinik abliefern sollte. Doch auch das war nicht so einfach, wie es sich anhört: Fluggepäck wird beim Sicherheitscheck am Flughafen standardmäßig durchleuchtet. Dieser Strahlung wollten wir das Knochenmark nicht aussetzen. Für lebendes Gewebe, das absolut vital transplantiert werden muss, wäre das eine potenzielle Gefahrenquelle gewesen. Also mussten wir Kontakt mit dem Bundesgrenzschutz am Flughafen aufnehmen, damit unser Koffer separat und ohne Durchleuchtung überprüft werden konnte. Die Beamten zeigten sich äußerst kooperativ: Unser Kurier wurde am Flughafen bereits erwartet und bekam bei der Sicherheitsüberprüfung eine Sonderbehandlung.

Das Knochenmark erreichte die französische Klinik unbeschadet, und die Übertragung verlief erfolgreich.

Endlich hatte unser System seinen Zweck unter realen Bedingungen erfüllen können, endlich hatten wir eine Knochenmarkspende vermittelt. Die Theorie hatte den Anwendungsfall überstanden.

Kurz darauf trug sich um die zweite Entnahme eine fast unglaubliche Geschichte zu. Wie die zweite Knochenmarkspende aus unserer Datei zustande kam, widersprach allen Gesetzen der Wahrscheinlichkeit. Als das ZKRD den Treffer vermeldete, trauten wir unseren Augen nicht: Von den Zigtausenden Spendern, deren Daten wir inzwischen hatten, war es ausgerechnet Brigitta Jene, die Sekretärin von Mechtild Harfs Ehemann Peter Harf, deren Gewebemerkmale mit denen einer Anfrage zusammenpassten. Jemand aus dem unmittelbaren Umfeld unserer kleinen Truppe wurde also die zweite Spenderin; beinahe wäre sie sogar die erste gewesen. Wie wahrscheinlich ist so etwas?

Jetzt hatten wir den Beweis, dass unser System allen Zweiflern zum Trotz funktionierte.

Mit den ersten Entnahmen hatten wir den Beweis, dass unser System allen Zweiflern zum Trotz funktionierte. Spätestens ab jetzt war alles eine Frage der Skalierung.

Die ging rasant vonstatten. 1992 fanden insgesamt sieben Knochenmarkentnahmen von DKMS-Spendern statt. Bis heute ist diese Zahl auf insgesamt über 35 000 angewachsen. Im Jahr 2013 waren es durchschnittlich bereits 14 am Tag – an praktisch jedem beliebigen Tag finden inzwischen mehr Entnahmen bei DKMS-Spendern statt als 1992 in einem ganzen Jahr.

Warum wir Rekorde brechen

Nicht einmal eine Woche nach der ersten Knochenmarkspende brachen wir unseren ersten internationalen Rekord: Am 18. März 1992 führten wir die bis dahin weltweit größte Spenderaktion an einem einzelnen Tag durch – in vier Städten gleichzeitig.

Die Aktion war für unser immer noch kleines Team eine völlige Wahnsinnstat. An allen vier Orten mussten jeweils zwei Mitarbeiter der DKMS anwesend sein – unser Team bestand jedoch nur aus sechs Angestellten. Dafür hatten wir inzwischen jedoch einen Zivildienstleistenden und wurden von einigen Freunden und Studenten unterstützt. So bekamen wir die nötigen acht Mitarbeiter zusammen.

In Paderborn, Bad Driburg, Delmenhorst und Oldenburg riefen an diesem Tag die Angehörigen mehrerer Patienten in konzertierten Aktionen gleichzeitig zur Knochenmarkspende auf. Wie viele der Initiatorenteams vor Ort waren auch die Westfalen sehr kreativ: Eine der Gruppen warb mit Schnapsgläschen für die Aktion, denn die notwendige Blutspende von fünf Millilitern passt genau in ein Schnapsglas. »Nur ein Gläschen Blut« – die Mundpropaganda mit diesem Slogan, unterstützt von den lokalen Medien, funktionierte blendend.

Am Abend war der Rekord perfekt: 13 811 Spender waren dem Aufruf zur Registrierung an den vier Orten gefolgt – Weltrekord. Fast 10 Prozent der Spender, die wir dem Bundesministerium nach Ablauf von drei Jahren versprochen hatten, an einem Tag. Wir begannen zu ahnen, dass wir uns verschätzt hatten.

13 811 Spender waren dem Aufruf an vier Orten gefolgt – Weltrekord.

Mit der Zusammenführung ihrer Aktionen wollten die Angehörigen natürlich vor allem die Chancen, einen passenden Spender zu finden, für alle Patienten potenzieren. Zwar wird nicht tatsächlich vor Ort ein Spender für den Patienten gefunden, für den die Aktion durchgeführt wird – selbst bei einem gezielten Aufruf in dieser Größenordnung. Die Angehörigen wissen das. Auch wir wussten es schon bei unserer allerersten Aktion, als wir noch einen Spender für Mechtild suchten. Doch immer wieder zeigt sich, dass die Statistik der Motivation keinen Abbruch tut. Denn mit jeder Aktion steigen die Chancen für alle Betroffenen – weltweit. Auch wenn es manchmal lange dauert, bis sich der Kreis für den einzelnen Spender schließt. Dem Patienten, von dessen Schicksal er eigentlich motiviert wurde, ist dann manchmal schon längst geholfen worden. Trotzdem halten fast alle Spender ihre Registrierung aufrecht, um anderen Betroffenen zu helfen. Hilfsbereitschaft braucht kein Namensschild, aber ein Gesicht, das den Impuls gibt.

Einer der Menschen, die sich an diesem Tag auf den Weg zum Aktionsort Paderborn machten, war Oliver Kipshagen aus Lichtenau. Bei ihm dauerte es fast zwei Jahrzehnte, bis der heute 41-Jährige 2011 tatsächlich als Spender ausgewählt wurde. Im Laufe dieser Zeit hatten wir ihm bereits zweimal mitgeteilt, dass er als Spender für einen Patienten in Frage kam, doch beide Male hatte sich ein noch besser geeigneter Spender gefunden. Jetzt war die Übereinstimmung bei so vielen Gewebemerkmalen gegeben, dass er eindeutig als der am besten geeignete »genetische Zwilling« eines Patienten Mitte 30 aus Amerika identifiziert werden konnte.

Wie viele Spender freut sich Oliver Kipshagen darauf, den Menschen eines Tages persönlich kennenzulernen, der von ihm ein zweites Leben geschenkt bekam: »Inzwischen weiß ich, dass es dem Empfänger derzeit ganz gut geht. Er macht wieder kleine Fortschritte und kämpft sich in sein altes Leben zurück. Ich wünsche ihm, dass er ohne gesundheitliche Beeinträchtigungen sein Leben wie vor der Erkrankung fortsetzen kann und ich ihn hoffentlich auch persönlich kennenlernen darf«, berichtete uns Herr Kipshagen im Vorfeld einer Registrierungsaktion in seiner Heimatstadt Lichtenau im September 2012, für die er bei seinen Mitbürgern persönlich um Unterstützung warb.

Dieses Mal ging es um die junge Mutter Myriam, die eine Stammzellspende benötigte, um ihre kleine Tochter aufwachsen sehen zu können. Ihr Beispiel zeigt, wie schnell wir heute oft zu helfen in der Lage sind: Nur wenige Tage nach der Aktion fand sich ein Stammzellspender für Myriam – der sich bei einer anderen DKMS-Aktion hatte registrieren lassen.

Auch das hat sich verändert: Heute sind es nicht mehr nur die Betroffenen vor Ort, die einer DKMS-Aktion ein Gesicht geben, sondern immer öfter auch Spender aus der gleichen Stadt, die mit einer Knochenmark- oder Stammzellspende bereits ein Leben retten konnten und auch danach weiter Engagement für die Erkrankten zeigen. Sogar in einem kleinen Ort wie Lichtenau mit seinen gut 10 000 Einwohnern ist es inzwischen möglich, dass Betroffene und Helfer einander auf der Straße begegnen.

Und wieder das Fernsehen

Bei allen Wachstumsbemühungen hatten wir eines eigentlich nicht so bald erwartet: dass wir unseren Erfolg mit dem *Gesundheitsmagazin Praxis* mit einem weiteren Fernsehaufruf noch bei weitem übertreffen würden. Im Vorfeld einer weiteren Registrierungsaktion in Köln – in den gleichen Räumlichkeiten wie bei unserer ersten Kölner Aktion mehr als zwei Jahre zuvor – informierten wir wie üblich die Medien über unser Vorhaben. Das Gesicht der Aktion war dieses Mal ein Kölner Junge namens Stefan Backhaus. Unter anderem bekam die Redaktion der damals sehr populären Talksendung *Schreinemakers live* die Mitteilung per Fax. Die Reaktion ließ nicht lange auf sich warten. Drei Tage vor der Aktion, am 9. Dezember 1993, saßen Stefans Vater und Claudia Rutt bereits bei

Margarethe Schreinemakers live in der Sendung und berichteten von der Diagnose Blutkrebs und der Suche nach einem Knochenmarkspender.

Was sich daraufhin am Aktionstag, einem Sonntagmorgen, in der Kölner Innenstadt abspielte, verschlug uns den Atem. Wieder sorgte sehr ungemütliches, eiskaltes Winterwetter für eine denkbar schlechte Ausgangssituation, um die Menschen aus ihren warmen Wohnungen zu locken. Inzwischen hätten wir eigentlich nicht mehr überrascht sein sollen, dass das der einmal geweckten Hilfsbereitschaft keinen Abbruch tut – und waren es dennoch angesichts der Wirkung, die der Fernsehauftritt entfaltet hatte. Bereits vor zehn Uhr morgens – dem offiziellen Beginn der Aktion – hatte sich auf dem Rudolfplatz eine lange Schlange gebildet. Als wir begannen, uns umzuhören, stellten wir fest: Nicht nur aus den Kölner Vororten, sondern sogar aus Koblenz und anderen Städten, die man nicht mehr als Kölner Umgebung bezeichnen kann, waren die Menschen angereist. Und nun froren sie sich hier gut gelaunt die Füße ab, um eine Blutprobe abzugeben, anstatt gemütlich zu Hause den zweiten Advent zu begehen. Nicht nur Singles, sondern auch junge Familien mit kleinen Kindern.

Neu war uns das alles zu diesem Zeitpunkt zwar nicht mehr. Doch es war eine neue Dimension, mit der wir es an diesem Sonntag zu tun bekamen. Zum ersten Mal in unserer zweijährigen Aktionsgeschichte waren unsere Kapazitäten dem Ansturm nicht mehr gewachsen – die angemieteten Räumlichkeiten platzten aus allen Nähten, die Warteschlange wurde immer länger. Wir wussten uns keinen anderen Rat, als den Manager eines Hotels nebenan um Hilfe zu bitten. Der zögerte keine Sekunde und stellte uns mehrere Konferenzräume zur Verfügung. Die Wartezeiten stellten die Geduld der Spendewilligen dennoch auf eine harte Probe. Mit heißem Kaffee,

Zum ersten Mal waren unsere Kapazitäten dem Ansturm nicht mehr gewachsen.

den wir aus einem nahe gelegenen Fast-Food-Restaurant besorgten, kümmerten wir uns wenigstens notdürftig um die Wartenden.

Es blieb nicht bei dem einen Auftritt in der Sendung von Margarethe Schreinemakers. Ein Jahr lang lud sie uns fast jeden Monat ein, um die Fortschritte bei der Suche nach einem Spender für den kleinen Stefan zu dokumentieren. Die Suche dauerte, doch sie war letztlich von Erfolg gekrönt. Die Sendung brachte auch den endgültigen Durchbruch für das Modell der Betriebstypisierungen: Mehrfach rief die Moderatorin Firmen auf, ihre Belegschaften registrieren zu lassen. Jedem Betrieb ab 30 000 Mark Spendenhöhe, der dem Aufruf nachkam und/oder eine Betriebstypisierung durchführte, versprach sie einen Auftritt in ihrer Sendung.

Auch unsere öffentlichen Partner konnten nicht umhin, Notiz vom überschäumenden Echo auf die Auftritte bei *Schreinemakers live* zu nehmen: Am 29. März 1994, ein paar Monate nach unserem ersten Auftritt, überreichte Dr. Helmut Geiger, der Vorsitzende der Deutschen Krebshilfe, uns live in der Sendung einen weiteren Scheck über eine Million Mark.

Wie viele Registrierungen wir – zusätzlich zu den 4948 Spendern bei der Kölner Aktion am 12. Dezember 1993 – durch *Schreinemakers live* insgesamt gewannen, lässt sich nur schwer schätzen; es wird eine sehr hohe Zahl gewesen sein.

Natürlich rief die Beteiligung von Margarete Schreinemakers, die oft für ihre stark emotionale Moderationsweise kritisiert wurde, auch wieder die alten Nörgler auf den Plan, die uns die »unethische« Emotionalisierung eines ernsten medizinischen Themas vorwarfen. Dadurch wurde jeder Auftritt in der Sendung für uns ein Balanceakt – wir mussten aufpassen, die medizinischen Aspekte vor dem Millionenpublikum der Sendung genau zu kommunizieren, denn wir wollen, dass die Menschen wissen, worauf sie sich einlassen. Nicht wenige Mediziner fanden unsere Mittel trotz aller

Erfolge noch immer unangemessen und hätten uns gern Steine in den Weg gelegt.

An uns perlte diese Kritik inzwischen weitgehend ab, solange sie uns keinen Schaden zufügte: Der Durchbruch, den die emotionale Methode uns spätestens durch diese Sendung einbrachte, hatte bereits nachweislich Leben gerettet. Was daran ethisch bedenklich sein sollte, hatte sich uns ohnehin nie erschließen wollen. Man muss Emotionen zeigen, um Emotionen hervorzurufen. Nur daraus erwächst die Sorte Hilfsbereitschaft, die Tausende Menschen an einem kalten Adventssonntag auf die Straße treibt, um einem wildfremden Menschen das Leben zu retten.

Man muss Emotionen zeigen, um Emotionen hervorzurufen.

Die Grenzen des Gemeinschaftsprinzips

Nach der weltweit größten Aktion an einem Tag in vier Städten und dem Sensationserfolg durch das Fernsehen fühlten wir uns bereit für die nächste große Herausforderung: die Hauptstadt. Unsere Aktion in Berlin im Mai 1993 sollte ein Paukenschlag werden und überregional Schlagzeilen machen, um noch mehr Aufmerksamkeit für unser Ziel zu erregen. Stattdessen wurde sie ein Lehrstück dafür, wie das Gemeinschaftsprinzip wirklich funktioniert – und wo es an seine Grenzen stößt.

Dieses Mal planten wir von vornherein im großen Maßstab: Als wir die Aktion in Berlin am 13. Mai 1993 eröffneten, waren wir auf 20 000 Spender eingestellt. Es erschien uns nur logisch: Wenn wir in kleineren, teilweise sehr kleinen Städten mehrere tausend Menschen mobilisieren konnten, dann mussten es in Berlin umso mehr sein. 20 000 schien uns nicht hoch gegriffen, sondern realistisch – und wir wollten nicht riskieren, dass wir am Ende dem Ansturm nicht gewachsen waren.

Zu unserem Optimismus trug zusätzlich die Tatsache bei, dass die Aktion an eine berühmte Berliner Institution angebunden war: Im Vorfeld waren wir mit dem Geschäftsführer des Wintergarten-Varietés in Kontakt getreten, dessen kleiner Sohn an Blutkrebs erkrankt war. Er gab der Aktion ihr Gesicht, wie schon viele Patienten vor Ort zuvor das getan hatten, und die Medien berichteten ausführlich darüber. Allein schon dadurch glaubten wir uns auch dieses Mal der Unterstützung durch die Bevölkerung sicher.

Doch es kam anders. Schon als wir am Morgen des Aktionstages unseren sehr zentralen Platz am Kurfürstendamm bezogen, mussten wir feststellen, dass der zentrale Standort mitten in einer Weltstadt wie Berlin auch seine Nachteile hatte. Für die Blutabnahme lagen Tausende Spritzen bereit. Sie verschafften uns eine Art der Aufmerksamkeit, mit der wir absolut nicht gerechnet hatten: Die Drogenabhängigen, die sich in der Nähe aufhielten, zeigten großes Interesse an unserem Equipment. Wir waren gezwungen, permanent Personal für die Bewachung der Zelte und Fahrzeuge abzustellen, in denen die medizinische Ausstattung untergebracht war. Eine äußerst unangenehme Situation; vor allem aber eine, die wir nicht kannten. Eine seltsame Stimmung machte sich breit. Wir begannen zu ahnen, dass hier einiges anders laufen würde, als wir es gewöhnt waren.

Diese Befürchtung sollte sich nach dem Start der Aktion schnell bestätigen. Dass wir zum ersten Mal mit einer echten Großstadt konfrontiert waren, merkten wir nämlich auch am relativen Desinteresse der Bevölkerung. Im Gegensatz zu den vielen kleineren Städten, in denen wir inzwischen Aktionen durchgeführt hatten, verstecken sich soziale Probleme in einer Stadt wie Berlin nicht hinter den beschaulichen Fassaden von Einfamilienhäusern. Sie sind unmittelbar im Stadtbild präsent. Dazu kam, dass eine Spendenaktion in Berlin niemanden vom Sessel reißt, weil es täglich Dutzende gesellschaftliche Großereignisse gibt und an jeder Ecke eine andere Hilfsorganisation um Geldspender wirbt. In Berlin ist man nicht nur stärker an soziale Missstände gewöhnt als anderswo. Man reagiert auch verständlicherweise skeptisch, wenn jemand laut um Hilfe bittet – denn das tun dort auch viele, die alles andere als Helfen im Sinn haben.

Nach und nach erkannten wir, wo das Problem lag: Das Nachbarschaftsprinzip, mit dem wir bei den anderen Aktionen erfolgreich waren, konnte in Berlin nicht greifen – schon gar nicht in einer so zentralen Lage. In einer Millionenstadt ist ein betroffener Mitbürger eben nicht automatisch ein Nachbar, dem man jederzeit auf der Straße begegnen kann. Er ist für den Großteil der Bevölkerung anonym – und letztlich einer von vielen, die mit dramatischen persönlichen Problemen zu kämpfen haben.

Das heißt nicht, dass die Berliner abgestumpfter wären als alle anderen Deutschen. Doch unsere Herangehensweise ist hochgradig persönlich. Sie zielt darauf ab, dass wir den Menschen aus unserem nächsten Umfeld, unserer »sozialen Gruppe« automatisch helfen wollen. Im Zentrum von Berlin jedoch gibt es kein »nächstes Umfeld« im Sinne einer Nachbarschaft, sondern Tausende von Passanten, die nur auf der Durchreise sind – von einem Stadtteil zum nächsten, von einem Termin zum nächsten oder sogar von einem Land zum nächsten.

Wir erkannten, wie wichtig die lokale Komponente für unser Modell war: Das Nachbarschaftsprinzip ist notwendig, um die Hilfsbereitschaft der Menschen zu bündeln. In Köln, nach dem ersten Auftritt bei *Schreinemakers live*, hatte das funktioniert, weil Menschen aus ganz Deutschland den kleinen Stefan im Fernsehen gesehen und dadurch eine Bindung zu ihm aufgebaut hatten. Bei der Aktion in vier Städten hatte es funktioniert, weil lokale Gemeinschaften und Gesichter aus den Orten hinter den einzelnen Aktionsteams standen.

Das Nachbarschaftsprinzip ist notwendig, um die Hilfsbereitschaft zu bündeln.

Bei jeder anderen Aktion, die wir durchgeführt hatten, hatte es funktioniert, weil Menschen und örtliche Medien ihre jeweilige Nachbarschaft mobilisiert hatten. In Berlin klappte das nicht: Dort kann eine betroffene Familie, und sei sie noch so prominent, nicht die Aufmerksamkeit der ganzen Stadt auf sich ziehen. Und wir konnten den schwer kranken kleinen Sohn des Varieté-Chefs nicht jedem Berliner einzeln vorstellen.

Als wir erkannten, dass wir mit unseren üblichen Mitteln nicht den erhofften Erfolg haben würden, besannen wir uns auf unsere alte Stärke und improvisierten. Die *BILD*, einer unserer Berliner Medienpartner für die Aktion, reagierte sofort und erweiterte ihre Berichterstattung. Außerdem stellte sie uns im Anschluss an die Aktion einen Bus zur Verfügung, mit dem wir unsere »Basisstation« um eine mobile Einheit erweitern konnten. Doch auch diese Idee erfreute sich nur begrenzter Beliebtheit.

Am Ende mussten wir einsehen, dass das Prinzip Gemeinschaftlichkeit in einer Stadt wie Berlin anderen Bedingungen unterliegt als in Neuss oder Paderborn. Statt der erwarteten 20 000 Spender kamen insgesamt nur etwa 4500 zusammen – nicht mehr, als wir auch in vielen kleineren deutschen Städten schon erzielt hatten, und weit weniger als zum Beispiel bei unseren bis dahin größten Aktionen in Düsseldorf und Köln.

Berlin spielt heute trotzdem eine wichtige Rolle im Gesamtkonzept der DKMS. Seit 2009 haben wir sogar ein Büro in der Hauptstadt. Für andere wichtige Zwecke bietet Berlin nämlich bessere Bedingungen als jede andere deutsche Stadt: Hier gibt es die Infrastruktur, die Mediendichte und die räumlichen Kapazitäten, um große Veranstaltungen durchzuführen und als gesellschaftliche Institution bundesweit auf sich aufmerksam zu machen.

Nirgendwo in Deutschland gibt es mehr Social Entrepreneurs als in der Hauptstadt. Bei Veranstaltungen wie dem Vision Summit kommt deren Elite zusammen, um an neuen gesellschaftlichen Lösungen zu arbeiten und die Unternehmenswelt der Zukunft auf ein Fundament zu stellen, das sich am Gemeinschaftsprinzip orientiert – nahe an der Politik, nahe an der Wissenschaft, nahe an der kreativen Industrie und mit Anbindung an die internationalen Zentren der Innovation.

Der Standort Berlin ist deshalb auch für die DKMS hervorragend geeignet, um ihre Erfolge zu skalieren – wenn es nicht auf den persönlichen Kontakt von Mensch zu Mensch ankommt, sondern auf die Breitenwirkung und eine größtmögliche öffentliche Wahrnehmung in den Medien. Deshalb veranstalten wir seit 2006 jedes Jahr den *dream*ball in Berlin, eine große Charity-Gala, bei der Prominente und Wirtschaftslenker zusammenkommen.

Break-even

Die Aktion in Berlin war die letzte unter der Förderung durch das Bundesministerium für Gesundheit. Drei Jahre lang hatten wir keinen Druck mehr gehabt, im großen Stil Geldspenden akquirieren zu müssen, denn die Typisierung war durch die Förderung finanziert gewesen. Die Vermittlungsgebühr, die die Krankenkassen zahlten, wenn wir einen Spender vermittelten, reichten bei weitem nicht aus, um die Kosten für die Anfangstypisierung und den Aufwand der Spendergewinnung zu decken. Wir mussten umdenken, denn wir würden gezwungen sein, finanziell auf eigenen Beinen zu stehen. Es galt zu beweisen, dass wir unter der Förderung so weit gewachsen waren, dass wir uns selbst tragen konnten.

Also rechneten wir. Mit dem Ergebnis, dass wir pro Registrierung 100 Mark brauchen würden, um die Typisierungskosten zu decken. Unsere übrige Finanzierung würden wir über Sponsoren erwirtschaften müssen, soweit die Vermittlungsgebühren der Krankenkassen nicht zur Deckung ausreichten.

Als ich vorschlug, die Kosten für die Typisierung von den Spendern selbst tragen zu lassen, sorgte das in unserer kleinen Organisation für einen großen Aufschrei. Viele hielten es für absolut unmöglich, dass ein Spender, der im Bedarfsfall bereit war, sich für einen fremden Menschen auf den Operationstisch zu legen, auch noch bereitwillig ins Portemonnaie greifen würde. Obwohl wir zu diesem Zeitpunkt noch immer ein kleines Unternehmen waren, waren die internen Widerstände an diesem Punkt enorm. Doch letztlich hatten wir keine andere Möglichkeit, als unsere Spender ganz einfach zu fragen, ob sie dazu bereit waren, außer Blut auch noch Geld zu spenden – sonst wären Wachstum und, als Konsequenz, die Ausweitung der Hilfe für die Betroffenen ausgeschlossen gewesen.

Und sie waren bereit. Die Reaktionen waren einfach sensationell – wir spürten nicht den geringsten Einbruch bei der Zahl der Registrierungen. Ganz im Gegenteil: Das Wachstum blieb ungebrochen. Der kleine Mann, dem das Geld nicht locker sitzt, erwies sich erneut als unser größter Unterstützer. Wie schon in unseren ersten Tagen als Privatinitiative spürten wir auch hier wieder, dass Menschen, die existenzielle Nöte aus eigener Erfahrung kennen, am wenigsten zögern, anderen zu helfen. Wohlhabende dagegen, für die 100 Mark eine Kleinigkeit waren, fragten viel öfter nach, warum diese Leistung nicht vom Staat bezahlt werde. Bei den Betriebstypisierungen machten wir die Übernahme der Kosten durch die Unternehmen zur Bedingung.

Der kleine Mann erwies sich erneut als unser größter Unterstützer.

Tatsächlich schafften wir es schon nach kurzer Zeit, 80 Prozent der Kosten für die Anfangstypisierungen durch die Geldspenden der Registrierten zu decken und den Rest durch Sponsoren und die Vermittlungsgebühren von den Krankenkassen aufzubringen. Viele Registrierte spendeten sogar mehr als die Kosten der eigenen Typisierung. Sogar Menschen, die selbst nicht als Spender geeignet waren, wollten uns mit Geld unterstützen, das wir für die Typisierung derjenigen verwenden konnten, die es selbst nicht aufbringen konnten. Wie schnell und selbstverständlich diese Änderung unseres Geschäftsmodells angenommen wurde, konnte selbst uns noch überraschen – obwohl wir inzwischen gelernt hatten, welche Macht die Hilfsbereitschaft haben kann.

Zu den zahllosen Registrierungsaktionen, die in immer kürzeren Abständen im ganzen Bundesgebiet stattfanden, kamen nun auch Sammelaktionen von Unternehmen oder lokalen Vereinigungen, die ganz ohne unser Zutun gezielt für uns durchgeführt wurden. Im Oktober 1995 sammelten beispielsweise Feuerwehrleute aus Böblingen 70 000 Mark für die DKMS.

So schafften wir es tatsächlich in kürzester Zeit, zu einem selbsttragenden System zu werden. Aus heutiger Sicht betrachtet war die notwendige Förderung der öffentlichen Hand bis zur Grenze von insgesamt 150 000 Spendern verschwindend gering im Vergleich zu dem, was private und industrielle Spender bis heute zum Kampf gegen den Blutkrebs beigetragen haben: Mit ihrer Unterstützung haben wir es auf über drei Millionen Spender allein in Deutschland gebracht – und kein Ende in Sicht. Nichtsdestotrotz war die Förderung durch die öffentliche Hand ein wichtiges Fundament.

Ohne die Unterstützung der Gemeinschaft hätte das Jahr 1995 für uns zum Schicksalsjahr werden und unser Ende als Organisation besiegeln können. Stattdessen wuchsen wir weiter: In kürzester Zeit wurden wir von einer geförderten Organisation zu einem wirtschaftlich rentablen Non-Profit-Unternehmen, das anfangen konnte, in seine Weiterentwicklung zu investieren. Mehr noch: Ende 1995 brachen wir einen weiteren Rekord. Mit 325 000 Spendern war die DKMS offiziell zur größten Knochenmarkspenderdatei der Welt geworden – obwohl

1995 war die DKMS offiziell zur größten Knochenmarkspenderdatei der Welt geworden.

wir seit über einem Jahr keinen Pfennig an öffentlicher Förderung mehr erhielten.

Unser Beispiel zeigt: Ein sinnorientiertes Unternehmensmodell wie das der DKMS will *allen* Blutkrebspatienten die Hoffnung auf Leben schenken. Diesen Zweck hatten wir 1995 noch nicht erfüllt, und deshalb mussten wir weiter wachsen. Auch heute ist dieser Zweck noch nicht erfüllt, denn noch immer findet allein in Deutschland jeder fünfte Blutkrebspatient keinen passenden Spender. Deshalb wachsen wir weiter. Die Skalierung eines gemeinnützigen Unternehmens, aber auch eines Social Business ist allein durch die Dimension des Zwecks begrenzt, dem es dient. Für uns bedeutet das, dass wir nicht aufhören wollen zu wachsen, bis wir dem Blutkrebs ein ebenbürtiger Gegner sind. Nicht in einem Fall, nicht in den meisten Fällen, sondern in allen irgendwie möglichen Fällen.

6

Branchenprimus

Wie man als Unternehmer Verantwortung übernimmt

Erfolg verpflichtet

Gemeinnützigkeit hat in Deutschland noch immer den Beigeschmack von Ineffizienz. Der Grund dafür ist ein veraltetes Verständnis von Erfolg: Er wurde und wird teilweise noch immer vor allem mit Gewinnmaximierung gleichgesetzt. Erfolg hat, wer seine Ausgaben minimiert, seine Einnahmen maximiert und folglich möglichst hohe Profite erzielt. Jahrzehntelang floss das ökonomische Know-how in die Perfektionierung des Systems der Gewinnerzielung, während die gemeinschaftliche Komponente des Begriffes »Wohlstand« weitgehend ausgeblendet wurde. Erfolg wurde nicht als kollektive, sondern als individuelle Errungenschaft betrachtet. Entsprechend stagnierte das Innovationsstreben im sogenannten »dritten Sektor«, der alle Arten von nicht profitorientierten Unternehmen, Verbänden, Stiftungen usw. umfasst, die in volkswirtschaftlich relevanter Form organisiert sind.

Gemeinnützigkeit hat noch immer den Beigeschmack von Ineffizienz.

Seit einigen Jahren ist diese einseitige Ausrichtung im Wandel begriffen. Das Social Business hat seine erste Boomphase erlebt. Social Entrepreneurs wurden auch von den Medien wahrgenommen. Einige von ihnen, wie Mohammad Yunus, avancierten für einige Zeit zu gesellschaftlichen Leitfiguren. Einhergehend mit der Kritik am sogenannten Turbokapitalismus wird seitdem verstärkt die Frage gestellt, inwiefern der Begriff des Erfolgs auch eine gesellschaftliche Dimension haben und Gewinne der Gemeinschaft zugutekommen sollten. Große Unternehmen schlossen sich diesem Trend an und nutzten ihr gesellschaftliches Engagement als Wettbewerbsfaktor. Den bisherigen Höhepunkt dieser Entwicklung bildet die Diskussion um nachhaltiges Wirtschaften, die seit einigen Jahren auch von der Politik und Branchenverbänden mit Gesetzesentwürfen und Richtlinien begleitet wird.

Inzwischen verlangen allerdings auch die Konsumenten von den Unternehmen, dass sie sich bezüglich ihrer Nachhaltigkeit, aber auch anderer gemeinschaftlicher Faktoren wie Arbeitsbedingungen, Gewinnausschüttungen und Engagement für soziale Zwecke transparent verhalten.

Der dritte Sektor hingegen hat sich in der breiten Öffentlichkeit noch immer nicht endgültig von der Aura eines »Unternehmertums zweiter Klasse« befreien können. Das liegt vor allem daran, dass in Deutschland über Jahrzehnte die Erwartung gewachsen ist, dass soziale Aufgaben, einschließlich des Gesundheitswesens, vor allem in der Verantwortlichkeit des Staates liegen. Der jedoch kann diese Aufgabe immer weniger erfüllen, weil er die Mittel dafür nicht mehr aufzubringen in der Lage ist. Dazu kommt, wie schon dargelegt, dass er als »schnelle Eingreiftruppe« bei gesellschaftlichen Missständen akuter Natur oft ungeeignet ist.

Am Erfolg der DKMS musste etwas faul sein.

Als die DKMS mit den Jahren zu einem selbsttragenden Non-Profit-Unternehmen und noch dazu zum internationalen Branchenprimus geworden war, galt so ein Erfolg vielen Akteuren nicht nur im Gesundheitsbereich noch aus Prinzip als verdächtig – da musste irgendetwas faul sein. Dass bei uns alles mit rechten Dingen zuging, konnten wir jedoch jederzeit eindeutig nachweisen: Die Regeln für Gemeinnützigkeit sind in Deutschland so streng, dass wir uns gar keine unethischen Praktiken hätten erlauben können, ohne unsere rechtliche Grundlage zu verlieren.

Wir hatten das Beste aus beiden Welten zusammengebracht.

Wir hatten einfach nur das Beste aus beiden Welten zusammengebracht: Einerseits hatten wir die Grundprinzipien erfolgreichen Wirtschaftens in die Gemeinnützigkeit übertragen und uns deshalb erfolgreich von der Abhängigkeit vom Staat lösen können. Andererseits hatten wir die gemeinschaftliche Orientierung der Gemeinnützigkeit, die durch unser Unternehmensziel als Ausgangspunkt jeder Handlung festgeschrieben war, in unser unternehmerisches Selbstverständnis integriert. So waren wir in einer Zeit, als gesellschaftliches Engagement noch als Privatvergnügen reicher Organisationen und Privatpersonen galt, zum Marktführer in unserem Feld geworden.

Von gewinnorientierten Unternehmen unterschied uns vor allem, dass wir mangels Profitstreben nie die individuelle Verwirklichung in den Vordergrund gestellt hatten. In der DKMS gab es nicht die eine erfolgreiche Person – unser Erfolg war von Anfang an immer eine kollektive Anstrengung und damit auch immer eine kollektive Errungenschaft. Aus dem Umfeld des dritten Sektors ragten wir wiederum schon dadurch heraus, dass wir rechnerisch quantifizierbaren Erfolg hatten und aus eigener Kraft scheinbar unbegrenzt wachsen konnten – anstatt, wie viele, nur zu tun, »was getan werden muss«, und uns darauf auszuruhen. Wir waren nie statisch und haben uns nie darauf beschränkt, den Status quo zu verwalten. Wir dachten immer vorwärts – wie jedes Unternehmen, das sich an einem Markt behaupten will und muss.

Unser Erfolg räumte mit einer ganzen Kette von Glaubenssätzen auf.

Unser Erfolg räumte mit einer ganzen Kette von Glaubenssätzen über die Gemeinnützigkeit, aber auch über den mangelnden Gemeinschaftssinn in einer Marktwirtschaft auf:

Glaubenssatz Nr. 1: Die Deutschen spenden nicht gern. Nicht nur von den Medizinern hatten wir immer wieder zu hören bekommen, dass man die Menschen in Deutschland nicht zu Knochenmarkspenden überreden konnte. In Wahrheit hatte es einfach noch niemand im großen Maßstab versucht. Warum sollte das, was beispielsweise in Amerika möglich war, bei uns nicht funktionieren? Nun hatten wir bewiesen, dass man die Menschen auch hier durchaus zum Spenden überreden kann. Zuerst nur auf immaterieller Ebene durch die Registrierung als Spender, dann auch noch in der Kombination mit Geldspenden. Von Desinteresse an Möglichkeiten zu helfen konnte auch in der breiten Öffentlichkeit keine Rede sein: Unser Beispiel bewies, dass es großes Interesse an der Not von Hilfsbedürftigen gab. Die Medien zeigten sich nicht nur aufgeschlossen; wir konnten auch sehr gezielt und professionell mit ihnen zusammenarbeiten. Der gute Zweck profitierte von der Aufmerksamkeit, die sie erzeugten, und das Thema ist bis heute nicht verbrannt.

Glaubenssatz Nr. 2: Die Menschen legen sich nicht für Fremde auf den OP-Tisch. Nachdem die anhaltend wachsende Zahl der Registrierten den Zweifel an der mangelnden Spendenbereitschaft zerstreut hatte, hatten sich die Zweifler darauf verlegt, die Courage der Hilfsbereiten in Zweifel zu ziehen: Man wollte uns nicht glauben, dass unsere registrierten Spender im Ernstfall auch tatsächlich spenden und dafür drei Tage ins Krankenhaus gehen würden. Auch diese Annahme hatten wir widerlegen können: Die Deutschen erwiesen sich in ihrer Gesamtheit als vorbildliche Spender. Weltweit springen bei uns die wenigsten Spender vor der Entnahme ab – was mit dazu beitrug, dass unsere Registrierten schon bald als Spender vorgezogen wurden, wenn es gleichzeitig auch in anderen Dateien Treffer gab.

Glaubenssatz Nr. 3: Emotionalität sorgt nur kurzfristig für einen Reflex der Hilfsbereitschaft. Die Kritiker, die sich an unserer emotionalen Kommunikation zum Thema Krebs störten, sagten uns auch voraus, dass wir mit unseren »Medienspektakeln« keine langfristige Spenderbindung würden erzeugen können. Wer sich aus Solidarität mit einem bestimmten Patienten registrieren lasse, so unkten sie, würde sofort wieder abspringen, sobald demjenigen geholfen war und das kurzfristige persönliche Erfolgserlebnis ausgeblieben sei, weil die eigene Spende nicht gebraucht wurde. Auch hier lagen sie falsch: Emotionalität sorgt durchaus für einen nachhaltigen Willen zum Engagement. Unsere Spender bleiben fast immer langfristig in unserer Datei, weil wir ehrlich zu ihnen sind und uns auch nach der Registrierung um sie bemühen. Das funktioniert bei uns nicht anders als in jeder menschlichen Beziehung: Treue entsteht aus ehrlichen Gefühlen.

Nachdem wir unser Modell gegen alle Widerstände durchgesetzt hatten, zur weltgrößten Spenderdatei geworden waren und gezeigt hatten, dass wirtschaftlicher Erfolg auch eine Dimension jenseits des Gewinnstrebens hat, hätten wir es darauf beruhen lassen können: den Erfolg nur noch verwalten, das System sich selbst tragen lassen und stolz darauf sein, dass viel mehr Menschen den Krebs überleben konnten als früher. Doch wir waren ja nicht angetreten, um Marktführer zu werden. Uns ging es immer noch darum, Hoffnung auf Leben zu spenden. Jetzt, wo wir nachweislich der erfolgreichste Gegner des Blutkrebses weltweit geworden waren, stand unsere Sinnorientierung erst richtig auf der Probe. Was funktionierte, musste besser werden. Noch immer starben täglich Patienten an Blutkrebs. Und wie sich herausgestellt hatte, waren wir es, die daran am besten etwas ändern konnten.

Aus dem Unternehmenszweck war eine Verantwortung geworden.

Aus dem Unternehmenszweck war eine Verantwortung geworden. Und diese gesellschaftliche Verantwortung, die in Zukunft viel öfter als bisher in den Händen von sinnorientierten Gemeinschaften wie unserer liegen wird, hat immer mehrere Aspekte.

Fortschritt gehört zur unternehmerischen Verantwortung

Ob führendes gemeinnütziges Unternehmen oder Champion in der freien Wirtschaft: Ein Marktführer kann sich nie darauf zurückziehen, nur für sich selbst Verantwortung zu tragen. Zum einen, weil er dann nicht lange Marktführer bleibt. Zum anderen, weil der fachliche Fortschritt in seiner Branche an ihm gemessen wird – und manchmal sogar mit ihm steht oder fällt.

Nachdem unsere Grundidee funktionierte, hatten wir die Möglichkeit, unsere Herangehensweise im Detail zu optimieren. Die Zahl der Spender zu erhöhen blieb unsere zentrale Aufgabe. Doch damit waren die Möglichkeiten, Betroffenen zu helfen, noch längst nicht erschöpft. Mit der Marktführerschaft hatte sich unser Einflussbereich auch über unsere zentralen Arbeitsfelder hinaus erweitert. Technik, Forschung, Patientenversorgung, Aufklärung über die Krankheit – mit jedem Erfolg erschlossen sich neue Arbeitsfelder, die wir in unsere Anstrengungen einbeziehen konnten. Und ausnahmslos auf jedem dieser zuvor über Jahre vernachlässigten Gebiete gab es Verbesserungsmöglichkeiten.

So stellten wir uns immer wieder die Frage, wie wir die Hilfe beschleunigen konnten. Die Chancen Erkrankter stiegen mit unserem Wachstum Tag für Tag. Doch denjenigen Patienten, die unter der akuten Form der Leukämie litten und für die eine Transplantation in Frage kam, konnten wir auch damit nur bedingt Hoffnung machen. Für sie zählt jeder Tag, denn oft vergehen ab dem Zeitpunkt, wenn klar ist, dass nur noch eine Transplantation helfen kann, bis zum Tod nur wenige Wochen. Für sie mussten wir den Prozess der Spendersuche beschleunigen – zum Beispiel durch ein effektiveres Testverfahren, das eine vollständige Typisierung aller relevanten Gewebemerkmale schon bei der Ersttypisierung erlaubte. Damit würden sich zusätzliche Teststufen nach der vorläufigen Feststellung der wichtigsten Merkmale erübrigen, wie sie in den ersten Jahren noch notwendig waren. Als erste Datei weltweit führten wir ein hochauflösendes Typisierungsverfahren schon bei der Registrierung ein – dadurch kann heute nach einem Treffer in unserer Datei alles sehr schnell gehen. Anfangs konnten wir aus Kostengründen nicht sofort eine vollständige Typisierung durchführen. Ab Ende 1991 froren wir deshalb nach der Anfangstypisierung den Rest jeder Blutprobe ein, um auf Abruf schnell weitere Tests durchführen zu können – die sogenannte HLA-DR-Typisierung. Ab Mitte der 90er Jahre führten wir prospektive Typisierungen ein. Das heißt, wir kalkulierten, welche Spender aufgrund ihrer HLA-Merkmale eine hohe Trefferwahrscheinlichkeit hatten, und führten deren vollständige Typisierung auch ohne vorliegende Patientenanfrage durch. Als die Technik es dann erlaubte, führten wir zunächst die hochauflösende DR-Typisierung und vor einigen Jahren eine vollständige hochauflösende Typisierung schon bei der Registrierung ein – unter zusätzlicher Berücksichtigung weiterer Gewebemerkmale, die mittlerweile relevant geworden sind.

Daneben behielten wir aber auch den Kostendruck ständig im Auge – immerhin sollten die Spender, soweit sie dazu in der Lage waren, ihre Registrierung selbst bezahlen. Den heutigen Preis von 50 Euro (damals 100 Mark) hätten wir nie erzielen können, wenn wir vorher nicht sehr harte Verhandlungen geführt hätten. Unsere Labors in den USA hatten den Preis der deutschen Labors schon von Anfang an bei weitem unterbieten können, als wir erstmals recherchiert hatten. Doch inzwischen hatten wir festgestellt, dass es auch andere Labors in den USA gab, die mit unserem in Konkurrenz standen. Wir gingen ein weiteres Mal in Verhandlung und konnten so die Kosten auf die Marke von 50 Euro zu einer wesentlich besseren Qualität drücken.

Da wir inzwischen eine wichtige Rolle für die Überlebenschancen der Patienten spielten, konnten und mussten wir auch Einfluss auf deren Versorgung nehmen. Wie wir feststellen mussten, zog die plötzliche Verfügbarkeit vieler Spender ein Folgeproblem nach sich. Als nämlich die Zahl der verfügbaren Spender ab 1992 rasant anstieg, machte sich ein ganz anderer Engpass dramatisch bemerkbar: Für die zuvor seltene Therapie namens Knochenmarktransplantation standen zu wenige Betten in deutschen Transplantationskliniken zur Verfügung. Auf einmal gab es Wartelisten für Knochenmarktransplantationen. Ein unhaltbarer Zustand insbesondere für Patienten mit akuter Leukämie, für die schon eine kurze Wartezeit lebensbedrohlich sein kann. Die Vergabe von Betten war natürlich Sache der Kliniken – wir selbst konnten keine Transplantationsplätze zur Verfügung stellen. Aber wir konnten mit den Klinikbetreibern und mit Krankenkassen in den Dialog treten.

Für die Knochenmarktransplantation standen kaum Betten zur Verfügung.

Eine Zeitlang waren wir viel unterwegs, um mit möglichst vielen Verantwortlichen zu sprechen. An den Ergebnissen dieser Gespräche konnten wir zweierlei erkennen: Zum einen, dass wir zumindest von den Transplantationsspezialisten viel seltener ignoriert und zunehmend ernst genommen wurden. Zum anderen, dass die Veränderungen inzwischen Einzug in die klinische Realität gehalten hatten: Viele waren sich des gestiegenen Bedarfs bewusst, wenn auch nicht alle ohne Druck darauf zu reagieren bereit waren. Die Kapazitäten im klinischen Umfeld werden langfristig geplant – daran sind Verhandlungen mit den Krankenkassen, erhebliche Investitionen der Klinikinhaber und gut ausgebildetes Personal geknüpft. Doch im Feld der Blutkrebstherapie hatte sich etwas verändert, und die meisten Verantwortlichen sahen nach und nach ein, dass sie darauf reagieren mussten. In manchen Kliniken dauerte es mehrere Jahre, bis die Bettenanzahl angemessen aufgestockt war.

Neben der Hilfe für die Betroffenen achteten wir jedoch immer auch auf das Wohl der Spender. Diese Lebensretter, die freiwillig bereit waren, für ihren genetischen Zwilling ins Krankenhaus zu gehen, mussten dafür viel Zeit aufwenden. Drei Tage mussten sie im Schnitt in der Klinik bleiben. Zudem verursacht jeder Tag in der Klinik erhebliche Kosten. Die werden zwar über die Kostenerstattung von Krankenkassen übernommen, trotzdem wollen unsere Spender sparen. Statt in ein Hotel gingen einige Spender aus Rücksicht auf die Kosten in eine Jugendherberge.

Vor allem aber war uns wichtig, das Spenden so einfach wie möglich zu machen. Unsere Idealvorstellung war es, den Spendern auch den kleinen chirurgischen Eingriff zu ersparen, den die Entnahme darstellte. Doch diesbezüglich konnte nur ein Quantensprung im Verfahren dauerhaft Abhilfe schaffen. Wir fanden ihn in der peripheren Stammzellentnahme, die wir ebenso wie die hochauflösende Typisierung als weltweit erste Datei zum Standardverfahren für Fremdspender machen konnten. Inzwischen findet dieses Verfahren in 80 Prozent der Fälle Anwendung. Diese Methode erfolgt ambulant, ohne Einsatz von Narkose und dauert in der Regel mindestens vier Stunden.

Die Einführung von peripheren Stammzellentnahmen war kein leichtes Unterfangen. Das Verfahren war in Bezug auf die Anwendung bei gesunden Spendern noch nicht zugelassen. Es wurde ursprünglich nur bei Leukämiepatienten oder Familienspendern eingesetzt. Es wird dazu genutzt, gezielt die Stammzellen aus dem Blut eines gesunden Menschen zu filtern, um sie im Anschluss an den Patienten übertragen zu können. Wir waren die Ersten, die das Verfahren bei Fremdspendern eingesetzt haben. Dafür musste die Anwendung, wie jedes andere neu zu etablierende Therapieverfahren, zunächst in einer klinischen Studie getestet werden.

Erneut waren wir also auf das Vertrauen unserer Spender angewiesen. Wir führten eine Studie durch, bei der einer Testgruppe von Spendern, die sich dazu bereit erklärt hatten, auf diesem Weg Stammzellen entnommen wurden – mit Erfolg.

Dass wir damit heute den meisten Spendern einen operativen Eingriff und viel Zeit ersparen können, war jedoch nur einer der Vorteile, die das neue Verfahren mit sich brachte. Auch für die Patienten kann die Transplantation mittels Stammzellen aus peripherem Blut einen großen Vorteil darstellen, da eine höhere Zellzahl gewonnen werden kann. Und das Verfahren nahm auch der anhaltenden, wenn auch langsam nachlassenden Kritik an den medizinischen Aspekten unserer Arbeit den Wind aus den Segeln. Wir führten dieses Verfahren als Standard ein, nachdem die Studie erfolgreich abgeschlossen war. Noch heute führen wir nach Entnahmen über zehn Jahre lang ein Follow-up durch, um nachhaltig zu beweisen, dass das Verfahren keine Nachteile mit sich bringt und vor allem keine Gefahren für die Spender birgt. Keine Operation und damit auch kein Narkoserisiko für die Stammzellentnahme – ein wichtiges Argument gegenüber skeptischen Spendern. Vor allem verschaffte uns das neue Verfahren einen großen Vorteil in der Kommunikation und bei der Aufklärung über unsere Arbeit: Bei der »Stammzellspende« besteht, im Gegensatz zur »Knochenmarkspende«, kein Verwechslungsrisiko mehr mit dem Angstbegriff »Rückenmark«. Dieses Vorurteil, das unserer Arbeit über Jahre massiv beeinflusst hatte, konnte jetzt nicht mehr greifen.

Diese Fortschritte, die wir über die Jahre erzielen konnten – und noch viele weitere, die medizinische, technische, gesundheitspolitische und ökonomische Feinheiten betreffen –, zeigen, wie viele Facetten die Verantwortung eines sinngetriebenen Unternehmens hat, das sich als Marktführer etabliert hat. Die Beschränkung auf die spezifischen Kernaufgaben ist nicht nur unwirtschaftlich, sondern im Sinne des Gemeinschaftsprinzips auch ethisch nicht haltbar.

Jedes Spezialgebiet, ob im gemeinnützigen Bereich oder in der freien Wirtschaft, hat direkte Berührungspunkte mit anderen Arbeitsfeldern und mit vielfältigen Partnern. Es ist nicht nur wünschenswert, sondern notwendig, über den Tellerrand zu schauen, wenn die Sinngebung auf andere gesellschaftliche oder wirtschaftliche Bereiche abstrahlt. Wir können den Patienten nicht effektiv helfen, wenn wir das Umfeld der Therapie außen vor lassen, die wir mit unserer Spendervermittlung erst möglich machen. Die Situation in den Kliniken gehört somit zwar nicht in unseren operativen, wohl aber in unseren ethischen Verantwortungsbereich. Dasselbe gilt für die Forschung über Entnahme- und Transplantationsverfahren, die sowohl unsere Spender als auch die Patienten betreffen. Ihr Wohlergehen ist unser erklärtes Ziel.

Wir können diese Aspekte nicht unberücksichtigt lassen und einfach nur »unseren Teil der Abmachung« einhalten. Ein solches Verständnis des eigenen Unternehmenszwecks ist kennzeichnend für rein profitorientierte Unternehmen. Als Rahmen für eine Sinnorientierung ist es undenkbar, denn es schneidet die Komponente der Verantwortung ab. Die aber kommt mit dem Erfolg. Ganz besonders ein führendes Unternehmen darf sich ihr nicht entziehen – sie gehört untrennbar zum unternehmerischen Selbstverständnis.

Verantwortung gehört untrennbar zum unternehmerischen Selbstverständnis.

Was der Spender will – Verantwortung für die Zielgruppe

Um den Bedürfnissen der Spender noch besser gerecht werden zu können, führen wir seit 2003 alle zwei Jahre eine große Spenderbefragung unter bestehenden und neuen Spendern durch. Damit verfolgen wir zwei Ziele: Einerseits wollen wir gezielter auf ihre Wünsche eingehen können und unsere Maßnahmen der Spenderbindung optimieren. Andererseits erfüllt die Befragung auch den Zweck der Marktforschung – ein marktwirtschaftliches Instrument, das viele öffentlich geförderte Organisationen noch immer unterschätzen. Diejenigen gemeinnützigen Einrichtungen, die damit arbeiten, verwenden es oft als Werkzeug der Legitimation ihrer Zwecke. Welches Verbesserungspotenzial sich ihnen damit erschließt, wird oft übersehen.

Die Zielgruppenorientierung ist für Social Entrepreneurs und Non-Profit-Organisationen jedoch genauso bedeutsam wie für jedes andere Unternehmen. Bei Spezialisten stellt sich unweigerlich ein Tunnelblick ein, wenn das eigene Modell einige Jahre lang funktioniert hat. Wer wissen will, wie er seinen Job noch besser machen kann, muss die Zielgruppe fragen.

Nicht selten erlebt man dabei Überraschungen, und so ging es auch uns. Die häufigste Rückmeldung, die wir bekamen, betraf die Spender nämlich gar nicht in erster Linie selbst – sie dachten vielmehr für uns mit und im größeren Maßstab. Ein großer Teil der Befragten zeigte sich traurig darüber, dass sie häufig auf Unverständnis stießen, wenn sie anderen von ihrer Registrierung berichteten. Viele waren auch enttäuscht darüber, dass die DKMS im Vergleich zu Organisationen wie etwa dem Deutschen Roten Kreuz deutlich weniger bekannt war. Die Spender sind zu Recht stolz auf ihr Engagement und wünschten sich nun von uns, dass die Gemeinschaft derer wachsen sollte, die sich mit dem Thema auseinandersetzen und sich registrieren lassen. Uns wurde klar: Nicht nur für uns war es frustrierend, dass noch immer so vielen Blutkrebskranken nicht geholfen werden konnte, sondern auch für unsere Spender. Eine zutiefst menschliche, mitfühlende Reaktion: Da lasse ich mich als Spender registrieren, und trotzdem sterben jedes Jahr Tausende Krebskranke einfach weg, ohne dass meine Spende ihnen hätte helfen können.

Wer wissen will, wie er seinen Job besser machen kann, muss die Zielgruppe fragen.

Damit stellten unsere Spender stellvertretend für uns fest, dass wir noch viel bekannter werden mussten. Und genau das wünschten sie sich, als wir sie nach konkreten Verbesserungsvorschlägen fragten: mehr Aufklärung über Blutkrebs, über das Schicksal der Patienten, und vor allem über die Möglichkeiten, Spender zu werden, sowie über die Arbeit der DKMS.

Dieses Ergebnis war uns Anlass genug, unsere Öffentlichkeitsarbeit auf eine neue Stufe zu heben und eine maximale Breitenwirkung anzustreben. Anders als bei den Registrierungs- und Fernsehaktionen stand dieses Mal nicht die Spendergewinnung im Vordergrund. Vielmehr wollten wir den Spendern den Sinn ihres Tuns vor Augen führen und sie in ihrer Hilfsbereitschaft bestärken. Also starteten wir eine umfangreiche deutschlandweite Plakatkampagne, die wir mit Sponsorengeldern finanzierten. Für den guten Zweck bekamen wir die Plakate zu günstigen Preisen.

Wie sich herausstellte, erreichten wir damit weit mehr, als den Spendern den Rücken zu stärken. Die hohe Reichweite der Kampagne gab auch vielen Unternehmen und Prominenten einen Ruck, sich für uns einzusetzen. Sie sorgte nicht nur für eine Welle an Betriebstypisierungen und – entgegen unseren Erwartungen – Briefspendern, sondern wurde auch zu einem schlagkräftigen Argument bei Verhandlungen mit Sponsoren und anderen Partnern.

Mit den Plakaten betrieben wir gezielten Markenaufbau. Damals war das ein ungewöhnliches Unterfangen für eine gemeinnützige Organisation. Zum ersten Mal rückte die Organisation mit in den Vordergrund, damit sie mit dem Zweck identifiziert werden konnte. Und erneut konnten wir feststellen, dass Instrumente der freien Wirtschaft auch gesellschaftliche Zwecke voranbringen können. Natürlich blieb auch dieses Mal die Kritik nicht aus, dass unsere Methoden zu kommerziell seien und einer gemeinnützigen Organisation nicht gut zu Gesicht stünden. Der erzielte Effekt sprach jedoch eine andere Sprache: Der Popularitätsschub wirkte sich nachhaltig auf unsere operativen Möglichkeiten aus und erweiterte unseren Handlungsspielraum enorm. Wir wurden nicht nur bekannter und konnten noch selbstbewusster für unsere Sache eintreten; wir wurden auch in nie da gewesenem Maß als fachliche Institution wahrgenommen, mit der man rechnen konnte und zu rechnen hatte. Sowohl die Wirtschaft als auch wichtige öffentliche Multiplikatoren richteten ihre Aufmerksamkeit auf uns.

Der Schritt zum Markenbewusstsein war nicht nur ein wichtiger Schritt für die Wahrnehmung der Krankheit Blutkrebs und die Situation der Betroffenen, sondern auch für die Anerkennung der Bedeutung gemeinnütziger Organisationen als gesellschaftliche Akteure in Deutschland überhaupt.

Erneut hatte sich unser Verantwortungsbereich erweitert: Mit der Wahrnehmung unserer Arbeit stieg auch das Ansehen aller, die sich für gemeinschaftliche Zwecke und gegen gesellschaftliche Missstände einsetzen. Wir konnten unseren Teil dazu beitragen, dass soziales Engagement als Wirtschaftszweig ernster genommen werden und sein Strickpulli-Image ablegen konnte.

Vorreiter in Sachen Gemeinnützigkeit

Die Welt der Gemeinnützigkeit hat ihre eigenen Regeln. Einige davon, die heute hinterfragt werden dürfen, waren in den 1990er Jahren noch unumstößlich: Mit etablierten Playern in den Wettbewerb zu treten wurde als Anmaßung empfunden. Von staatlicher Förderung unabhängig zu sein machte ein Unternehmen verdächtig. Erfolgsrezepte aus der freien Wirtschaft anzuwenden galt als unlauterer Wettbewerb. Den Zeitgeist aufzugreifen wurde als opportunistisch betrachtet. Und die Zielgruppe statt der Mechanismen der Fachwelt zum Maß aller Dinge zu machen und auch noch die Kommunikation des Themas an ihr auszurichten konnte zum Vorwurf mangelnder Professionalität führen.

Die Welt der Gemeinnützigkeit hat ihre eigenen Regeln.

Dass sich solche Vorurteile bilden und in Windeseile verbreiten konnten, hat vor allem damit zu tun, dass die gemeinnützige Welt sehr gut vernetzt war und bis heute ist – auch auf internationaler Ebene. Wann immer wir in diesem Umfeld in Erscheinung traten, fielen wir auf wie ein bunter Hund. Im Ministerium trugen wir nicht als Bittsteller unser Anliegen vor, sondern stellten Forderungen. Schließlich konnten wir nachweisen, dass wir mit unserer Arbeit in eine klaffende Lücke stießen, die die Verantwortlichen schwerlich ignorieren konnten. Im Gegensatz zu vielen anderen gemeinnützigen Organisationen zielten wir zudem auf mediale Breitenwirkung ab. Das machte uns natürlich gefährlich, denn den Menschen konnte auffallen, welchen Verantwortlichkeiten bisher möglicherweise nicht nachgekommen worden war.

Wo wir standen, bekamen wir jedoch nirgendwo sonst so konkret zu spüren wie bei internationalen Fachkongressen, auf denen sich die vernetzte gemeinnützige Fachwelt unseres Arbeitsfeldes traf. Daran änderte sich zunächst auch wenig, als wir fachlich längst eine Vorreiterrolle auf unserem Gebiet übernommen hatten. Wenn es um die Etablierung neuer Verfahren wie der peripheren Stammzellenentnahmme oder der hochauflösenden Ersttypisierung ging, waren wir immer die Ersten. In puncto Innovation machte uns längst niemand mehr etwas vor. Doch die Fachwelt zeigte sich ein ums andere Mal unbeeindruckt. Oft konnten wir uns des Eindrucks nicht erwehren, als würde man davon ausgehen, dass wir uns mit unserem Aktionismus schon früh genug selbst verheben würden. Obwohl wir bei diesen Veranstaltungen eindeutig eine Pionierrolle übernahmen, wurden wir sehr lange nicht ernst genommen – man beobachtete uns, sah aber keinen Bedarf, bei dem Fortschritt mitzuwirken oder wenigstens heimlich von unseren Bemühungen zu profitieren.

Sogar als längst der Punkt erreicht war, dass wir von den entscheidenden Abnehmern, den Transplantationskliniken, allen Wettbewerbern regelmäßig vorgezogen wurden, geschah noch lange Zeit nichts. Schon Ende der 90er Jahre wurden, wenn es Treffer in verschiedenen Dateien und somit mehrere Optionen für den Patienten gab, praktisch immer unsere Spender bevorzugt. Obwohl sich alle anderen Dateien von uns bedroht fühlten, reagierten sie nicht mit Bemühungen um Verbesserungen ihrerseits, sondern saßen die Situation aus. Von der alten Weisheit, dass Konkurrenz das Geschäft belebt, schien die unsere Welt wenig zu halten.

Erst vor wenigen Jahren begann in dieser Hinsicht ein Umbruch. Woran es genau lag, dass wir plötzlich ernst genommen wurden, lässt sich im Nachhinein schwer rekonstruieren. Vielleicht hatte es tatsächlich mehr als 15 Jahre gebraucht, bis man einsah, dass wir nicht wieder von der Bildfläche verschwinden würden. Vielleicht waren es die Nachrichten über den Rekordmonat Februar 2009, in dem wir fast 40 000 Neuregistrierungen zählten. Vielleicht war es die Zwei-Millionen-Spender-Grenze, die wir im September 2009 knackten. Vielleicht war es die hohe Anzahl der Entnahmen. Vielleicht waren es die Umbrüche in der gemeinnützigen Welt im Allgemeinen, die durch Social Business und höhere Transparenzansprüche seitens der Spender dafür sorgten, dass man sich nicht mehr an die alten Methoden klammern konnte. Es ist sicher von allem etwas.

Wir werden endlich kopiert.

Fest steht, dass sich inzwischen ein internationaler Trend etabliert hat, den wir uns viel früher gewünscht hätten: Wir werden endlich kopiert. Und man hat erkannt, dass die Notwendigkeit der ständigen Verbesserung keine Kür, sondern Pflichtprogramm auch für gemeinnützige Unternehmen ist. Dass das so lange gedauert hat, finden wir immer noch erstaunlich: Wir haben den Austausch stets gesucht. Unsere Erkenntnisse und Innovationen haben wir nie hinter Labormauern unter Verschluss gehalten, sondern sie offen kommuniziert – in der Hoffnung, dass andere auf den Zug aufspringen würden. Wir hofften regelrecht auf stärkere Konkurrenz, denn schließlich ist das der beste Weg, um Fortschritte in der Sache zu erzielen: mehr Spender, mehr Entnahmen, mehr gerettete Leben.

Die Zahl der Entnahmen ist die eigentlich relevante Leistungskennzahl für eine Spenderdatei – nicht deren bloße Existenz oder die Höhe der Förderung, die ja in der Regel nicht an bestimmte Leistungen gebunden ist. Wer uns beobachtete, hätte durchaus merken können, dass wir uns mit dieser Leistungsorientierung besser behaupteten als die Konkurrenz und dass sich daraus Schlüsse über die Beschaffenheit des Marktes ziehen lassen. Eines Marktes, der nicht stehen bleibt.

Keine Frage: Verantwortung oder Gemeinnützigkeit?

Jetzt, da viele unserem Vorbild folgen, sind wir schon wieder ein paar Schritte weiter. Während andere Dateien sich noch auf die Erschließung der Spendermärkte in den großen Industriestaaten konzentrieren, kümmern wir uns im Zuge der Globalisierung bereits auch um Staaten wie Brasilien, Indien, die Türkei und Länder in Afrika. Auch das ist Teil der Verantwortung, die unsere Sinnorientierung mit sich bringt: Wir glauben, dass wir unser erfolgreiches Modell an andere Länder weitergeben müssen, in denen die Entwicklung der Gemeinnützigkeit noch nicht so weit fortgeschritten ist wie in Deutschland oder sich keiner um unser Thema gekümmert hat.

Wir träumen von einem globalen Register, in dem alle Spenderdaten der Welt zusammenlaufen.

Unsere Vision ist global geworden: Wir träumen von einem globalen Register, in dem alle Spenderdaten der Welt zusammenlaufen und allen Patienten der Welt zur Verfügung stehen. Bis dahin ist es noch ein langer Weg, denn die von Land zu Land verschiedenen Bedingungen der Gesundheitssysteme und das unterschiedliche Verständnis von unternehmerischer Verantwortung stellen große Herausforderungen dar. Doch dazu mehr in Kapitel 9 – Going global.

Als die deutschen Dateien unsere Fortschritte ernst zu nehmen begannen, hatten wir uns bereits einen gewaltigen Vorsprung erarbeitet. Der Grund dafür war unser unternehmerisches Selbstverständnis – unsere Sinnorientierung. Was in der gemeinnützigen Welt noch eine relativ junge Entwicklung ist, war für uns von Anfang an organisatorisches Ziel und Motto: Je schneller wir uns selbst würden tragen können, desto besser. Nur die Unabhängigkeit eines Unternehmens sorgt für den ständigen Druck, sich um neues Geld bemühen zu müssen. Das funktioniert allerdings jenseits der Gewinnorientierung nur, wenn man Spendern, Sponsoren und anderen Partnern für ihr Geld auch etwas zu bieten hat. Fachliche Innovation, flexible Zielstellungen und die fortlaufende Ausrichtung an der Zielgruppe sind Grundvoraussetzungen für das Interesse von Sponsoren und Kooperationspartnern.

Die Bereitschaft zur ständigen Weiterentwicklung gehörte für uns von Anfang an untrennbar zur Verantwortung gegenüber Betroffenen und Spendern. Allein durch den Namenszusatz »gemeinnützig« ist eine Organisation ihrer gesellschaftlichen Verantwortung noch längst nicht gerecht geworden. Unternehmerische Verantwortung lässt sich nicht in die Rechtsform delegieren. Die Frage darf nicht lauten: unternehmerische Verantwortung *oder* Gemeinnützigkeit? Letztere kann immer nur ein operatives Gerüst für erstere sein.

Die Zukunft der Gemeinnützigkeit liegt in der Unabhängigkeit.

Wir sind davon überzeugt: Die Zukunft der Gemeinnützigkeit liegt in der Unabhängigkeit der Unternehmen, die gesellschaftliche Verantwortung übernehmen.

Verantwortung übernehmen heißt: sich die Verantwortung nehmen

Dass unternehmerische Verantwortung in Zukunft mit gesellschaftlicher Verantwortung einhergehen muss, ist inzwischen ein Gemeinplatz. In der freien Wirtschaft wird dieser Aspekt meist immer noch in zwei Bereiche getrennt: Die Verantwortung gegenüber den Bedürfnissen der Zielgruppe ist inzwischen bis in den Kern des unternehmerischen Selbstverständnisses vorgedrungen. Um heute ein Unternehmen in einem umkämpften Markt zu platzieren, ist die Abgrenzung gegen die Konkurrenz nicht mehr handlungsleitend. Vielmehr versuchen Firmen, die Bedürfnisse der Konsumenten neu zu denken und sich auf diesem Weg eine Nische zu erobern, die sich daraufhin im Erfolgsfall zu einem lukrativen Markt ausweitet. Auf der anderen Seite steht der wachsende Anspruch der Menschen an Unternehmen, den Konsum an ein gutes Gewissen zu koppeln: Unternehmen, die sich als Sponsoren und Multiplikatoren für gesellschaftliche Zwecke einen Namen machen (zum Beispiel unter dem Stichwort Nachhaltigkeit), genießen ein höheres Ansehen als solche, die ihre Profite zum Beispiel durch horrende Boni für ihre Manager nur nach innen verteilen. Dieser Aspekt der unternehmerischen Verantwortung ist in vielen Fällen aber noch immer eine Imagefrage: Er dient eher der Außenwahrnehmung, als dass er den Status einer Sinnorientierung des Unternehmens von innen heraus annehmen würde.

Gemeinnützige Unternehmen und Social Business haben einen großen Vorteil gegenüber den Akteuren des freien Marktes: Sie können beide Aspekte schon im Moment der Gründung vereinen. Unternehmen dieser Art bietet sich die Chance auf qualitative Erfolgserlebnisse: Schon der kleinste Fortschritt auf einem vernachlässigten Sektor ist ein großer Schritt nach

Das Sozialsystem, wie wir es kennen, ist Geschichte.

vorn. Im Gegensatz zu den 90er Jahren ist heute auch die Chance viel größer, für solche Fortschritte wahrgenommen zu werden und starke Partner zu gewinnen, mit denen auch quantitative Erfolge realisierbar werden. Gelingt es einem solchen Unternehmen, sich selbst zu tragen, sind dem Wachstum nur wenige Grenzen gesetzt. Welcher freie Markt bietet heute noch diese Möglichkeit?

Auch wenn die Entwicklung hin zur gesellschaftlichen Verantwortung als Geschäftsmodell bisher noch unter den Kinderkrankheiten jedes zukunftsträchtigen Wirtschaftszweiges leidet, führt schon politisch betrachtet kein Weg daran vorbei. Das Sozialsystem, wie wir es kennen, ist Geschichte und wird in absehbarer Zeit auch kein Comeback feiern. Die Zeiten, in denen der Staat sich gesellschaftlicher Missstände nach dem Gießkannenprinzip annehmen konnte, sind vorbei. Aus Sicht des Gemeinwohls ist das eine harte Entwicklung. Aber auch eine gesunde. Sie gibt uns als Bürgergemeinschaft die Chance, uns aus der Abhängigkeit von staatlichen Strukturen zu befreien. Wenn das gelingt, kann der Staat seine angestammten Aufgaben als Regulator und Impulsgeber besser erfüllen.

Unternehmern, aber auch engagierten Bürgern auf privater Ebene bietet sich heute wieder die Chance, Zukunft mitzugestalten – nicht nach politischen oder bracheninternen Maßgaben, sondern nach der einzigen, die wirklich Erfolg verspricht: dem Bedarf des Marktes und damit dem Bedarf der Gemeinschaft, als deren Teil sie sich verstehen. Der Grundstein dafür, dass die gesellschaftliche Haltung zum Helfen sich ändert, ist längst gelegt. Der Erfolg der DKMS ist ein Beweis dafür, dass die Bereitschaft vorhanden ist. Die Verantwortung für das Gemeinwohl wird neu verteilt. Wer sie sich jetzt nimmt, investiert in einen Zukunftsmarkt.

Die Verantwortung für das Gemeinwohl wird neu verteilt.

Zugreifen lohnt sich deshalb überall da, wo das Gemeinwohl betroffen ist. Die Sektoren Umwelt und Bildung sind bereits mitten im Umbruch. Der Gesundheitsmarkt, auf dem auch die DKMS sich bewegt, hat noch viel Raum – und großen Bedarf – für neue Ideen. Auch die demografische Entwicklung verlangt beispielsweise dringend nach neuen Konzepten des Zusammenlebens und der gegenseitigen Unterstützung gesellschaftlicher Gruppen untereinander. Und die Neusortierung des Informationsmarktes steuert mit hoher Geschwindigkeit in Richtung selbstverwalteter Gemeinschaften, die durch ihre Vernetzung schon heute oft schneller und effektiver funktionieren als die oftmals interessengesteuerten Informationsangebote in privatwirtschaftlicher oder staatlicher Trägerschaft. Auch Wissenschaft und Forschung müssen Wege finden, sich in wachsenden Teilen selbst zu finanzieren. Sogar die Politik wird durch die Öffnung des Gemeinwohls als wirtschaftlich relevantes Verantwortungsfeld interessant für neue Akteure: Wer einen Markt zu beurteilen und zu beeinflussen in der Lage ist, sich aber nicht (mehr) dem reinen Profitstreben verschreiben möchte, der kann auch gesellschaftliche Konzepte mitgestalten und eingefahrene Strukturen erneuern helfen.

Ganz gleich, auf welchem Markt man sich bewegt, der das Prinzip der Gemeinnützigkeit herausfordert: Verantwortung zu übernehmen heißt zuerst einmal, sich gezielt die Verantwortung für ein Thema zu nehmen, von dem man persönlich berührt ist. Persönlich von der Notwendigkeit überzeugt zu sein sorgt für die Fokussierung, die notwendig ist, um erfolgreich Lösungen zu finden und im Sinne des Gemeinwohls umzusetzen.

Das ist das Erfolgsgeheimnis der DKMS. Diese Haltung hat uns zum Branchenprimus gemacht und treibt uns immer weiter an. Das ist die Verantwortung, die wir übernommen haben, auf ihren menschlichen Kern reduziert: Wir sind berührbar geblieben.

7
Plötzlich öffentlich

Wie man sinnorientiertes Tun kommuniziert

Raus aus der Nische

Erfolg hat eine Eigenschaft, die für ein Unternehmen Segen und Fluch zugleich ist: Er spricht sich herum. Das bekamen wir spätestens nach unserer ersten Plakatkampagne zu spüren, von der im vorigen Kapitel die Rede war – im privaten Umfeld genauso wie bei der Arbeit. Jahrelang hatten wir uns bei jedem Kontakt mit Spendern, Unternehmen und Medien erklären müssen: wer wir sind, was wir tun, warum das notwendig oder auch nur erlaubt ist. Trotz unserer Erfolge hatten wir im öffentlichen Raum jahrelang ständig unsere Existenz rechtfertigen müssen. Eine solche permanente Rechtfertigung setzt eine gewisse Leidensfähigkeit voraus, hat aber auch einen Vorteil: Wenn man sich immer wieder erklären muss, verliert man nicht aus den Augen, warum man etwas tut. Unsere Botschaft, die wir tagtäglich aussendeten, war uns längst in Fleisch und Blut übergegangen. Wenn dieses Selbstbewusstsein und das Sendungsbewusstsein zusammenpassen, muss man sich um eine authentische Außenwirkung keine Sorgen machen. Das wird spätestens dann zu einem Vorteil, wenn man plötzlich feststellt, dass man öffentlich wahrgenommen wird – und im wahrsten Sinne des Wortes tatsächlich ständig auf Sendung ist.

Wenn man sich immer wieder erklären muss, verliert man das Warum nicht aus den Augen.

Wir standen also nicht nur wirtschaftlich auf einem soliden Sockel, sondern hatten es auch zu einer breiten öffentlichen Wahrnehmung gebracht. Das äußerte sich an den verschiedensten Ecken und Enden. So kamen viel mehr Spender als in den ersten Jahren zu uns, die nicht durch eine aktuelle Aktion oder Betroffene in ihrem Umfeld auf uns aufmerksam geworden waren, sondern durch *Spender* in ihrem Umfeld. Unsere treuen Spender hatten nämlich jahrelang in ihrer eigenen Umgebung unser Schicksal geteilt: So, wie viele Ärzte nicht verstanden, warum wir gesunde Menschen durch eine vermeintlich gefährliche Stammzellentnahme als Spender einem »unnötigen« Risiko aussetzten (vom Mythos der Rückenmarkspende ganz zu schweigen), stießen auch viele Spender in ihrem Umfeld auf Unverständnis: Warum typisieren lassen, warum einen operativen Eingriff riskieren, und wofür eigentlich? Jetzt erkannten wir eine Trendwende: Wir begegneten immer mehr Menschen, die unser Anliegen verstanden hatten, die einen Spender kannten und die die DKMS kannten.

Auch bei den Unternehmenstypisierungen merkten wir den Unterschied: In den Firmen wurden wir nicht mehr als Bittsteller angesehen, die sich glücklich schätzen konnten, es zum Gespräch mit dem Vorstand geschafft zu haben, sondern als erfolgreiche Non-Profit-Unternehmer. Wir kommunizierten nicht mehr nur in unserer eigenen Wahrnehmung, sondern auch in der Wahrnehmung der Unternehmen auf Augenhöhe. Wir hatten den Sprung aus der Jutebeutel-Nische geschafft: Wir wurden in einer wachsenden Öffentlichkeit ernst genommen.

Wir wurden in einer wachsenden Öffentlichkeit ernst genommen.

Das führte auch dazu, dass wir unsere Öffentlichkeitsarbeit auf ganz anderen Voraussetzungen aufbauen konnten als zuvor. Wir mussten uns nicht mehr aufs Aufklären beschränken, sondern konnten uns darauf berufen, dass es bereits eine große Gemeinschaft gab, der alle Nichtspender sich anschließen konnten. Anstatt den Spendern den Sinn ihres Engagements zu verdeutlichen, konnten wir sie nun als Vorbilder herausstellen und auch sie aus dem Rechtfertigungszwang befreien.

Der wichtigste Effekt der ersten Plakatkampagne aber war es zweifellos, die Lobby derer zu stärken, die noch immer mit den meisten Vorurteilen zu kämpfen hatten – und um die sich eigentlich alles drehte: die Patienten. Schon mit der ersten Kampagne brachen wir aus einem alten Muster aus, das sich in der Öffentlichkeitsarbeit von »Helfern« über viele Jahre gefestigt hatte: Wir attackierten mit unseren Motiven nicht das Gewissen der Menschen.

Unsere Herangehensweise an das traurige Thema Blutkrebs war von der Gründung an gewesen: nicht jammern, sondern etwas tun. Wir haben immer versucht, das Thema positiv zu besetzen. Diese Eigenschaft zeichnet schließlich auch die meisten Patienten aus: Sie sind stark, nicht schwach, und sie kämpfen mit ihren Mitteln genauso gegen die Krankheit an wie wir mit unseren Mitteln. Warum sie dann als bedauernswerte, hilflose Opfer darstellen? Warum im Kampf gegen Blutkrebs die Krankheit als unüberwindbar darstellen? Warum eine negative Botschaft über das Thema der DKMS aussenden, wenn ein positiver, konstruktiver Umgang sich als Erfolgsrezept erwiesen hatte? Starke Menschen wirken anziehender als schwache. Es ist viel reizvoller für die Menschen, sich einer erfolgreichen Gemeinschaft anzuschließen, als ihnen zu suggerieren, dass ihre Hilfe sowieso nur einen Tropfen auf den heißen Stein darstellt und höchstens der Gewissensberuhigung dienen kann.

Es sind nicht die Opfer, die uns inspirieren, sondern die Kämpfer.

Es sind nicht die Opfer, die uns inspirieren, sondern die Kämpfer. Ihnen springen wir bei, ihnen schließen wir uns an. Jemandem, der leidet, gilt unser Mitleid. Jemand, der aufsteht und etwas tut, bekommt unsere Bewunderung. Deshalb bildete unsere erste Plakatkampagne echte Spender ab – und zwar als Menschen, zu denen die Öffentlichkeit aufschauen konnte: Superman und Superwoman.

Auch diese Idee hatten wir indirekt aus den Ergebnissen der Spenderbefragung entnommen: Die potenziellen Spender wollen vor allem helfen – und finden die Vorstellung faszinierend, vielleicht zum Lebensretter und damit zum Helden werden zu können, ohne dabei eitel zu sein. Diese Chance bekommt man nicht oft.

Öffentlichkeit ist nicht gleich Öffentlichkeit

Als Non-Profit-Unternehmen hat man es, genauso wie als profitorientiertes Unternehmen, mit verschiedenen Teilöffentlichkeiten zu tun. Unsere öffentliche Wahrnehmung wies eine paradoxe Spaltung auf: In der breiten Öffentlichkeit, die sich durch die Massenmedien erreichen lässt, genossen wir inzwischen hohes Ansehen. Auch in der Unternehmenswelt, in der wir unsere Unterstützer und Partner bei der Öffentlichkeitsarbeit fanden, wurden wir mit offenen Armen empfangen: Firmen, die sich ihrerseits selbst an ein breites Zielpublikum wandten, erkannten den Sinn und den Wert unserer Kommunikation und honorierten das positive Image, mit dem wir unser Thema besetzt hatten. In der Fachöffentlichkeit dagegen, die sich ihre Zielgruppe mit uns teilte, hatten wir durch unsere Bekanntheit einen eher noch schwereren Stand als zuvor: Mediziner und andere gemeinnützige Unternehmen, insbesondere aus dem Gesundheitssektor, fanden unsere Werbemaßnahmen überflüssig.

Das hatte natürlich wieder einmal mit der Wahl unserer Mittel zu tun. In den frühen Jahren der DKMS hatten wir uns Kritik für unsere emotionale Herangehensweise anhören müssen: Mit dem Leid der Betroffenen auf Marktplätzen und in Talkshows hausieren zu gehen und Hoffnung zu suggerieren, empfanden die Hohepriester des guten Zwecks als ethisch verwerflich. Als wir nun positive Botschaften auf Plakate druckten, die die Menschen nicht zur Bestürzung, sondern zum Handeln anhielten, war es wieder nicht recht: Ein ernstes Thema wie Blutkrebs mit banalen Fantasieprodukten wie Superhelden zu kommunizieren, was für einen Eindruck sollte das denn machen?

Mit jeder Kampagne muss man sich für eine Öffentlichkeit entscheiden.

Diese bizarre Interpretation unserer Kampagne zeigt das Dilemma jeder Öffentlichkeitsarbeit im gemeinnützigen Bereich auf:

Mit jeder Kampagne muss man sich für eine Öffentlichkeit entscheiden und dabei riskieren, es einer anderen nicht recht zu machen. Das Risiko war kein geringes: Ärzte und Wissenschaftler gehören ebenso wie die Betroffenen, Spender und Sponsoren zu unseren »Kunden«, aber man kann sie nicht mit den gleichen Mitteln ansprechen. In der Fachwelt der Medizin zählt die Anmutung von Seriosität mehr als die Wirkung. Vielleicht hatte man noch nicht verstanden, dass das eine das andere nicht ausschließt und dass Öffentlichkeitsarbeit für den Menschen auf der Straße nicht nach den gleichen Gesetzen funktioniert wie die Kommunikation innerhalb des Fachgebiets. Mediziner sprechen eine andere Sprache, bei der es vor allem auf Präzision und Unanfechtbarkeit ankommt. In diesen Duktus passt natürlich ein Spender im Superman-Kostüm nicht hinein. Er transportiert eine konstruktive Botschaft, er steht für Hoffnung. Wenn dagegen ein Mediziner den Blutkrebs erklärt, verwendet er eine diagnostische Sprache, die naturgemäß defizitorientiert ist: Hier ist ein Problem, und es ist wirklich ernst. Da wird positive Kommunikation schnell als Verharmlosung wahrgenommen.

Zum Glück sahen es nicht alle Ärzte so, besonders unser Mitgründer Prof. Gerhard Ehninger, der uns in unserer Vorgehensweise unterstütze. Vereinzelt erhielten wir auch Zuspruch von jenen, die erkannten, dass etwas getan werden musste. Zum Beispiel in puncto Patientenorientierung: Mediziner orientieren sich häufig nicht an den Bedürfnissen der Patienten, weil sie sie nicht als »Kunden« betrachten. Deshalb sind Patienten mit der Fachterminologie in den Patientengesprächen oft überfordert und fühlen sich diskriminiert. Eigentlich müssten Ärzte die Sprache der Patienten sprechen – und genau das taten wir.

Im gemeinnützigen Sektor nahmen viele unsere Bekanntheit und unsere geballte Ladung an Öffentlichkeitsarbeit als Zeichen, dass wir der Außenwirkung mehr Beachtung schenkten als der Hilfe für die Patienten. Deshalb wurden wir von einigen als verantwortungslos wahrgenommen: Öffentlichkeitsarbeit kostet schließlich Geld. Bis vor wenigen Jahren wurde der Zusammenhang zwischen erfolgreicher Kommunikation und erfolgreicher Hilfe für Betroffene im gemeinnützigen Sektor wenig praktiziert – was auch damit zusammenhängt, dass man finanziell auch ohne Bekanntheit über die Runden kommt, wenn man vom Staat finanziert wird. Eine gemeinnützige Organisation, deren Logo von Plakatwänden in der ganzen Republik prangt, störte noch zu Beginn das Selbstverständnis der Non-Profit-Welt empfindlich.

Noch deutlicher wurde dieses Paradoxon der Bekanntheit, als wir begannen, unser Augenmerk auf die internationale Ausweitung unserer Tätigkeit zu richten. Bei den Transplantationsärzten hatten wir uns weltweit einen guten Ruf erarbeitet: Man war sehr froh, wenn ein DKMS-Spender der passende Lebensretter war. Als größte Datei der Welt erzielten wir die meisten Treffer bei den Anfragen in den Zentralregistern und waren für unsere zuverlässigen Spender und die sichere und schnelle Versorgung der Patienten in praktisch jedem Winkel der Welt bekannt: Unsere Spenden kamen an und waren von verlässlicher Qualität. Gab es zwei Treffer, wurde regelmäßig unser Spender vorgezogen. Unsere Öffentlichkeitsarbeit in Deutschland hatte auf die internationale Öffentlichkeit lange Zeit keinen nennenswerten Einfluss – dort schätzte man einfach unsere Arbeit.

Von dieser Begeisterung war allerdings nichts mehr zu spüren, als wir begannen, unsere Fühler zum Zwecke der Spenderrekrutierung im Ausland auszustrecken. Sobald man Gefahr witterte, dass wir mit unserem Erfolgsrezept lokalen Dateien Konkurrenz machen könnten, trafen wir auf massive Blockaden – auch von Seiten der skeptischen Mediziner, die mit unserer Unterstützung Leben retteten. Unsere Spender nahm man gern, doch im Land wollte man uns nicht haben. Hier, wo unsere Arbeit uns bei der Teilöffentlichkeit der Mediziner einen uneingeschränkt guten Ruf beschert hatte, sorgten die politischen Blockaden der Teilöffentlichkeit des gemeinnützigen Sektors dafür, dass wir missverstanden wurden. Obwohl es gar nicht unsere Absicht war, mit Dateien im Ausland in Konkurrenz zu treten, wurden wir aufgrund unserer Bekanntheit als Bedrohung wahrgenommen.

Bekanntheit ist für ein Non-Profit-Unternehmen Segen und Fluch zugleich: Sie macht vieles leichter, manches aber auch schwerer. Was das Vertrauen der Spender und Patienten förderte, erregte das Misstrauen der Fachwelt. Dass auf unseren Plakaten und auf unseren Veranstaltungen bald nicht mehr nur Spender im Superhelden-Kostüm, sondern auch noch Prominente auftauchten, verschärfte das Paradox noch: größere Bekanntheit, dafür aber auch immer wieder Kritik. Das eine ist ohne das andere nicht zu haben. Aus Unternehmersicht muss man sich für das geeignete Mittel entscheiden, um das Unternehmensziel zu kommunizieren: Konformität oder Wirkung. Wenn das Ziel »Leben retten« heißt, fällt diese Entscheidung leicht.

Bekanntheit ist für ein Non-Profit-Unternehmen Segen und Fluch zugleich.

Warum der Einsatz Prominenter sinnvoll ist

Je bekannter ein Unternehmen, desto größer ist die Chance, dass seine Botschaft auch ankommt. Den Bedarf an Knochenmarkspendern zu kommunizieren fiel uns im Laufe der Zeit immer leichter, da wir durch unsere eigene Bekanntheit andere bekannte Menschen und Organisationen anzogen. Eine weitere Plakatkampagne im Jahr 2008 zeigte erstmals nicht Patienten oder Spender, sondern die Nationalspieler des Deutschen Hockey-Teams, die immerhin Olympiasieger waren. Sie passten aus zweierlei Gründen gut zur DKMS: Hockey ist eine kämpferische, bodenständige Sportart, bei der es ergebnisorientiert zur Sache geht. Und: Die Spieler sind das, was man professionelle Amateure nennen könnte – ihre Leidenschaft für den Sport ist ihnen das Wichtigste. Diese Haltung passte sehr gut zu uns und unserer Herangehensweise an das Thema Blutkrebs.

In den Folgejahren stiegen wir mit unseren Werbebotschaftern dann nach und nach auf der Promi-Skala nach oben: 2008 aktualisierten wir unseren gesamten kommunikativen Auftritt. Bei der Kampagne »Mit Wattestäbchen gegen Leukämie« im Jahr 2009 zierten Prominente wie Sarah Connor, Nazan Eckes und Verona Pooth sowie Fußballstars wie Lukas Podolski, Miroslav Klose und Oliver Bierhoff die Plakate. Die Spieler der deutschen Männer-Handballnationalmannschaft spielten bei ihren letzten fünf Qualifikationsspielen für die Europameisterschaft mit dem DKMS-Logo auf den Trikots.

Unser Ziel war, das »Wir-Gefühl« zu stärken.

Hatte früher der einzelne Spender im Mittelpunkt gestanden, war unser Ziel nun, das »Wir-Gefühl« zu stärken. Wir besannen uns auf die Wurzeln unserer Unternehmung: Was als kleine Gruppe im privaten Kreis begonnen hatte, war inzwischen zu einem weit verzweigten Netzwerk von Spendern, Patienten, Unterstützern, Unternehmen, Helfern und Ärzten geworden. Diesem gut funktionierenden Netzwerk haben wir unseren Erfolg zu verdanken.

Zu dieser Gemeinschaft gehören auch zahlreiche Prominente. Was uns von Anfang an bei den Aktionen auf lokaler Ebene geglückt war, konnten wir nun als Prinzip unserer Öffentlichkeitsarbeit bundesweit und sogar international verwirklichen: Wir konnten auf die Unterstützung von Menschen bauen, die ihrerseits bereits Vorbilder waren. Nachdem sich lange Zeit unsere Spender als öffentliche Kommunikatoren für uns eingesetzt hatten, konnten wir ihnen

Ein prominentes Gesicht nimmt vielen Menschen mehr Sorgen als eine ärztliche Meinung.

nun zeigen: Hier sind Prominente, die sich für die gleiche Sache einsetzen wie ihr. Die DKMS wurde zu einem Club, dem man gern angehörte. Dafür stehen bis heute die prominenten Gesichter auf Plakaten, in Werbeanzeigen, bei Fernsehsendungen und öffentlichen Veranstaltungen. Einzig das Ziel all dieser öffentlichkeitswirksamen Maßnahmen bleibt unverändert: Das neue Logo der DKMS, ein Blutstropfen, symbolisiert die Suche nach dem einzelnen Spender als dem noch fehlenden Teil in einer endlosen Kette von Helfern, die alle für unsere gemeinsame Vision kämpfen: »Wir besiegen Blutkrebs.«

Warum beziehen wir Prominente in diese Vision ein? Aus einem einzigen Grund: weil es sich für die Patienten lohnt. Ein prominentes Gesicht nimmt vielen Menschen mehr Sorgen als eine ärztliche Meinung. Sie wissen: Ein Prominenter engagiert sich nicht für einen guten Zweck, dem nicht zu trauen ist – dafür würde er seinen guten Ruf nicht riskieren. Prominente schaffen Vertrauen; sie stehen für Seriosität. Was für Mediziner schockierend klingen mag, ist in der Logik der Öffentlichkeitsarbeit offensichtlich: Ein Onkologe mag inhaltlich der beste Botschafter für ein Plakat der DKMS sein – aber nur in der Theorie. Den Onkologen nämlich kennt die Öffentlichkeit nicht; er könnte genauso gut erfunden sein. Prominente sind die besseren Stellvertreter für wichtige Botschaften in der Öffentlichkeit. Deswegen freuen wir uns über jeden bekannten Menschen, der sich unserer Gemeinschaft anschließt, Gesicht zeigt und darüber spricht. Für die Hoffnung auf Leben nämlich kann ein Oliver Bierhoff genauso stehen wie ein Onkologe – der Wunsch nach Leben eint uns alle.

Unser Kriterium bei der Auswahl unserer prominenten Partner ist ihre Vorbildfunktion: Wir wünschen uns die Unterstützung jener, die selbst Vorbilder sind. Sportler passen besonders gut zu uns, denn sie stehen für Leistung, Teamgeist und kämpferisches Engagement. Besonders am Herzen liegt uns die Hilfe jener, die die

Hoffnung auf Leben mit ihrer eigenen Geschichte verkörpern. Wer könnte sich glaubhafter für unsere Sache einsetzen als Prominente wie Sylvie van der Vaart, die selbst den Kampf gegen den Krebs gewonnen haben? Seit Jahren tritt sie als Schirmherrin für den jährlichen *dream*ball der DKMS LIFE auf, unserer Schwesterorganisation, die sich der Stärkung von Selbstwertgefühl und Lebensfreude von Krebspatienten verschrieben hat. Wir sind stolz darauf, sie im Boot zu haben. Den Mut und die Kraft der Erkrankten repräsentiert in ganz besonderer Weise auch das Schicksal von Miriam Pielhau: Auf dem *dream*ball 2008 gab sie ihre eigene Erkrankung bekannt, um der Öffentlichkeit zu zeigen, dass Krebs jeden treffen kann. Ihre Offenheit hat Millionen von Menschen berührt und inspiriert.

Es ist leicht, Prominente für ihr Sendungsbewusstsein in jeder Lebenslage zu kritisieren. Übersehen wird dabei oft, dass sie gerade in schweren Zeiten die gleichen Sorgen und Nöte ausstehen wie jeder andere Patient auch. Wenn Sylvie van der Vaart über den Haarausfall bei der Chemotherapie spricht und Monate später, von der Krankheit genesen, strahlend schön auf die öffentliche Bühne zurückkehrt, ist das eine zutiefst persönliche Botschaft an alle Patienten, die ihr Schicksal teilen. Wenn Prominente ihre Bekanntheit auf diese Weise einsetzen, werfen sie ihre ganze Persönlichkeit in die Waagschale – mit allen Risiken, die ein solcher Schritt mit sich bringt. Und deshalb können Menschen wie Sylvie van der Vaart und Miriam Pielhau den Zweck der DKMS LIFE hervorragend repräsentieren.

Wir erwarten mehr von den Prominenten als ihren guten Namen.

Das Vertrauen der Menschen zu gewinnen und zu behalten ist das wichtigste Ziel unserer Öffentlichkeitsarbeit. Deshalb treten wir auch gegenüber Prominenten so auf, wie wir es seit unserer Gründung allen unseren Partnern gegenüber praktiziert haben. Mit einem PR-Foto ohne persönliche Botschaft geben wir uns nicht zufrieden. Wir erwarten mehr von den Prominenten als die Erlaubnis, ihren guten Namen für unsere Zwecke einsetzen zu dürfen. Sie müssen etwas für uns tun. So warb die Sängerin Sarah Connor als Botschafterin der DKMS aktiv um Aufmerksamkeit für konkrete Typisierungsaktionen. Barbara Schöneberger moderiert seit mehreren Jahren den *dream*ball, ohne dafür eine Gage zu bekommen.

Eine ganz besonders verantwortungsvolle Aufgabe haben auch die Altintop-Brüder übernommen: Sie stehen Pate für die Integration der türkischen Gemeinde in Deutschland in die Gemeinschaft der DKMS-Spender. Ihr Engagement hat unschätzbaren Wert. Lange Zeit waren wir nicht in der Lage, den großen Bedarf an türkischen Knochenmark- und Stammzellspenden zu decken – weder bei Anfragen innerhalb Deutschlands noch aus der Türkei. Angesichts des proportionalen Anteils türkischstämmiger Patienten an den Leukämie-Neuerkrankungen in Deutschland, der sich aus dem hohen Bevölkerungsanteil zwangsläufig ergibt, gab es jedoch dringenden Handlungsbedarf bei der Gewinnung von Spendern für türkischstämmige Patienten. Es war daher von immenser Wichtigkeit für uns, die Unterstützung dieser Bevölkerungsgruppe zu gewinnen. Die Brüder Altintop leisteten dazu einen Beitrag, der nicht unterschätzt werden darf.

2009 kannten 68 Prozent der Deutschen die DKMS.

Die neue Kommunikationsstrategie ging auf: 2009, kurze Zeit nach der Plakatkampagne »Mit Wattestäbchen gegen Leukämie« unter prominenter Beteiligung, gaben wir eine Studie in Auftrag, um den Bekanntheitsgrad der DKMS in der deutschen Bevölkerung zu ermitteln und unsere Kommunikation weiter zu optimieren. Mit überwältigendem Ergebnis: 68 Prozent der Deutschen kannten zu diesem Zeitpunkt die DKMS.

Das ist der Grund, warum der Einsatz Prominenter für die DKMS sinnvoll ist: Ein guter Zweck kann gar nicht bekannt genug sein. Je mehr Menschen uns kennen, desto größer die Chance auf

Leben für jeden einzelnen Patienten – in Deutschland und überall auf der Welt. Ein Patient in Afrika weiß nichts davon, dass sich in Deutschland Prominente für seine Zwecke einsetzen. Im Zweifel hat er von Markus Lanz oder Sarah Connor noch nie etwas gehört. Und doch kann es eine dieser beiden sein, deren Einsatz seinen genetischen Zwilling zur Registrierung bei der DKMS motiviert hat.

Unser Netzwerk im Netz

Was liegt näher für ein Netzwerk von Lebensrettern, als seine Botschaft über öffentliche Netzwerke zu kommunizieren? Ganz einfach: Noch einen Schritt weiter zu gehen und seinen Zweck direkt über diesen Kanal zu erfüllen. Für die DKMS ist das Internet nicht nur ein reichweitenstarkes Werkzeug der Öffentlichkeitsarbeit, sondern auch eine weitere Möglichkeit, die hilfsbereiten Menschen da abzuholen, wo sie sich wohlfühlen und sich ohnehin aufhalten: im Kreise Gleichgesinnter.

Seit wir uns entschlossen haben, die Registrierung der Daten auf der Basis eines simplen Wangenabstrichs mit einem Wattestäbchen durchzuführen, ist die Online-Registrierung zu einer weiteren Stütze unseres Wachstums geworden. Bis dahin hatten wir die Methode des Wangenabstrichs nur für weitere HLA-Untersuchungen genutzt, wenn ein Spender aufgrund der Ergebnisse der Anfangstypisierung möglicherweise zu einem Patienten passte. Dann erkannten wir ihr Potenzial: Für die Online-Registrierung ist die Methode ideal. Die Spender geben online ihre Kontaktdaten ein und bekommen ein Registrierungsset mit einem Wattestäbchen nach Hause geschickt.

Somit haben wir die Online-Ansprache – neben bereits bestehenden Werbekampagnen und der Einbindung Prominenter – deutlich erweitert. Allerdings erzielen wir die beste Conversion-Rate im Netz mit den technischen Möglichkeiten des 21. Jahrhunderts erneut über die Gruppe von Multiplikatoren, die uns von Anfang an die Treue gehalten hat: die Spender. Für uns ist die Arbeit im Internet, deren Verlässlichkeit und Anwendbarkeit für »seriöse« Zwecke wie die Spendergewinnung noch immer so häufig angezweifelt wird, wie eine Rückkehr zu unseren Wurzeln mit anderen Mitteln: Wenn Spender im Rahmen der virtuellen Öffentlichkeit über ihr Engagement sprechen, machen sie andere auf uns aufmerksam. Doch die soziale Vernetzung Gleichgesinnter erschließt noch eine weitere Kommunikationsmöglichkeit, die der DKMS-Community zuvor verschlossen war: Sie ermöglicht es, dass die Spender nicht nur einseitig von ihren Erfahrungen berichten, sondern sich darüber austauschen können.

Damit sie das tun können, müssen wir ihnen adäquate Möglichkeiten an die Hand geben. Was auch für viele Unternehmen in der freien Wirtschaft inzwischen gang und gäbe ist, ist für sinnorientierte Unternehmen im gemeinnützigen Bereich von geradezu immanenter Bedeutung: bei der Online-Strategie über die statische Werbung hinauszugehen und die Interaktion zwischen den Nutzern in der Gemeinschaft zu fördern.

Gleichgesinnte finden sich im Netz zusammen – ob den Unternehmen das gefällt oder nicht.

Was viele Organisationen noch immer unterschätzen, ist die Bereitschaft und die Fähigkeit der Menschen zur Selbstorganisation im Netz. Gleichgesinnte finden sich im Netz zusammen – ob den Unternehmen das gefällt oder nicht. Bewertungsplattformen wie Qype oder die Rezensionsfunktion der Online-Shops werden rege genutzt. Auch hier zeigt sich, dass Menschen sozial denken und dazu nicht aufgefordert werden müssen: Wer zufrieden ist, tut das gern kund – umso mehr, wer nicht zufrieden ist. Die Konsumenten befreien sich damit aus ihrer langjährigen Gefangenschaft in der Passivität am Ende der Konsumkette. Heute können es sich Unternehmen nicht mehr leisten, unzufriedene Kunden zu ignorieren. Hatte geringe Kundenzufriedenheit früher nur geringe Auswirkungen und wurde meist erst existenzbedrohend, wenn die Medien in besonders krassen Fällen das Fehlverhalten eines Unternehmens aufgriffen, kann der Ruf heute viel schneller ruiniert sein als früher. Genauso kann ein gutes Image unter Nutzern einem Unternehmen aber auch in Windeseile eine Erfolgsgeschichte schreiben, indem es die Nutzer buchstäblich beim Wort nimmt und in die Unternehmenskommunikation einbezieht.

Als Unternehmen hat man die Wahl, ob man sich den neuen Möglichkeiten der Vernetzung entzieht oder sie gezielt strategisch einbindet. Wir könnten uns darauf beschränken, dass sich unser gutes Image auch im Netz manifestiert. Doch das reicht uns nicht: Wir wollen den Dialog zwischen den Spendern und den Unentschlossenen fördern. Und wir wollen die Zielgruppen erreichen, die heute am besten online zu erreichen sind: die vielen Jugendlichen, die gern Gutes tun; die Generation Y, die jeden Zweck auf Herz und Nieren prüft und die Transparenz und Passung mit dem eigenen Lebensentwurf in hohem Maße innerhalb der sozialen Netzwerke verifiziert. Wer sich dieser Prüfung entzieht und den Dialog nicht sucht, vergibt schon heute die Chance, eine ganze Generation aufgeklärter und kritischer Bürger von seiner Sache zu überzeugen, die sich über reine Werbung ohne Interaktion nicht mehr gewinnen lässt. In Zukunft werden Transparenz und Interaktivität Qualitätskriterien sein, an denen sich jedes Unternehmen mit einer Botschaft messen lassen muss. Wer sich im Netz versteckt, weil er etwas zu verbergen oder nichts zu sagen hat, der bekommt auch keine Aufmerksamkeit mehr und wird von der Internetgemeinde nicht wahrgenommen.

Wer sich im Netz lieber versteckt, der bekommt auch keine Aufmerksamkeit mehr.

Wir begrüßen diese Entwicklung, denn niemand kann besser über das Spenden sprechen als unsere Spender. Aus diesem Grund haben wir nicht einfach nur Werbeseiten im Internet und investieren viel Arbeit in unsere Website. Wir unterhalten bzw. unterstützen vielmehr offizielle Gruppen in allen wichtigen sozialen Netzwerken, von Facebook über XING bis hin zu Google+, in denen sich die User austauschen können und sollen. Die Mundpropaganda unserer Fans war schon immer unser wichtigster Wachstumsmotor, und das bestätigt sich auch online: Mittlerweise registrieren sich täglich Hunderte neuer Spender über das Internet. Während einer StudiVZ-Aktion im Oktober 2009 waren es sogar 3400 User an einem Tag – mehr als bei manchen »realen« Registrierungsaktionen zusammenkommen. Früher mussten unsere Spender jedem Bekannten einzeln erklären, warum sie bei der DKMS registriert sind und unsere Ziele unterstützen. Heute können sie sich zum Beispiel bei Facebook ganz öffentlich als »Fans« der DKMS bekennen. Die Gemeinschaft ist sichtbar geworden. Was könnte einem Unternehmen Besseres passieren, das auf den Gemeinschaftsgedanken baut, um Leben retten zu können?

Neben der Spendergewinnung und dem Austausch der Spender untereinander ist aber auch die Spenderbindung online viel kostengünstiger möglich als jemals zuvor. Die Spendermailings, die wir viele Jahre lang nur postalisch versenden konnten, sind nicht mehr unsere einzige Möglichkeit, unsere Unterstützer auf dem Laufenden zu halten. Unsere Spenderumfragen haben uns gezeigt, wie wichtig es den Menschen ist, über unsere Arbeit informiert zu werden. Statt eines Postmailings pro Jahr, das aufgrund des Umfangs unserer Spenderdatei schon finanziell die Grenze des Machbaren darstellt, sind wir online das ganze Jahr über »ansprechbar« und können über Erfolge und neue Aktionen informieren.

Auch das dritte Ziel unserer Öffentlichkeitsarbeit lässt sich online besonders gut umsetzen: die möglichst umfassende und vor allem zielgruppenfreundliche Aufbereitung von Informationen zum Thema Blutkrebs. Tatsächlich wissen wir, dass auch viele Betroffene und deren Angehörige inzwischen auf diesem Weg überhaupt erst auf die Möglichkeit aufmerksam werden, eine Aktion durchzuführen. Damit schließen wir eine wichtige Kommunikationslücke: Noch immer kommen viele Ärzte gar nicht auf die Idee, ihren Patienten von uns zu erzählen – oder sehen bewusst davon ab, weil wir nicht Teil der Therapie der Patienten sind.

Betroffene suchen Informationen, die ihnen weiterhelfen.

Nicht nur für Konsumwünsche und Nachrichten, sondern auch für die erste Recherche über gesundheitliche Themen ist das Internet heute für viele zur ersten Anlaufstelle geworden. Und wer heute »Leukämie« und verwandte Schlagwörter googelt, findet ohne Umwege zur DKMS. Das ist wichtig im Sinne der schnellen Hilfe, bedeutet für uns aber auch eine hohe Verantwortung: Die Menschen müssen sich auf die Informationen, die sie im Internet finden, verlassen können. Wir legen deshalb großen Wert darauf, auf unseren Seiten fachlich zuverlässig und aktuell über alle Fragen rund um das Thema Blutkrebs und die Hilfsmöglichkeiten für Betroffene zu informieren. Das Internet ist ein Aufklärungsmedium, und Unternehmen tun gut daran, auch auf dieser informativen Ebene aktiv zu werden. Betroffene sind nicht auf der Suche nach Werbung; sie sind in ihrer Verzweiflung auf der Suche nach Informationen, die ihnen weiterhelfen. Diesen Auftrag nehmen wir sehr ernst.

Wer ein Anliegen zu transportieren hat, sollte sich nicht scheuen, das auf allen möglichen Kanälen zu tun. Wenn die Botschaft authentisch ist, wird sie sich auch online verbreiten. Unternehmen dürfen dem Wandel der Kommunikationskultur nicht skeptisch zuschauen, sondern müssen ihn gezielt in ihre Kommunikationsstrategie einbauen und jede Möglichkeit nutzen, mit ihren Kunden zu kommunizieren. Wer sich von den Risiken abschrecken lässt, vergibt die riesigen Chancen, die mit der sozialen Vernetzung einhergehen – und läuft Gefahr, über kurz oder lang an mangelnder Wahrnehmung zu scheitern. Auch auf diesem Wachstumsfeld war die DKMS eine der ersten gemeinnützigen Organisationen, die sich online präsentierte und früh dazu überging, die Nutzer aktiv in ihre Online-Kommunikation einzubinden.

Wir von der DKMS reden gern. Und wir freuen uns über jede neue Möglichkeit, mit unseren Spendern kommunizieren zu können. Die soziale Vernetzung bietet uns die Möglichkeit, unsere Botschaft nicht nur einseitig online auszusenden, sondern auch offline in reale Hilfe an den Betroffenen umzusetzen.

Reibungsverluste

Wer in der Öffentlichkeit steht, muss damit rechnen, zum Thema zu werden. Im Sinne der Spendergewinnung, Spenderbindung und Aufklärung bringt das fast nur Vorteile mit sich. Wird man als Unternehmen allerdings nicht über seinen Sinn und Zweck, sondern als Organisation mit Eigeninteressen wahrgenommen – und das ist praktisch unvermeidlich –, muss man auch mit den Reibungsverlusten umgehen können, die Öffentlichkeit mit sich bringt. Als eines der ersten gemeinnützigen Unternehmen in Deutschland, die mit ihrer Botschaft offensiv Öffentlichkeitsarbeit betrieben, hatten wir lange Zeit einiges auszuhalten und brauchten einen langen Atem, bis auch diese Innovation der DKMS akzeptiert und sogar branchenweit zum Standard wurde.

Neues wird gerade in staatlich geprägten Arbeitsfeldern nur zögernd angenommen und ist meist mit großen Ressentiments beladen. Wir stießen mit den meisten unserer Kommunikationsmaßnahmen auf große Widerstände aus der Fachwelt, die sich schwer mit den Erfolgen in Einklang bringen ließen, die die öffentliche Wahrnehmung erzeugte. Als wir begannen, Spender übers Internet zu gewinnen und die Menschen auch auf diesem Wege aufzuklären, waren selbst manche Mitglieder unseres Teams skeptisch: Kein

Mensch, so glaubten einige, würde sich im Spaßmedium Internet für eine so ernste Sache gewinnen lassen und seiner Verpflichtung im Bedarfsfall auch nachkommen.

Wie bei allen unseren Innovationen mussten wir auch im Bereich der Kommunikation bei jedem kleinen Fortschritt über Jahre gebetsmühlenartig wiederholen, dass der Erfolg sich gegen alle Widerstände einstellen würde. Und wie bei allen anderen Neuerungen, die wir der Branche aufgezwungen hatten, behielten wir auch bei unserer Aufklärungs-, PR- und Marketingarbeit immer wieder recht: Je mehr Erfolg wir mit einer Maßnahme hatten, desto ruhiger wurden die Kritiker – blieben jedoch in Lauerstellung.

Je mehr Erfolg wir mit einer Maßnahme hatten, desto ruhiger wurden die Kritiker.

Heute ist unsere Art des Kommunizierens auch im gemeinnützigen Bereich sehr verbreitet. Im Gegensatz zur klassischen Werbung der Hilfsorganisationen, die sich jahrelang auf die Abbildung von Leid und Elend beschränkt hatte, werden heute eher positive als erschreckende Botschaften in die Öffentlichkeit gesendet.

Der beste Weg, um eine skeptische Fachöffentlichkeit von der Wirksamkeit breitenwirksamer Maßnahmen zu überzeugen, ist es, auf diese spezielle Zielgruppe einzugehen und auch ihre Ansprüche und Kritik aufzugreifen. Die Masse der potenziellen Spender erreichen wir am besten über Emotionalität. Bei den Ärzten, die ebenfalls eine sehr wichtige Zielgruppe der DKMS sind, kommen wir damit aber nicht weit – sie erreichen wir durch den Nachweis von Qualität und Verlässlichkeit. Fachkreise überzeugen wir mit anderen Informationen: die ständigen Verbesserungen der Befundqualität, die Zuverlässigkeit unserer Spender und die technischen Fortschritte, die wir durch unsere Qualitätsverbesserungsmaßnahmen erzielen.

Es ist ein schmaler Grat: Von öffentlicher Kritik darf man sich nicht entmutigen lassen, man darf sie aber auch nicht unkommentiert stehen lassen, denn jede Debatte dient dem Fortschritt. Deshalb bemühen wir uns ständig, auch den Bedürfnissen der Ärzte Rechnung zu tragen. So führen wir regelmäßig Programme für Mediziner durch, die sie bei ihrer Betreuung von Blutkrebspatienten unterstützen – zum Beispiel durch die Möglichkeit, bei der Spendersuche besondere Softwareprogramme zu nutzen. Viele Ärzte haben auf diesem Wege ihre Meinung über die DKMS grundlegend geändert, nachdem sie selbst erlebt hatten, wie sehr der engagierte Kampf gegen die Krankheit den Patienten hilft.

Wer es mit verschiedenen Teilöffentlichkeiten zu tun hat, muss Reibungsverluste hinnehmen.

Die Kommunikation eines Ziels unterliegt den gleichen Maßstäben wie seine Erreichung: Erlaubt ist, was dem Ziel dient. Wer es mit verschiedenen Teilöffentlichkeiten zu tun hat, muss Reibungsverluste hinnehmen – was der einen Zielgruppe recht ist, kann ablehnende Reaktionen bei der anderen hervorrufen. Die Öffentlichkeitsarbeit ist vielleicht die anspruchsvollste und komplexeste Aufgabe, die sinnorientierte Unternehmen in Zukunft zu leisten haben, denn sie erfordert Mut zum Risiko, genauso wie Kreativität, bedingungslose Offenheit und die Bereitschaft zur ständigen Interaktion mit allen Beteiligten auf Augenhöhe. Genau diese Eigenschaften sind es allerdings auch, die ein sinnorientiertes Unternehmen im Kern auszeichnen. Die Gemeinschaftsorientierung ist eine Haltungsfrage: Dem Gemeinnutzen verpflichtete Unternehmen sind im Gegensatz zum herkömmlichen Unternehmertum nie exklusiv, sondern immer öffentlich. Wer ihr gerecht werden will, muss bereit sein, sich zu zeigen – und sich an dem messen zu lassen, was sichtbar ist.

8
Weichenstellungen

Wie wir in Konflikten Kurs halten

Vom Kurs abgekommen

Solange eine Organisation wächst, muss sie sich immer wieder die Frage stellen, ob sie angesichts der Nachfrage und der gewachsenen Verantwortung systemisch noch richtig aufgestellt ist. Ein lebender Organismus – nichts anderes ist ein Unternehmen – entwickelt zwangsläufig eine gewisse Eigendynamik, und Erfolge wecken unweigerlich Begehrlichkeiten. Ein Unternehmen, das sich nicht von Zeit zu Zeit selbst hinterfragt, ist zum Scheitern verurteilt. Besonders wichtig ist die Selbstreflexion angesichts großer Veränderungen in einem sinnorientierten Unternehmen, wo bei jeder Weichenstellung mehr auf dem Spiel steht als Bilanzen und Gehaltsschecks. Dass eine solche Überprüfung der eigenen Ausrichtung auch unangenehme Ergebnisse zutage fördern und schwelende Konflikte aufbrechen lassen kann, ist kein Risiko, das man scheuen sollte, sondern notwendiger Bestandteil der unternehmerischen Entwicklung.

Ein Unternehmen, das sich nicht hinterfragt, ist zum Scheitern verurteilt.

Dass Ärzte weltweit DKMS-Spender bevorzugten, hatte seit Mitte der 2000er Jahre zu einer explosionsartigen Vermehrung der Aufträge geführt. Am 21. September 2006, dem Tag des ersten *dream*balls, hatte bereits die zehntausendste Entnahme bei einer Spenderin der DKMS stattgefunden. Während die 21-jährige Laura Räth sich in Dresden der Entnahme unterzog, bereitete sich Claudia Schiffer auf ihre Teilnahme am *dream*ball im Ritz Carlton am selben Abend vor. So unterschiedlich diese beiden Szenarien sind – beide gehörten sie inzwischen untrennbar zu unserer Arbeit. Genauso groß waren auch die Kontraste zwischen persönlicher Führungsarbeit und pragmatischem Management, die wir inzwischen täglich zu überbrücken hatten. Stark vereinfacht ausgedrückt war unsere Aufgabe noch dieselbe wie 1991. Die DKMS allerdings hatte aus Unternehmerperspektive betrachtet eine gigantische Entwicklung hinter sich: Innerhalb weniger Jahre hatten wir die Mitarbeiterzahl stark erhöhen müssen und waren als Organisation so groß geworden, dass wir uns fragen mussten: Sind unsere Strukturen für diese Größenordnungen noch adäquat?

Zudem expandierten wir – wie viele Unternehmen, die ihren Verantwortungsbereich ernst nehmen – auch in Bereiche hinein, die ursprünglich nur in unserem weiteren Umfeld angesiedelt waren: Im November 2001 übernahmen wir das Labor in Dresden, das ursprünglich als Ableger unseres amerikanischen Partnerlabors gegründet worden war. Auch die DKMS LIFE, die zunächst als eigenständiges Unternehmen gegründet worden war, um den Patienten konkrete Lebenshilfe bei der Bewältigung ihrer Krankheit bieten zu können, wurde zu einer Tochter der Mutterorganisation »Stiftung Leben spenden«, die uns nun als übergeordnete Dachorganisation für die verschiedenen Aufgabenbereiche diente. Neben der eigentlichen Spenderdatei gab es inzwischen also noch andere Aufgaben, für die wir Verantwortung übernommen hatten; das Unternehmen war nicht nur gewachsen, sondern auch komplexer geworden. Da stellte sich unweigerlich die Frage: Wie managt und kontrolliert man eine Organisation, die weit mehr leisten muss, als ihre ursprüngliche Kernaufgabe zu erfüllen?

Die DKMS war nicht nur gewachsen, sondern auch komplexer geworden.

Angesichts dieser Veränderungen griffen die Geschäftsführung und der Verwaltungsrat auf ein Instrument zurück, das uns schon in den Gründungstagen gute Dienste geleistet hatte, und zog Unternehmensberater heran, um die Strukturen auf ihre Leistungsfähigkeit hin zu überprüfen. An diesem Punkt in der Entwicklung ergab das Sinn: Wir wollten auf weitere Herausforderungen vorbereitet sein, denn die Internationalisierung war inzwischen zu einer ernsthaften Option geworden, und weiteres Wachstum, das zu einer noch größeren Komplexität führen würde, war daher absehbar. Berater übernehmen in einer solchen Situation die Funktion desjenigen, der Klartext spricht: Sie können einem Unternehmen den Spiegel vorhalten, das lange allein aus sich heraus funktioniert und sich entwickelt hat. Sie können Schwachstellen entlarven, die in der weiteren Expansion zu Stolperfallen werden können, und gegebenenfalls neue Strukturen einführen.

Allerdings verstanden nicht alle im Unternehmen, warum wir eine Beratung brauchten. Über 15 Jahre lang waren wir ununterbrochen auf Erfolgskurs gewesen, und nun sollten plötzlich andere sagen, wie man es besser machen konnte? Viele Mitarbeiter kränkte das, manche fühlten sich wohl auch bedroht – ein typisches Phänomen, wenn Bewegung in etablierte Strukturen kommt. Anfänglich führte die Nachricht zu großer Unruhe und Missverständnissen innerhalb der Belegschaft der DKMS.

Die Überprüfung der Strukturen förderte auch den Eindruck mancher Mitstreiter zutage, dass die DKMS in hohem Maße von der Person Claudia Rutt abhängig war. Weil ich vor allem nach der Anfangsphase fast alle wichtigen Gespräche geführt und die meisten tragfähigen Beziehungen in die Welten der Spender und der Medien hergestellt und über lange Zeit gepflegt hatte, lag auch das Wissen darüber, wie das alles zusammenhing, vor allem bei mir. Diese Abhängigkeit wurde – zu Recht – als Risikopotenzial eingestuft. Man kam zu der Einschätzung, dass die Ebene unter mir als Geschäftsführerin die DKMS ohne meine Beteiligung wahrscheinlich nicht mit der gleichen Effektivität würde managen können. Unternehmerisch stellt eine solche Abhängigkeit zweifellos eine Gefahr dar – fehlt eines Tages der Kopf, kann die ganze Organisation ins Wanken geraten.

Innerhalb des Verwaltungsrats kam allerdings die Frage auf, warum man überhaupt an einem so erfolgreichen System rütteln sollte. Im Board bildeten sich Gruppen: Die einen wollten weitermachen wie bisher, die anderen die Gelegenheit nutzen, um über grundlegend neue Strukturen und die Aufstellung des Systems nachzudenken.

Diese Situation an der Spitze des Unternehmens war neu für alle Beteiligten: Bisher waren die Sitzungen immer ein Quell der Freude gewesen, die Zahlen hatten stets für gute Stimmung gesorgt, und meistens war es darum gegangen, welche innovativen Projekte man als Nächstes anpacken könnte. Nun kam es zum ersten Mal zu Meinungsverschiedenheiten, mit denen nicht alle konstruktiv umzugehen in der Lage waren. Das führte zu einer Atmosphäre der Unsicherheit, die sich sehr schnell auf alle Ebenen der Organisation ausbreitete. Zwar beruhigten sich die ursprünglichen Auseinandersetzungen wieder, doch eine gewisse Unruhe blieb über einen Zeitraum von mehreren Monaten bestehen. An den unterschiedlichen Positionen scheiterte auch der eigentliche Zweck der Beratung: Es wurde kein Konzept für eine neue Führungsstruktur verabschiedet; weder die Verteilung der Verantwortung auf mehrere Schultern noch alle anderen Ideen zur Anpassung des Führungsmodells an die diversifizierten Strukturen fand einen breiten Konsens. Was blieb, war ein latentes Misstrauen.

Erstmals kam es zu Meinungsverschiedenheiten, mit denen nicht alle umzugehen wussten.

Die ungeklärte Situation führte zu einem wachsenden Graben zwischen den kaufmännischen Belangen, die von einem Teil des Boards vertreten wurden, einerseits und den medizinischen Kompetenzträgern innerhalb des Boards auf der anderen Seite, die sich den wirtschaftlichen Belangen nicht unreflektiert unterwerfen wollten. Während einer Sitzung eskalierte der Konflikt, doch auch diese Situation wurde letztlich nicht aufgelöst und endete ohne Konsequenzen für die Zusammensetzung der Führungsebene.

Eine solche Misstrauenskrise kann allerdings nie über längere Zeit bestehen bleiben, ohne dass es zum Crash kommt; offensichtlich hatte der Konflikt zwischen den kaufmännischen und den inhaltlichen Prioritäten der Führungsriege schon längere Zeit geschwelt und trat nun zutage. Zu einer solchen Situation kann es zwar in jedem Unternehmen kommen, doch sie wiegt in einem sinnorientierten Unternehmen umso schwerer: Für beide Führungskulturen, die kaufmännische und die inhaltliche, gibt es starke Argumente, denn letztlich tragen beide in gleicher Weise zum Erfolg der Unternehmung bei, solange sie sinnorientiert arbeiten und somit am gleichen Strang ziehen. Bei einer Komplexitätssteigerung, wie die DKMS sie in kürzester Zeit erlebt hatte, besteht jedoch immer die Gefahr, dass sich Interessen verselbständigen und früher oder später kollidieren und den Sinn und Zweck des Unternehmens dann unabsichtlich in Mitleidenschaft ziehen. Wenn diese Interessen plötzlich aufgrund eines Konflikts in den Vordergrund treten, verliert die Sinnorientierung einen Teil ihrer Leuchtkraft. Eine schwache Organisation kann daran scheitern und völlig die Richtung verlieren; eine starke aber kann eine solche Phase überstehen.

Für beide Führungskulturen, die kaufmännische und die inhaltliche, gibt es starke Argumente.

Im Nachhinein kann diese Krise der DKMS als eine weitere Reifeprüfung betrachtet werden, die wir erfolgreich gemeistert haben. Doch zunächst musste es schlimmer werden, bevor es besser werden konnte.

Ein intelligenter Organismus

Irgendwann ließ sich die Konsequenz nicht mehr vermeiden: Das Zerwürfnis innerhalb der Führung entwickelte eine solche Eigendynamik, dass nur ein radikaler Schnitt für Klärung sorgen konnte. Die Spannungen waren für mich emotional unerträglich geworden. Ich nahm meinen Hut, und zwei Ärzte aus dem Vorstand übernahmen interimsmäßig die Geschäfte, während nach einem Nachfolger für die alleinige Geschäftsführung gesucht wurde. Ich blieb als Mitglied des Verwaltungsrats dem Unternehmen weiterhin verbunden, hatte jedoch weiterhin keine operative Verantwortung mehr inne.

Und dann wurde wieder einmal offensichtlich, wie Sinnorientierung ein Unternehmen tragen kann: Die Befürchtungen, dass die DKMS in ihrer Funktion von meiner Person abhängig war, bestätigte sich nicht. Der Organismus lief auch ohne mich einfach weiter wie eine gut geölte Maschine, obwohl mein Abschied kaum jemanden ungerührt gelassen hatte. Doch die Führungsebene unterhalb der Geschäftsführung und die Mitarbeiterschaft waren so von der Sinnhaftigkeit ihres Tuns durchdrungen, dass niemand auf die Idee kam, das Handtuch zu werfen, und jeder sich auf das konzentrierte, worauf es eigentlich ankam: Wenn es darum geht, Leben zu retten, muss es immer weitergehen.

Die DKMS lief weiter wie eine gut geölte Maschine.

Folgenlos blieb dieses Ereignis für das System trotzdem nicht. Für die Weiterentwicklung einer sinngetriebenen Organisation ist deren Führung zuständig, und auf dieser Ebene kam ein Jahr lang die Orientierung nach vorn zu kurz, weil in der Führung der unbedingte Gestaltungswille fehlte, um der Kernaufgabe, Leben zu retten, immer noch besser gerecht zu werden. Die Verwaltungsmentalität einer zeitlich limitierten Interimsführung rückte in den Vordergrund. Letztlich waren alle Beteiligten froh darüber, dass der Status quo gehalten werden konnte und weder Spender noch Betroffene Einbußen in ihrer Betreuung hinnehmen mussten. Innovationen fanden jedoch eine Zeit lang nicht mehr statt.

Der Grund dafür ist nicht darin zu suchen, dass ich als Person nicht mehr da war, sondern dass in der Führung die Emotionalität fehlte, die ein profitgetriebenes von einem sinngetriebenen Unternehmen unterscheidet. Nicht nur vor der Belegschaft, sondern auch in der Öffentlichkeit und in der Kooperation mit den Partnern aus den verschiedensten Bereichen war ich immer als das Gesicht der DKMS aufgetreten, und diese Personifikation der Idee braucht das operative Geschäft genauso wie die Mitarbeiter und die Teilöffentlichkeiten, die einem Unternehmen »in die Augen sehen« wollen, für das sie sich engagieren und an dessen Botschaft sie glauben.

Auch die veränderte Führungskultur spielte bei der kreativen Stagnation eine Rolle: Die DKMS war seit ihrem Gründungstag von Grund auf unorthodox geführt worden, und die inhaltliche Diät eines rein funktionalen Managements war nicht geeignet, die Mitarbeiter zur Mitgestaltung zu motivieren – sie hatten über Jahre die Botschaft verinnerlicht, dass sinnvolles Improvisieren besser war als uninspiriertes Funktionieren. Die Transparenz und Lösungsorientierung, ungeachtet der Hierarchien oder anderer bürokratischer Blockaden, gehörte untrennbar zur internen Unternehmenskultur der DKMS – doch plötzlich fehlte dafür die Anlaufstelle.

Mein Büro hatte immer eine Glastür gehabt.

Ich wollte nie, dass ein Problem erst vom Mitarbeiter über den Teamleiter zum Abteilungsleiter und dann irgendwann zur Geschäftsführung wandern musste, bevor es wirklich angepackt wurde. Mein Büro hatte immer eine Glastür gehabt. Auch wenn ich viel auf Reisen war, versuchte ich den Mitarbeitern stets das Gefühl der Erreichbarkeit zu geben. Das änderte sich während meiner Abwesenheit: Viele Mitarbeiter fügten sich aus Sorge um ihre Position stärker in die Hierarchie und verloren den Mut zur unmittelbaren Lösungsorientierung und die Kampfbereitschaft, wenn eine Verbesserungsmöglichkeit nicht widerstandslos durchzusetzen war. Diese Entscheidungslosigkeit jenseits der Routine sorgte für eine inhaltliche Stagnation, die die Organisation ein Jahr lang ihrer Entwicklungsmöglichkeiten beraubte. Es ging weiter, und im Nachhinein betrachtet finde ich es bemerkenswert, was ein sinnorientiertes

Unternehmen aushalten kann, ohne in sich zusammenzufallen. Doch innovativ vorwärts ging es zum ersten Mal nicht, und das war auch für die Angestellten frustrierend.

Niemand verließ das Unternehmen – alle Mitarbeiter glaubten so fest an ihre Verantwortung innerhalb der DKMS, dass sie an ihren Positionen festhielten, auch wenn es eine Zeitlang weniger Spaß machte. Das Quäntchen Wahnsinn, das dafür notwendig ist, hatten wir im Laufe der Jahre offenbar auf alle unsere Angestellten übertragen. Ein Außenstehender könnte es möglicherweise für verrückt halten, dass man einem Unternehmen auch in einer solchen Phase die Treue hält. Wir sehen darin einen Beweis für die Bindungskraft unserer Idee: Wer aus tiefster Seele an seine Aufgabe glaubt, der trotzt auch mal rauerem Wind, um das Ziel nicht aus den Augen zu verlieren.

Wir laufen nicht, wir gehen

Was für die Mitarbeiter gilt, muss für die Führung umso mehr gelten: Auch die Gründungsmitglieder der DKMS wollten nicht, dass es zu einem Zerwürfnis kam. Nach mehreren Aussprachen fanden wir wieder zusammen und nahmen in den Blick, was wirklich zählte: Wir hatten noch immer große Pläne für die DKMS, und wir nutzten das reinigende Gewitter für ein Umdenken in Bezug auf unsere Vorgehensweise, das sich nicht zuletzt bei unserer globalen Expansion schon bald bezahlt machen sollte.

Was für die Mitarbeiter gilt, muss für die Führung umso mehr gelten.

Über 20 Jahre ununterbrochenen Wachstums, ständiger Erfolgsmeldungen und der damit einhergehenden sozialen Anerkennung wirken sich auf die Motivation aus: Irgendwann hatten manche erkannt, dass all der Erfolg sich auch für persönliche Interessen nutzen ließ, wenn man es darauf anlegte. Von diesem Zeitpunkt an hatten sich Einzelinteressen in die Gestaltung des Unternehmens eingeschlichen, die sehr schnell eine Eigendynamik entwickelt und zu einer Kollision mit den ursprünglichen Zielen der DKMS geführt hatten: Der zusätzliche Turbo, der aus persönlichen Motiven gezündet worden war, hatte das Fahrzeug ausbrechen lassen. Glücklicherweise hatten die Leitplanken innerhalb der Gesamtorganisation für einen schnellen Crash gesorgt, und wir konnten bald wieder nach vorn blicken. Alles, was seither geschehen ist, folgt einem neuen Motto: Wir haben den Fuß vom Gas genommen und fahren jetzt auf Sicht. Am wichtigsten ist nämlich, dass wir ankommen.

Diese Neuausrichtung unserer Vorgehensweise ist eine sehr gesunde Entwicklung, denn in vielerlei Hinsicht stehen wir in diesen Tagen wieder am Anfang: Die Internationalisierung verlangt von uns ein vorsichtiges Herantasten auf manchmal unbekanntem Terrain, auf dem wir uns keine Crashs leisten können. Und die DKMS ist kein kleines Wägelchen mehr, das im Zweifel nur einen blauen Fleck am Schienbein hinterlässt. Ihre Durchschlagskraft ist eher die eines vollbeladenen Güterzugs, der eine Schneise der Verwüstung durch die Landschaft zieht, wenn er aus den Schienen springt; von den Folgen für alle an Bord ganz zu schweigen.

Muss ein sinnorientiertes Unternehmen in eine solche Krise hineinlaufen, damit ein Umdenken einsetzen kann? Wenn die Sinnorientierung von anderen Prioritäten überlagert wird, die überhandzunehmen drohen, ja. Im gemeinnützigen Bereich gilt genauso wie in jedem anderen Unternehmen, dass Eigeninteressen diszipliniert werden müssen. Und das kreative Austoben, das uns letztlich so weit nach vorn gebracht hatte, muss auf die Erfüllung der Aufgaben des Unternehmens beschränkt bleiben. Die persönliche Erfüllung des Unternehmers und das persönliche Wachstum des einzelnen Mitarbeiters speisen sich aus dem Erfolg

Der Hang zur Selbstaufgabe war unsere Sache nie.

des Unternehmens. Natürlich hat eine Erfolgsgeschichte wie die der DKMS ihre Protagonisten, die zu Recht stolz auf das Erreichte sein können. Der Hang zur Selbstaufgabe, der klassische Vorwurf der Rationalisten an die Gutmenschen, war unsere Sache nie.

Die DKMS ist ein Unternehmen, das gerade aufgrund seines Zwangs zur Profitabilität so erfolgreich arbeiten kann. Sie zeichnet sich dadurch aus, dass sie von Menschen geführt wird, die einem gesellschaftlichen Thema, das ihnen am Herzen liegt, mit unternehmerischen Mitteln zu Leibe rücken. In einer solchen Konstellation ist ein Erfolg des Unternehmens ganz selbstverständlich auch ein persönlicher Durchbruch, und gegen diese Wahrnehmung ist überhaupt nichts einzuwenden. Doch sobald der Erfolg eine persönliche Komponente bekommt, besteht eben die Gefahr, dass er sich mit anderen persönlichen Motiven überschneidet, die nichts mehr mit der Sinnorientierung zu tun haben. Das ist der Punkt, an dem eine klare Trennung erfolgen muss: Solange Einzelinteressen der Sache dienen, können und sollten sie erwünscht sein in einem Unternehmen, in dem jeder mit dem Herzen bei der Sache ist. Sobald sie der Sinnorientierung zuwiderlaufen, müssen die Warnsignale leuchten.

Ein Erfolg in dieser Größenordnung weckt zwangsläufig Begehrlichkeiten, und nicht immer erschließt sich jedem Protagonisten auf den ersten Blick, ob er sich mit seinen Ideen noch für etwas Sinnvolles einsetzt oder ob er das Sinnvolle für seine Ideen einsetzt. Die Fähigkeit zur Selbstbeherrschung und zur Vermeidung der Selbstüberhöhung unter dem Eindruck des Erfolgs gehört jedoch zum Anspruch an jede Führungspersönlichkeit: Einen guten Zweck kann man nicht für sich beanspruchen – niemand in der DKMS hat das »Lebenretten« für sich gepachtet, niemand darf es für seine Zwecke instrumentalisieren. Das Unternehmen dient der Erfüllung seiner Zielsetzung,

Einen guten Zweck kann man nicht für sich beanspruchen, sondern nur erfüllen.

und das gilt auch für jeden einzelnen Akteur innerhalb der Organisation, vom Sachbearbeiter bis hin zur Führung.

Kritisch ist ohne Zweifel auch die Gefahr von Meinungsverschiedenheiten bei der Umsetzung eines gemeinsamen Ziels. Menschen, die sich aus persönlicher Betroffenheit heraus einer gemeinsamen Sache verschreiben, sind unterschwellig immer emotional bei der Sache. Wenn es dann unterschiedliche Sichtweisen über die Wahl der adäquaten Mittel gibt, knallt es natürlich schneller und lauter als in einer Organisation, in der die Führung einfach nur im Auftrag anderer ihren Job macht und wo der Erfolg an sich das Ziel ist, ohne dass der Unternehmenszweck persönlich motiviert wäre.

Emotionales Unternehmertum ist nichts für schwache Nerven.

Solange die Sinngeber der Organisation selbst an Bord sind, ist eine neutrale Kontrollinstanz unverzichtbar. Ein sinnorientiertes Unternehmen braucht sehr starke Sparringspartner, die mit klarem Blick für Ordnung sorgen und auf Konflikte konstruktiv reagieren können. Dieser regulierende Faktor hatte uns gefehlt – es gab niemanden, der sich weit genug über seine emotionale Beteiligung erheben konnte, um auf den Tisch zu hauen. Sinnvolles Tun ist der größte Erfolgsmotor, der einem Unternehmen zur Verfügung steht. Doch was wirksam ist, geht immer auch mit Risiken einher: Emotionales Unternehmertum ist nichts für schwache Nerven.

Warum die DKMS der Krise standhielt

Was uns in dieser Situation gerettet hat, ist die Tatsache, dass Emotionalität gleichzeitig auch eine starke Bindung zwischen den Beteiligten einer Unternehmung erzeugt. Wäre es nicht persönliche Betroffenheit gewesen, die uns damals zusammengeschweißt hatte, sondern allein eine Geschäftsidee, hätten wir nach der Krise wahrscheinlich nicht wieder zusammengefunden. Vor allem aber wäre nicht nur der Führungskreis auf persönlicher Ebene betroffen gewesen, sondern sofort das ganze Unternehmen. Wären unsere Mitarbeiter nicht ebenso emotional mit der Idee der DKMS verbunden, dass sie sich ganz bewusst für die Sinnerfüllung einsetzen, wären in der Krise wahrscheinlich viele abgesprungen, und die ganze Organisation wäre ins Wanken geraten. Davon konnte bei uns jedoch keine Rede sein: Unbeirrt arbeiteten die Angestellten weiter, weil jeder es als seine Aufgabe betrachtete und betrachtet, Leben zu retten.

So lieferte selbst die Krise der DKMS letztlich einen überzeugenden Nachweis für die Kraft der Sinnorientierung: Ohne die emotionale Beteiligung der Führung wäre es vielleicht nicht zu dieser Krise gekommen. Die Erfolge, die dazu führten, wären aber auch gar nicht erst eingetreten. Ohne Emotionalität hätten uns auch die Mittel zur Bewältigung einer tiefen Krise gefehlt.

Führung braucht Persönlichkeit, und Persönlichkeit ist ohne Emotionalität nicht zu haben.

Unser Fazit aus der Krise ist deshalb nicht, dass Emotionalität in der Führung außen vor zu bleiben hat. Vielmehr muss Führung sich im Konfliktfall selbst reflektieren und ihre Mittel an der Eignung zur Zielerfüllung messen lassen, damit Krisen zu Chancen werden. Führung braucht Persönlichkeit, und Persönlichkeit ist ohne Emotionalität nicht zu haben. Wer etwas anderes behauptet, lügt sich in die Tasche. Und unterschiedliche Persönlichkeiten haben nun einmal unterschiedliche Herangehensweisen. Der Vollblutmanager sieht in der ökonomischen Optimierung den Königsweg, weil er sich so mit den ihm zur Verfügung stehenden Mitteln am besten einbringen kann. Man kann ihm keinen Vorwurf machen, wenn er in diesem Streben auch einmal über das Ziel hinausschießt – solange er sich zu korrigieren bereit ist. Der geborene Netzwerker schaut eher aus der Vogelperspektive auf das Netzwerk an Verbindungen, die die geölte Maschine am Laufen halten. Er lässt manches Optimierungspotenzial vielleicht lieber liegen, damit die Bagger beim Umbau keine Lebensadern kappen. Ihm kann man keinen Vorwurf daraus machen, dass er vor dem Spatenstich den Baugrund erkundet – solange er nicht Harmonie mit Erfolg verwechselt.

Die Führungspersönlichkeit muss zu jeder Zeit bereit sein, sich dem Sinn und Zweck des Unternehmens unterzuordnen. Kommt es zur Krise, müssen alle Beteiligten bereit sein, sich offen und konstruktiv auszutauschen, damit aus dem Gegeneinander der Kompetenzen wieder ein Miteinander wird. Nur dann bündelt sich die Wärme, die aus Reibung entsteht, an der richtigen Stelle: in der Sinnerfüllung anstatt auf Nebenkriegsschauplätzen.

9

Going global

Sinnorientiertes Handeln kennt keine Grenzen

Warum in die Ferne schweifen?

Für ein Unternehmen kann es viele Gründe geben, über den Heimatmarkt hinauszugehen. Oft hat die internationale Expansion in erster Linie monetäre Gründe: Neue Märkte bedeuten neue Absatzmöglichkeiten. Diese Logik trifft auch auf die DKMS zu, wenn man Knochenmarkspenden als unser »Produkt« betrachtet. Bereits seit vielen Jahren können wir aufgrund der zentralen Datenerfassung auch vielen Patienten im Ausland mit einer Spende helfen. Schon viele deutsche Spender haben auf diesem Weg einem Blutkrebspatienten im Ausland die Hoffnung auf Leben geschenkt. Die Internationalisierung bietet uns die Möglichkeit, diesen Austausch in beide Richtungen zu erweitern: Je mehr registrierte Spender wir weltweit gewinnen können, desto aussichtsreicher gestaltet sich die Wahrscheinlichkeitsrechnung auch für deutsche Patienten. Die Arbeit der DKMS ist ein Paradebeispiel für die Vorteile der Globalisierung: Wenn Menschen ungeachtet aller Grenzen einander im Kampf gegen den Krebs unterstützen können, ist allen geholfen. Der Krebs kennt keine Grenzen, also sollten auch wir uns nicht von ihnen aufhalten lassen.

Der Krebs kennt keine Grenzen, also sollten wir uns auch nicht von ihnen aufhalten lassen.

Dass wir mehr und mehr unsere Fühler in den globalen Markt ausstrecken, hat jedoch neben der quantitativen Erweiterung unserer Datei auch qualitative Gründe: Masse ist bei der Spenderakquise zwar enorm wichtig, allein aber noch nicht ausreichend. Wir brauchen nicht nur viele Spender, sondern auch die richtigen. Die Kombinationen der HLA-Merkmale, die wir in unserer Datei erfassen, sind – wie bereits erläutert – enorm individuell. Es gibt allerdings bestimmte Grundmuster, die bei einigen Bevölkerungsgruppen in relativ identischer Form besonders häufig vorkommen. Vereinfacht gesagt: Die Chance, dass wir einen passenden Spender für einen nigerianischen Patienten finden, ist größer, wenn wir viele afrikanische Spender in der Datei haben, weil sie mit größerer Wahrscheinlichkeit typische Merkmalskombinationen in sich tragen, die in Nigeria bzw. Afrika besonders häufig vorkommen. Das Gleiche gilt für einen asiatischen oder einen mitteleuropäischen Patienten.

Dieser biologische Zusammenhang zeigt, warum die regional orientierte Arbeit überall auf der Welt von enormer Bedeutung ist. Eine Datei in Indien kann einem indischen Patienten höchstwahrscheinlich am besten helfen, weil sie die meisten indischen Spender zur Verfügung hat. So weit, so gut. Das Problem ist nur: In sehr vielen Ländern gibt es keine oder nur rudimentäre Knochenmark- bzw. Stammzellspenderdateien. Obwohl es besonders in Amerika, Asien und Afrika zahlreiche Länder gibt, die um ein Vielfaches höhere Einwohnerzahlen und damit auch Fallzahlen haben als Deutschland, ist die DKMS-Familie mit ihren über drei Millionen registrierten Spendern allein in Deutschland der weltweit größte Verbund von Stammzellspenderdateien. Das ist zwar ein schöner Erfolg für uns im internationalen Vergleich, aber alles andere als ein Ruhmesblatt vieler Gesundheitssysteme im globalen, aber auch im nationalen Kampf gegen den Krebs. Wie groß der Bedarf weltweit ist, zeigt der Anteil von Knochenmarkspenden der DKMS, die ins Ausland vermittelt werden: Er liegt heute bei über 70 Prozent. Mindestens sieben der durchschnittlich 14 Entnahmen, die täglich in Deutschland stattfinden, treten also eine Reise über die deutschen Grenzen hinaus an.

In sehr vielen Ländern gibt es keine oder nur rudimentäre Spenderdateien.

Besonders erschreckend ist der Mangel an Spendern in den Entwicklungs- und Schwellenländern. Ein Land wie Brasilien etwa hat bei fast 200 Millionen Einwohnern nur etwa 2,9 Millionen registrierte Spender – deutlich weniger also als die Summe aller deutschen Dateien mit etwa 4,9 Millionen Spendern (Stand: Juni 2013). Das stellt nicht nur für brasilianische Patienten, sondern auch für den weltweiten Spenderbestand eine tragische Lücke dar, denn in Brasilien ist die genetische Vielfalt aufgrund der zahlreichen Bevölkerungsgruppen besonders groß. Die Erschließung eines Spendermarktes wie Brasilien würde für den weltweiten Kampf gegen den Blutkrebs einen großen Sprung nach vorn bedeuten – wie auch in vielen anderen Ländern mit einer Vielfalt unterschiedlicher Bevölkerungsgruppen. Die DKMS hat sich in den letzten Jahren im Land bemüht, jedoch bislang ohne Erfolg. Die schlechte Organisation vor Ort führt unter anderem dazu, dass Spender nicht zur Verfügung stehen. Auch im Boomland China fällt die Rechnung enttäuschend aus: Auf eine Einwohnerzahl von mehr als 1,3 Milliarden kommen lediglich etwa 380 000 registrierte Spender. Dramatischer fallen die Verhältnisse nur noch in afrikanischen Entwicklungsländern aus: Nigeria kommt bei etwa 162 Millionen Einwohnern (doppelt so viele wie Deutschland) auf 276 registrierte Spender. Selbst an einem einzigen schlechten Tag lassen sich bei der DKMS heute mehr Spender erfassen, als es in Nigeria insgesamt gibt. Doch auch in Europa sind die Zahlen teilweise alarmierend. Nur etwa 35 000 Spender sind zum Beispiel in der Türkei registriert. Zum Vergleich: Die DKMS verfügt über die Daten von rund 96 000 türkischstämmigen Spendern in Deutschland (Stand: Juni 2013) und kann somit vielen Patienten in der Türkei helfen – nicht zuletzt aufgrund des Engagements von türkischstämmigen Prominenten wie den Altintop-Brüdern und Nazan Eckes, von denen schon die Rede war.

Dass die Mittel gegen Blutkrebs weltweit noch dramatisch hinter dem Bedarf zurückstehen, hatten wir bereits feststellen müssen, bevor die DKMS gegründet wurde: Hätte es 1990 eine schnelle, effiziente Suchmöglichkeit in internationalen Dateien gegeben, hätte das Mechtilds Chancen auf einen passenden Spender enorm gesteigert. Doch die Suche wäre damals zu aufwendig, zu langwierig und auch enorm teuer gewesen. Bis heute hat sich daran zwar einiges geändert, doch gemessen an den Möglichkeiten geben die Statistiken noch lange keinen Anlass zur Entwarnung: Im größten internationalen Zentralregister, dem BMDW (Bone Marrow Donors Worldwide) sind rund 22 Millionen Spender (Quelle: www.bmdw.org) erfasst. Fast ein Viertel davon stellen inzwischen die deutschen Dateien, was gemessen an der Verteilung der Weltbevölkerung den Stand des weltweiten Kampfs gegen den Blutkrebs bedrückend deutlich auf den Punkt bringt. Und das wirkt sich eben nicht nur auf die Chancen erkrankter Menschen in den jeweiligen Ländern aus, sondern auch auf die Patienten in Deutschland.

Nigeria kommt bei der doppelten Einwohnerzahl von Deutschland auf 276 registrierte Spender.

Für die Patienten, die in Deutschland einer ethnischen Minderheit angehören, ist der globale Spenderbestand von besonders großer Bedeutung: Viele Deutsche mit ausländischen Wurzeln oder Ausländer, die in Deutschland leben, sind auf ausländische Spender angewiesen, die ihre typischen Merkmalskombinationen in sich tragen. Ihnen können auch wir von der DKMS noch viel zu selten helfen. Je mehr Spender aus ihrer Heimat oder der Heimat ihrer Eltern weltweit registriert und zentral erfasst sind, desto größer wird auch ihre Chance auf Leben.

Auch bei der DKMS hat die Globalisierung also viel mit Mathematik zu tun; allerdings nicht wegen der Devisenmärkte oder lokal spezifischer Zielgruppenbedürfnisse, die das internationale Geschäft für viele Unternehmen interessant machen, sondern wegen der genetischen Vielfalt. Nur ein globaler Genpool erlaubt es einer Spenderdatei – oder einem Zentralregister, das die Typisierungsergebnisse aller Dateien weltweit zusammenfasst –, einer Vollständigkeit ihrer Daten zumindest nahe zu kommen.

Es gibt also viele Gründe, warum bei der DKMS die Zeichen auf Internationalisierung stehen. Schon seit den Anfangstagen unserer Arbeit wissen wir aufgrund persönlicher Betroffenheit, warum die internationale Zusammenarbeit im Kampf gegen den Blutkrebs so wichtig ist. Heute haben wir als Weltmarktführer nicht nur die Möglichkeit, sondern stehen auch in der Verantwortung, global zu agieren und die Situation von Blutkrebserkrankten überall auf der Welt zu verbessern. Bezüglich der zentralen Erfassung und international funktionierenden Vermittlung von Knochenmark- und Stammzellspenden aus Deutschland haben wir bereits viel erreichen können. Obwohl wir in einigen Ländern inzwischen schon seit einigen Jahren präsent sind, hat die Phase der Internationalisierung für die DKMS jedoch gerade erst begonnen.

Die Phase der Internationalisierung hat für die DKMS gerade erst begonnen.

Wo ein Wille ist, ist auch ein Trampelpfad

So unterschiedlich die Wirtschaft in den Ländern ist, in denen wir uns bisher engagieren, so unterschiedlich gestalten sich auch die Ansprüche der für uns relevanten Zielgruppen und die Gepflogenheiten an den nationalen Märkten. Die Behandlung Blutkrebskranker fällt, je nach der Beschaffenheit des Gesundheitssystems im jeweiligen Land, in sehr unterschiedliche Zuständigkeiten. Mussten wir in Deutschland eher die Widerstände von Medizinern und privater Organisationen (oft in staatlicher Trägerschaft) überwinden, bekommen wir es in anderen Ländern, auch innerhalb Europas, oft direkt mit staatlichen Institutionen zu tun. Im Vergleich zu vielen Unternehmen am freien Markt ist die Internationalisierung deshalb in sehr hohem Maße eine Frage der Diplomatie. Mit Konkurrenten am Markt kann man verhandeln; ganz besonders, wenn das gemeinsame Ziel über der Profitorientierung

Die Behandlung Blutkrebskranker fällt von Land zu Land in sehr unterschiedliche Zuständigkeiten.

steht. In vielen Ländern mit schwacher Infrastruktur, wie Rumänien oder Weißrussland, sind wir bereits unterstützend tätig und haben sozusagen Patenschaften übernommen, ohne eine eigene Datei vor Ort zu eröffnen. In manchen Ländern, wie Polen, empfängt uns die Bevölkerung – nicht aber die staatlichen Institutionen – mit offenen Armen und begrüßt sogar unsere Initiative, vor Ort eine Datei nach deutschem Vorbild zu gründen, die als gemeinnützige Stiftung geführt wird.

Weniger willkommen waren wir dagegen in manchen europäischen Ländern, die über verhältnismäßig hoch entwickelte Gesundheitssysteme verfügen, jedoch Nachholbedarf bei der Ausbildung eines Systems der Knochenmark- und Stammzellspende haben. Dort werden uns oft Steine in den Weg gelegt; mehr als einmal, so in Spanien, wurde uns bereits die Tür gewiesen, obwohl wir uns gar nicht als Konkurrenten, sondern als Partner vor Ort engagieren wollten. Trotzdem wollen wir auch dort nicht aufgeben.

In Ländern, wo die medizinische Versorgung traditionell noch stark beim Staat verankert ist, stoßen wir mit unserem Konzept einer Non-Profit-Organisation im medizinischen Sektor einfach auf völliges Unverständnis. In Frankreich etwa konnten unsere Ansprechpartner, ob in staatlichen Institutionen oder in medizinischen Einrichtungen, gar nicht nachvollziehen, warum die Zuständigkeit für die Suche nach Spendern einer nichtstaatlichen Organisation wie der DKMS zufallen sollte. Ein Modell wie unseres, bei dem die Spender über Jahre – und zu großen Teilen noch heute – die Kosten für ihre Typisierung selbst tragen und die Organisation selbst sich aus Spendengeldern und Vermittlungsgebühren der Krankenkassen finanziert, wäre dort unvorstellbar. Nicht nur für die zuständigen Stellen, sondern auch für die Bevölkerung: Dass die Gesundheit der Bürger der Verantwortung des Staates ob-

Jede Sprache, in die wir unser Anliegen zu übersetzen versuchen, müssen wir von Grund auf lernen.

liegt, gilt in Frankreich als Selbstverständlichkeit – zumindest aus Sicht der öffentlichen Institutionen.

Sosehr wir uns in manchen dieser Länder ein Umdenken im Sinne der Patienten wünschen: Wir können der politischen Entwicklung nicht vorgreifen. Auch wenn schon heute absehbar ist, dass nicht nur in Deutschland dem Staat bei gesellschaftlichen Aufgaben aus Kostengründen immer öfter die Hände gebunden sein werden, können wir auf dieses Argument bei unseren Sondierungen im Ausland nicht bauen. Wir müssen mit den Gegebenheiten arbeiten, die wir vorfinden. In manchen Ländern schließt das zum heutigen Zeitpunkt ein Engagement der DKMS zwar theoretisch nicht aus, setzt aber viel Geduld voraus. In den Ländern, in denen wir bisher Gespräche geführt haben oder schon aktiv geworden sind, haben wir sehr unterschiedliche Erfahrungen gemacht. Allen gemeinsam ist eines: Jede Sprache, in die wir unser Anliegen zu übersetzen versuchen, müssen wir von Grund auf lernen. Jeder nationale Markt stellt andere formale Bedingungen, setzt die Integration unseres Modells in andere kulturelle Muster voraus und verlangt eine andere Art der Kommunikation. Nicht immer können wir unserer Sache auf Anhieb einen Weg bahnen, fast immer jedoch zumindest einen Trampelpfad. »Geht nicht gibt's nicht«: Nie mussten wir unsere Zähigkeit stärker unter Beweis stellen als im Zuge der Internationalisierung. Die Grundbereitschaft der Menschen zu helfen ist aber global vorhanden, man muss die Menschen nur in ihrer eigenen Sprache ansprechen.

Amerika: If you can make it there …

Nicht überall war unser Pfad zum regionalen Engagement allerdings so steinig. Die USA waren, aus rechnerisch offensichtlichen Gründen, das erste Land außerhalb Deutschlands, in dem die DKMS mit einer Datei vor Ort präsent war. Die DKMS Americas wurde 2004 gegründet. Schon seit Jahren hatten wir Ausschau nach Spendermärkten gehalten, die viele unterschiedliche HLA-Merkmalskombinationen bieten konnten, und da lag ein Engagement in den USA natürlich auf der Hand. Hinzu kam, dass die Zahlen auf die Notwendigkeit von Verbesserungen im amerikanischen Spendersystem deuteten: Die Zahl der Registrierten der Dateien vor Ort stagnierte seit einiger Zeit, und wir hofften, mit unserer Expansion in die USA die Situation von Patienten weltweit verbessern zu können, indem wir auch bis dahin vernachlässigte Bevölkerungsgruppen, insbesondere die Afroamerikaner, gezielt in unsere Ansprache einbezogen. Allerdings ist es besonders schwierig, Minderheiten von der Teilnahme an einem gesellschaftlichen Zweck zu überzeugen. Sie werden vielerorts gerade bei solchen Zwecken benachteiligt und hegen dementsprechend ein größeres Misstrauen gegenüber sozialen Institutionen – ganz besonders in einem Land wie den USA, wo es nur ein rudimentäres staatliches Gesundheitssystem gibt. Gesellschaftliche Missstände wirken sich auf Minderheiten oft am stärksten aus.

Die Gelegenheit, unsere Pläne für die USA in die Tat umzusetzen, ergab sich schließlich durch die Zusammenarbeit mit einem unserer Partner, dem Kosmetikkonzern Coty – ein Kontakt, den Peter Harf hergestellt hatte. Dort war man von unserer Idee so begeistert, dass man beschloss, die Arbeit der DKMS zum offiziellen Corporate-Social-Responsibility-Programm (CSR) des Konzerns zu machen. Die Unterstützung, die wir im Gegenzug erhielten, fiel entsprechend umfänglich aus: Von Büroräumen über IT-Strukturen bis hin zur Anbahnung von Kontakten vor Ort für die Öffentlichkeitsarbeit griff Coty uns großzügig unter die Arme. Wieder einmal packten wir eine Gelegenheit, die sich uns bot, beim Schopfe – und sollten es nicht bereuen.

Die Leitung der DKMS Americas übernahm die Tochter von Mechtild und Peter Harf, Katharina Harf. Sie begann ihre Tätigkeit in den USA mit umfangreichen Marktanalysen, um herauszufinden, welche Maßnahmen sinnvoll waren, um eine Spenderdatei in den USA aufzubauen. Gerade Öffentlichkeitsarbeit funktioniert dort anders als hier. Unsere emotionale Herangehensweise an das Thema Blutkrebs hatte uns in Deutschland über viele Jahre eine Ausnahmestellung gesichert – mit allen Vor- und Nachteilen. In den USA dagegen ist eine solche Ansprache ganz normal; dort hatten wir uns diese Vorgehensweise ja auch abgeschaut. So blieben uns viele Widerstände, denen wir uns beim Aufbau der DKMS in Deutschland hatten stellen müssen, dort erspart. Dass gesellschaftliches Engagement ganz selbstverständlich emotional kommuniziert wird, bedeutet in der Konsequenz aber auch, dass die Amerikaner in dieser Hinsicht »abgestumpfter« sind als die Deutschen. Mit anderen Worten: Emotionale Öffentlichkeitsarbeit allein haut dort erst einmal niemanden vom Hocker. Deshalb mussten wir besonderes Augenmerk auf diesen Bereich legen und anders kommunizieren als in Deutschland, um in der Masse der Non-Profit-Organisationen mit unserer Öffentlichkeitsarbeit überhaupt aufzufallen.

Emotionale Öffentlichkeitsarbeit allein haut in den USA niemanden vom Hocker.

Dabei spielen kulturelle Fragen eine Rolle, mit denen viele Unternehmen konfrontiert sind, die zum ersten Mal den Vorstoß in einen ausländischen Markt – zumal den amerikanischen – wagen: Mit den Rezepten, die ein deutsches Publikum zufriedenstellen, gewinnt man dort noch längst keinen Blumentopf. Zwar sind die Amerikaner sehr offen für eine emotionale Ansprache, die wir in

Deutschland möglicherweise schon als unangenehm empfinden würden; dafür ist es allerdings auch viel schwerer, über diese Ansprache eine bleibende Bindung herzustellen.

Ein neuer Markt, der auf anderen Voraussetzungen aufbaut, stellt auch intern eine Herausforderung für die Unternehmenskultur dar: Einerseits sollte ein Unternehmen, das global agiert, auch ein geschlossenes Bild bieten. Andererseits muss man einem Tochterunternehmen, das sich an einem ganz anderen Markt zu behaupten hat als das etablierte Mutterunternehmen, auch viel Spielraum zugestehen, seinen eigenen Weg zu finden – insbesondere was die Kommunikation betrifft. Unsere Zielsetzung mag universell sein; wie man sie am besten übersetzt und der Zielgruppe verständlich macht, ist dagegen von Land zu Land sehr unterschiedlich.

Wie man Sinn am besten übersetzt, ist von Land zu Land sehr unterschiedlich.

Ein weiterer Unterschied, dem wir gerecht werden mussten, waren die Haftungsfragen. In den USA ist das Rechtssystem so beschaffen, dass man insbesondere als Unternehmen für jedwede Eventualität in Haftung genommen werden kann – und sei sie noch so abwegig. Ein berühmtes Beispiel dafür ist der Fall eines Amerikaners, der seine nasse Katze zum Trocknen in die Mikrowelle steckte, dann den Hersteller der Mikrowelle dafür verklagte, dass seine Katze dabei ums Leben kam – und vor Gericht recht und Schadensersatz zugesprochen bekam. Seitdem sind Mikrowellenhersteller verpflichtet, ihre Kunden darauf hinzuweisen, dass Haustiere nichts in der Mikrowelle zu suchen haben. Ähnlich erging es McDonald's, das eine Kundin unfreiwillig zur Millionärin machte. Sie hatte auf Schadensersatz geklagt, nachdem sie sich an heißem Kaffee verbrüht hatte.

Solche Haftungsfragen haben bei Unternehmen, die mit der medizinischen Versorgung zu tun haben, natürlich besonderes Gewicht. Für die Entnahmen und Übertragungen von Knochenmark oder Stammzellen haften zwar auch in den USA die Entnahmezentren in den Kliniken, doch die gesamte Logistik einschließlich des Risikos der Kontamination und des Transports der Spenden gehört zu unserem Haftungsbereich. In Deutschland hatten seit den Anfangstagen der DKMS oft unsere Mitarbeiter persönlich die Spenden zu den Patienten in der Klinik transportiert. Diese Vorgehensweise hatten wir bewusst gepflegt, weil wir sie als Instrument der sinnorientierten Arbeit betrachteten: Ein Mitarbeiter, der an den Ort der Transplantation geht, kann mit eigenen Augen sehen, wie wichtig unsere Arbeit ist und was sein Beitrag bedeutet – eine Sinnschulung von unschätzbarem Wert.

In den USA wollten wir uns diese Vorgehensweise aufgrund des juristischen Risikos jedoch nicht dauerhaft leisten. Sollte es einmal zu Schwierigkeiten kommen, weil eine Spende irgendwo auf der Welt – und sei es bei einem Flugzeugabsturz – ihren Empfänger nicht wie geplant erreichen konnte, stünden wir nach amerikanischem Recht vollumfänglich in der Haftung. Ein solcher Prozess hätte schnell die Existenz der gesamten DKMS bedrohen können. Bei Schadensersatzforderungen in den USA geht es schließlich fast immer gleich um zwei- oder gar dreistellige Millionenbeträge. Deshalb gründeten wir die DKMS Americas als eigenständiges Non-Profit-Unternehmen. Die DKMS Americas organisiert die Transporte, auch für Deutschland in die USA, eigenständig und steht dafür auch in der Haftung – so kann ein Vorfall in den USA nicht gleich die Existenz der gesamten DKMS gefährden. Diese Transportdienstleistung der DKMS Americas, die Knochenmark- und Stammzelltransporte zwischen DKMS-Spendern und Patienten in den USA im Auftrag von Entnahmezentren durchführt und dafür natürlich auch eine kleine Marge an den Transportgebühren verdient, wurde so zur materiellen Grundlage unserer amerikanischen Datei.

Auf dieser Basis und mit der Unterstützung von Coty starteten wir in den USA also relativ komfortabel im Vergleich zu unseren

Gründungstagen in Deutschland. Auch die Mitarbeiter von Coty ließen es an Motivation und tatkräftiger Hilfe nicht mangeln: Schon kurz nach der Gründung führten wir eine Unternehmenstypisierung bei Coty durch, was der Datei einen soliden Grundstock verschaffte. Der CEO von Coty hielt Ansprachen vor seinen Mitarbeitern, die uns daraufhin sogar tatkräftig bei unseren öffentlichen Typisierungsaktionen unterstützten – selbst mit so rührenden Gesten wie Keksbacken für die Teilnehmer. Unsere größte Sorge konnten wir also schnell beilegen: Den Sinn unseres Tuns innerhalb einer organisierten Struktur zu übersetzen bereitete keinerlei Schwierigkeiten. Die Bereitschaft, Leben zu retten, kennt genauso wenig Grenzen wie der Krebs selbst.

Was wir anfänglich allerdings unterschätzt hatten, war die Tatsache, dass wir mit Coty einen global agierenden Partner im Boot hatten, dessen CSR-Programme ebenfalls international ausgerichtet waren – und das CSR-Programm waren wir. Kaum dass die ersten Aktionen der DKMS unter der Patenschaft des Konzerns angelaufen waren, erhielten wir die ersten Anfragen von Coty-Vertretungen in anderen Ländern, die ihre CSR-Maßnahmen ebenfalls auf die DKMS ausrichten wollten. Das stellte uns allerdings vor eine massive Herausforderung: Wir arbeiteten mit einem globalen Unternehmen zusammen, das unser Tun global kommunizieren konnte und wollte – waren aber selbst noch gar nicht global aufgestellt.

Wir arbeiteten mit einem globalen Unternehmen zusammen, waren aber selbst noch nicht global aufgestellt.

Jetzt kam die Kreativität ins Spiel: Natürlich waren wir daran interessiert, global in Erscheinung zu treten – schließlich würde das auch Patienten überall auf der Welt zugutekommen. Allerdings gab es in vielen Ländern bereits mehr oder weniger gut organisierte Dateien anderer Organisationen, so dass wir uns auf jedes Land einzeln würden einstellen müssen, obwohl wir überall für die gleiche Sache eintraten. In den USA waren wir von keiner Konkurrenzorganisation gebremst worden. Wir arbeiteten vielmehr mit der nationalen Organisation, dem National Marrow Donor Program (NMDP), zusammen. In anderen Ländern, das war uns bewusst, würde es anders sein. Doch das Engagement der internationalen Mitarbeiter von Coty ließ uns gar keine Wahl: Sie wurden einfach selbst aktiv, um uns ins Land zu holen.

Polen: Simultandolmetschen

So war es auch in Polen, wo eine Mitarbeiterin von Coty sofort Tatsachen schaffte. Sie recherchierte eigenständig die Situation der Blutkrebstherapie vor Ort und die bestehenden Organisationen für Knochenmarkspender. Zwar gab es einige Spenderdateien im Land, doch arbeiteten die sehr ineffizient, kooperierten nicht im Rahmen des Möglichen mit internationalen Zentralregistern und blockierten sich durch starkes Konkurrenzdenken auch in hohem Maße selbst und gegenseitig. Auch in Polen erwies sich eine Neugründung also als sinnvoll. So wurden die Pläne für ein Engagement der DKMS in Polen sehr schnell sehr konkret. Claudia Rutt wurde nach Polen eingeladen und besuchte gemeinsam mit der Coty-Verantwortlichen Behörden vor Ort, um die Möglichkeiten auszuloten und dafür zu sorgen, dass innerhalb der Netzwerke, auf die wir angewiesen sein würden, kein Porzellan zerschlagen wurde.

Internationales Engagement setzt einen langen Atem voraus. Bis der Weg vor Ort geebnet war, die amerikanischen Verantwortlichen von Coty grünes Licht gaben und alle Formalitäten erledigt waren, vergingen letzten Endes drei Jahre. Dann wurde die polnische Datei Fundacja DKMS Polska gegründet. Hier gingen wir ganz anders vor als in Amerika: Der Markt in Polen ließ es zu, das deutsche System eins zu eins auf das polnische Tochterunternehmen zu übertragen. Hier wurde quasi simultan gedolmetscht: Unsere Informationsbroschüren, das Logo mit dem Puzzleteil, das gesamte Corporate Design und auch die Kommunikation unserer Botschaft im Detail wurde direkt aus dem Deutschen ins Polnische übersetzt – mit sensationellem Ergebnis. Inzwischen haben sich über 312 000 Polen registrieren lassen, mehr als 520 wurden bereits zu Spendern. Dort zeigte sich: Wenn die kulturellen Voraussetzungen sich nicht völlig anders gestalten und die Grundvoraussetzungen der ursprünglichen Kommunikation nicht aushebeln, kann man mit emotionaler Zielgruppenansprache überall auf der Welt viel erreichen. Das Bedürfnis, füreinander da zu sein, das Leben von Verwandten, Nachbarn oder Kindern zu retten, ist überall auf der Welt gleich.

Internationales Engagement setzt einen langen Atem voraus.

Was sich unterscheidet, ist der Weg ins Herz des Spenders – mancherorts muss man andere Kanäle wählen und mal mehr, mal weniger Arbeit in die Spenderbindung investieren. Hat man jemanden jedoch einmal wirklich berührt, also emotional von der Bedeutung seines Beitrags überzeugt, spielt es keine Rolle mehr, ob er Deutscher, Amerikaner, Pole oder Chinese ist. Menschen ins Wollen zu bringen – das ist unsere Herausforderung, ganz gleich in welcher Sprache.

Und das setzt eine sehr direkte menschliche Beziehung zur Zielgruppe voraus. In Deutschland haben wir deshalb für die Ansprache der türkischstämmigen Spender gezielt türkische Mitarbeiter eingestellt, die mit dieser großen und wichtigen Spendergruppe umzugehen wissen. In Polen, wo der Ausländeranteil in der Bevölkerung relativ gering ist, ist eine solche Maßnahme nicht notwendig. In den USA wiederum ist es schwer, der Vielfalt an Bevölkerungsgruppen innerhalb einer Belegschaft gerecht zu werden. Aus den genannten Gründen lassen sich die Minoritäten nicht nur als Spender, sondern auch als Mitarbeiter viel schwerer für einen gesundheitspolitischen Zweck gewinnen. Dieses Problems muss man sich bewusst sein, wenn man in einem Land wie den USA eine hohe Marktdurchdringung erreichen will. Eine möglichst heterogene Zusammensetzung unserer Belegschaft ist deshalb in den USA eines unserer wichtigsten Ziele, an dem wir nach acht Jahren im Land noch immer arbeiten. Gestützt durch die Erfahrungen in Deutschland haben wir festgestellt, dass sich nur über den direkten Kontakt zwischen Mitarbeitern und Spendern, die kulturell dieselbe Sprache sprechen, ein Vertrauensverhältnis aufbauen lässt, das langfristig trägt.

Der Umgang mit den Spendern in den Kliniken, auf den wir keinen direkten Einfluss haben, unterscheidet sich ebenfalls von Land zu Land. Er spiegelt den Wert der Gesundheit des Einzelnen im jeweiligen Gesundheitssystem. In Deutschland steht der einzelne Patient mit seinen Fragen, Sorgen und Bedürfnissen im Mittelpunkt des Interesses. Wenn wir also als Patienten über die Zustände in deutschen Krankenhäusern klagen und uns darüber beschweren, dass der Arzt nicht ausreichend auf unsere Bedürfnisse eingeht, klagen wir auf hohem Niveau. Bei der DKMS haben wir auch in der Kooperation mit unseren Partnerkliniken immer hohe Ansprüche an die Behandlung der Spender gestellt: Immerhin sind sie gesunde Menschen, die sich den notwendigen Voruntersuchungen freiwillig unterziehen – von der Entnahme ganz zu schweigen. In Polen haben wir einen deutlich rigoroseren Umgang der Ärzte mit den Spendern erlebt.

Spanien: Gegen alle Widerstände

Unser Engagement in Spanien begann ganz anders als in Amerika und Polen. Bei unseren ersten beiden Auslandsgründungen hatten wir uns vorsichtig vorangetastet. Wir hatten gründlich recherchiert, sowohl das Gesundheitssystem als auch die Zielgruppen analysiert und wussten zu jedem Zeitpunkt, worauf wir uns einließen. Vor allem hatten wir in beiden Fällen ein Netzwerk vor Ort gehabt, das uns vor Fettnäpfchen warnen und vor Fehlentscheidungen bewahren konnte. Das Engagement vor Ort war in beiden Fällen aus dem Land heraus gewachsen – nicht im Sinne eines deutschen Rollkommandos, das mit dem Kopf durch die Wand eines bestehenden Systems brach. Leider haben wir verpasst, aus dem Erfolg dieser Vorgehensweise darauf zu schließen, dass sich daraus ein globaler Standard für die Internationalisierung der DKMS ableiten ließ: Ohne diplomatische Unterstützung innerhalb des Landes, ohne einen Ankerpunkt vor Ort bewegt man sich gerade im Non-Profit-Sektor und im Gesundheitswesen schnell ungewollt wie ein Elefant im Porzellanladen. Das fällt umso mehr ins Gewicht, wenn man es mit einem geschlossenen System wie der spanischen Gesundheitspolitik zu tun bekommt.

Ohne diplomatische Unterstützung vor Ort wird man schnell zum Elefanten im Porzellanladen.

In Spanien wurde uns unser Credo, jedem Patienten schnell und pragmatisch zu helfen, zum Verhängnis. Zum Stein des Anstoßes wurde 2011 der Fall von Hugo Pérez Santos aus Avilés in Spanien. Die Ärzte in seiner Heimat hatten seine Therapie beendet, ihm jedoch nicht zur Heilung seiner Leukämie verhelfen können – die Möglichkeit einer Knochenmark- oder Stammzellspende war für ihn nicht in Erwägung gezogen worden. In Spanien gab es außerdem viel zu wenige Spender, und die lokale Datenbank war seit Jahren nicht mehr gewachsen. Der Patient hatte daraufhin selbständig recherchiert, war – über das Internet – auf Prof. Ehninger gestoßen und hatte sich an ihn gewandt. Er konnte dem jungen Mann helfen. Wir veranstalteten daraufhin ohne große Umschweife im Oktober 2011 gemeinsam mit seiner Familie die erste Registrierungsaktion der DKMS in Spanien. Aufgrund der geringen Zahl an spanischen Spendern in allen weltweiten Dateien versprach eine Aktion vor Ort den größten Erfolg; die typisch spanischen HLA-Merkmalskombinationen, die Herr Santos brauchte, in Deutschland zu finden wäre sehr unwahrscheinlich gewesen. Erneut zeigte sich die Wirksamkeit unseres inzwischen perfektionierten Aktionskonzepts: 1230 Menschen ließen sich an diesem Tag in Spanien typisieren.

Die üblichen Nachwirkungen blieben natürlich nicht aus: Innerhalb kürzester Zeit meldeten sich weitere spanische Patienten bei uns, denen das spanische Gesundheitssystem nicht hatte helfen können und die in einer personalisierten Registrierungsaktion eine Chance sahen, dem Blutkrebs nicht länger hilflos ausgeliefert zu sein. An dieser Stelle war es für uns zu spät, um unser Engagement in Spanien wieder abzubrechen: Wie schon damals im Fall von Mechtild in Deutschland hatte sich unsere Verantwortung für das höhere Ziel in Windeseile über die Person Hugo Pérez Santos hinaus erweitert. Aufzugeben hätte auch dieses Mal bedeutet, dem Krebs das Feld zu überlassen. Also gründeten wir ohne den üblichen Vorlauf jahrelanger Recherchen und Vorbereitungsarbeiten vor Ort am 15. Dezember 2011 die Fundación DKMS España.

Bei den spanischen Behörden sorgte unsere ungebetene Präsenz für Aufruhr.

Ob das ein Fehler war, bleibt Interpretationssache – unsere Verantwortung galt den Patienten, die uns um Unterstützung gebeten hatten und denen vor Ort nicht geholfen worden war. Bei den spanischen Behörden sorgte unsere ungebetene Präsenz im Land allerdings für Aufruhr. Insbesondere die staatliche Transplantationsbehörde (ONT) war ganz und gar nicht mit dem Eingriff in ihren Verantwortungsbereich einverstanden – ungeachtet der Tatsache, dass sich sonst niemand um Hugo Pérez Santos und die anderen Patienten gekümmert hatte. Aus ihrer Sicht ist der Aufruhr allerdings auch nachvollziehbar: Dass sich spanische Patienten in ihrer Verzweiflung an eine deutsche Organisation gewandt hatten, warf natürlich kein gutes Licht auf das spanische Gesundheitssystem.

Wohl auch deshalb vertrat das spanische Gesundheitsministerium die Position, dass das Sammeln von Knochenmarkspenden in die Zuständigkeit des Ministeriums und der regionalen Behörden fiele. An einem deutschen Beitrag zeigte man keinerlei Interesse, obwohl Spanien trotz mehrerer staatlich getragener Dateien nur 86 000 registrierte Spender bei rund 46 Millionen Einwohnern aufweisen konnte. Dennoch wurden die Bürokratie und die Machtverteilung innerhalb des Gesundheitssektors vor die Bedürfnisse der Patienten gestellt. Man behinderte unsere Arbeit mit allen verfügbaren Mitteln. Und die sind, in einem Land mit ausgeprägt staatlich getragenem Gesundheitssystem, erheblich. Die Spannungen vertieften sich so weit, dass man uns illegales Verhalten vorwarf und der Bevölkerung von einer Registrierung bei der DKMS abriet. Sogar ein Gesetz wurde auf den Weg gebracht, dass Spenden sehr kompliziert und es uns fast unmöglich machte, in allen Provinzen Spaniens arbeiten zu können.

Der Versuch der Kooperation mit den spanischen Behörden gestaltet sich bis heute schwierig, doch wir haben ihn keineswegs aufgegeben. Auch nicht Hugo Pérez Santos. Er hat seinen genetischen Zwilling nicht gefunden; zur Stabilisierung seines Zustands erhielt er Stammzellen seines Bruders, obwohl die nur zu 50 Prozent zu seinen relevanten HLA-Merkmalen passten. Wir sind jedoch zuversichtlich, ihm noch besser helfen zu können, falls es bei ihm zu einem Rückfall kommt – und wir geben nicht auf.

Was wir aus dem Konflikt mit den spanischen Behörden gelernt haben, ist die Bedeutung der Diplomatie bei der Übertragung unseres Engagements auf ein ausländisches System – insbesondere im Non-Profit-Bereich, der stets politische Implikationen hat. Vor der Gründung braucht man »Scouts« vor Ort, die die relevanten Netzwerke kennen und bespielen können. Mit Recherchen allein ist es nicht getan – erst wenn man mit den Verantwortlichen an einem Tisch gesessen hat und beiden Seiten klar ist, dass man am gleichen Strang zieht, kann man sicher sein, dass einem keine Steine in den Weg gelegt werden. So unterschiedlich die kulturellen Feinheiten eines Engagements im Ausland auch ausfallen: Dieses Standardprozedere trifft überall auf der Welt bei gesellschaftlichen Anliegen zu, die traditionell in staatlicher Hand sind. Man kann die staatliche Hoheit versehentlich verletzen und sich großen Ärger einhandeln – und damit letztlich wertvolle Zeit verlieren, die die Patienten nicht haben. Oder man kann sich vorsichtig vorantasten – auch das braucht seine Zeit, führt jedoch letztlich mit größerer Wahrscheinlichkeit zum Erfolg.

Die Globalisierung mag sich uns in den Medien als atemberaubend schneller Prozess darstellen – in Wirklichkeit braucht sie viel Geduld und Feingefühl. Unternehmerisches Engagement darf nicht zulasten der kulturellen Etikette gehen. Ein sozialer Zweck setzt letztlich immer die Orientierung am Gemeinschaftsgedanken voraus. Jeder kulturelle Austausch hat zwei Seiten. Er braucht Dolmetscher, die nicht wörtlich übersetzen, sondern sinngemäß – Hilfe, genauso wie Kommunikation, ist immer das, was beim Empfänger ankommt. Wir wollen mit den nationalen Systemen arbeiten, nicht gegen sie – nur so kann unsere Hilfe auch bei den Patienten ankommen.

Die Globalisierung braucht viel Geduld und Feingefühl.

Indien: Ein Sprungbrett für die Internationalisierung

Die Möglichkeiten, international aktiv zu werden, sind so bunt und vielfältig wie die Welt. Die Lektion, die wir in Spanien gelernt haben, wirkt sich auch auf unsere Arbeit anderswo aus: Die Formen des Engagements müssen sich an den Gegebenheiten vor Ort orientieren.

Als Helfer werden wir vom Bedarf der Patienten regelrecht angezogen – auch über Kontinente hinweg. Dass sich die anhaltenden Erfolge der DKMS inzwischen bis nach Indien herumgesprochen haben, stellten wir fest, als eines Tages indische Ärzte Interesse an einem informellen Austausch anmeldeten. So fand ich, Claudia Rutt, mich im Herbst 2008 in einer Klinik in Vellore wieder, wo ich einen Vortrag über die Arbeit der DKMS vor einer Gruppe von Ärzten halten sollte, die die Möglichkeit einer Zusammenarbeit prüfen wollten.

Die Formen des Engagements müssen sich an den Gegebenheiten vor Ort orientieren.

Die Einladung hatte ich mit großer Vorfreude angenommen – immerhin ist Indien eines der Länder mit der größten genetischen Vielfalt weltweit, und die Hilfe für die Patienten dort würde sich auch auf die Chancen vieler anderer Spender weltweit und die globale Handlungsfähigkeit der DKMS auswirken.

Auf dem Gelände des Klinikums angekommen, begriff ich schnell, dass das Bild von Indien als Land der Kontraste in jeder Hinsicht zutrifft: Hochmoderne medizinische Einrichtungen wechseln sich ab mit für Europäer erschreckenden baulichen Zuständen. Beides existierte hier Seite an Seite – sogar innerhalb des Mikrokosmos dieses einzelnen Campus. Als ich den Raum betrat, in dem ich meinen Vortrag halten sollte, fühlte ich mich in die Kolonialzeit zurückversetzt: Antike Möbel und hölzerne Jalousien erzeugten eine herrschaftliche Atmo-

Als ich den Raum betrat, fühlte ich mich in die Kolonialzeit zurückversetzt.

sphäre in den hohen und dennoch drückend warmen Räumlichkeiten. Krankenschwestern in Trachten mit gestärkten Häubchen wie im 19. Jahrhundert wuselten geschäftig, aber höchst grazil umher. Auch die Rangordnung innerhalb der Ärzteschaft, die mein Publikum bildete, erschloss sich sofort: Chefarzt, Oberarzt und Assistenzärzte hatten feste Plätze in den Stuhlreihen. Als ein Assistenzarzt ungefragt das Wort ergriff, bekam er von seinem Vorgesetzten tatsächlich einen Klaps verpasst, ohne dass irgendjemand sich darüber wunderte. Trotz moderner technischer Ausstattung verfügte die Klinik noch immer über ein großes, ledergebundenes Patientenbuch, in das alle Informationen von Hand eingetragen wurden, als wäre der Computer gar nicht erfunden.

Mir wurde klar: Allein schon die Tatsache, dass ich als Frau in einer verantwortlichen Rolle als Vortragende erschienen war, war hier keine Selbstverständlichkeit. Es brauchte eine Weile, bis ich mich durchgesetzt hatte und man anerkannte, dass nicht mein Begleiter, sondern ich selbst diejenige war, die bei diesem Dialog das Wort führte. Meine Zuhörer blickten mich sichtbar zögernd und abwartend an.

Natürlich unterbreitete ich den Ärzten zuerst das Angebot, im Bedarfsfall unsere Datei zu nutzen – auch wenn eine deutsche Datei den typischen indischen Merkmalskombinationen sicher nur in Einzelfällen gerecht zu werden vermochte. Was unser Engagement für die Inder aber dennoch sehr interessant machte, war die Kostenfrage: In der Regel suchten sie in amerikanischen Dateien, weil dort die Trefferquote für indische Patienten noch am höchsten war. Allerdings kostet allein schon eine Stammzellspende aus den USA mehr als in Indien der gesamte Transplantationsprozess, nämlich etwa 38 000 Dollar (umgerechnet etwa 30 000 Euro). Ein Inder mit gutem Job (in der Region um Vellore sind viele

Innerhalb von vier Wochen nach meinem Vortrag traf das erste deutsche Knochenmark in Vellore ein.

IT-Unternehmen angesiedelt) und mittlerem Einkommen kann sich eine Transplantation leisten – nicht aber, wenn allein die Stammzellen noch einmal so viel kosten. Die DKMS konnte den Indern das Knochenmark zum Selbstkostenpreis anbieten.

Zurück in Deutschland, erhielt ich eine Mail vom Chefarzt des Klinikums, Dr. Mammen Chandy, mit der ersten Anfrage. Und tatsächlich konnten wir sie bedienen – obwohl der betreffende Spender nicht einmal Inder war. Innerhalb von vier Wochen nach meinem Vortrag trafen die ersten deutschen Stammzellen in Vellore ein. Die Rückmeldung blieb nicht lange aus: Die zuvor so skeptischen Inder waren völlig aus dem Häuschen, dass die »deutsche Frau« tatsächlich die Versorgung ihres Leukämiepatienten mit Stammzellen hatte regeln und ein deutscher Spender einen indischen Patienten hatte retten können.

Der indische Arzt, der den Austausch ursprünglich angeschoben hatte, ging etwa zwei Jahre später zu einem sehr modernen Klinikum in Kalkutta und wirkte aus seiner gehobenen Position im indischen Gesundheitssystem heraus weiter als Multiplikator. Inzwischen haben wir in Indien 18 Transplantationszentren, also Partnerkliniken, die direkt auf unsere Datei zugreifen können. Gemessen an der Zahl der jährlichen Blutkrebs-Neuerkrankungen in Indien ist die Zahl der Patienten, denen wir helfen können, natürlich ein Tropfen auf den heißen Stein. Doch am Beispiel Indien zeigt sich deutlich, dass sich jedes noch so kleine Engagement lohnt: Jedes gerettete Leben ist ein Erfolg – gerade dort, wo die Möglichkeiten zu helfen begrenzt sind. Zudem steigt die Rate der Stammzellenspenden, die wir nach Indien vermitteln, inzwischen an – was klein begonnen hat, weitet sich immer mehr aus. Schon mit unserer bescheidenen Rolle als »Entwicklungshelfer«, die wir in Indien bisher ausgefüllt haben, konnten wir viel bewegen. Seit kurzem stehen wir mit den Ärzten der

Indien könnte zu einem Faktor der globalen Entwicklung der DKMS werden.

Partnerkliniken im Austausch darüber, wie wir unser Engagement vor Ort ausweiten können. Die Gründung einer indischen DKMS-Datei scheint in greifbare Nähe gerückt – weil wir uns vorsichtig vorangetastet, die Gegebenheiten vor Ort berücksichtigt und uns den kulturellen Voraussetzungen angepasst haben. Hätten wir die Hierarchien übersprungen und wären ohne Einbindung der Ärzte und Institutionen vor Ort einfach ins Land marschiert, wären wir wahrscheinlich in ähnlicher Weise gescheitert wie in Spanien.

Indien könnte sogar zu einem Faktor der globalen Entwicklung der DKMS werden. Hier gibt es viele Fälle anderer Erkrankungen des blutbildenden Systems, die mit ähnlichen Mitteln bekämpft werden können wie die Leukämie. Die in Indien sehr häufige Thalassämie beispielsweise, eine Erkrankung der roten Blutkörperchen, die durch einen Gendefekt die Hämoglobinproduktion beeinträchtigt, ist in Deutschland sehr selten, im Mittelmeerraum aber ebenfalls sehr verbreitet. Fortschritte bei ihrer Therapie durch Stammzellspenden würden also nicht nur indischen, sondern auch zahllosen Patienten in Europa Hoffnung schenken. Und wir verfügen durch unseren Kampf gegen den Blutkrebs über ein System, das bei der Bekämpfung dieser und ähnlicher Krankheiten einen wichtigen Beitrag leisten kann. An diesem Punkt erhält das globale Engagement der DKMS eine ganz neue Dimension: Es ist nicht nur der Erfolg im Kampf gegen den Blutkrebs in Deutschland, der unsere Verantwortung auf eine internationale Ebene gehoben hat; es ist auch die Internationalisierung, die sich auf unsere Möglichkeiten auswirkt, noch mehr Menschen zu helfen.

Lässt sich sinnorientiertes Tun übersetzen? Ganz bestimmt – wenn man als Unternehmer nicht den Fehler macht, auf den Dolmetscher zu verzichten. Bei der DKMS könnte das internationale Engagement schon bald dafür sorgen, dass wir zukünftig noch mehr Menschen Hoffnung auf Leben schenken können als den Blutkrebskranken. Wir haben also allen Grund, unserer Sinngebung weitere

Sprachen beizubringen. Das ist es, was Globalisierung im Ergebnis bewirken kann, wenn man sie richtig anpackt: dem einzelnen Menschen zu helfen, indem die ganze Welt gemeinsam in den Kampf gegen den Krebs zieht. Alle gegen einen.

10

Fortschritte

Unternehmerisches Engagement kann die Welt verändern

Zum Kopieren freigegeben

Die DKMS ist nicht das einzige gemeinnützige Unternehmen, das eine gesellschaftliche Aufgabe erfüllt. Auch im Gesundheitssektor haben wir keine Alleinstellung. Insofern sind wir in Deutschland einen Schritt weiter als andere europäische Länder – es ist hierzulande nicht mehr undenkbar, dass die Gemeinschaft die Verantwortung für die Gesundheit des Einzelnen selbst in die Hand nimmt. Während jedoch andere Felder, wie die Chancengleichheit in der Bildung, die Integrationsförderung oder auch die Obdachlosenhilfe, inzwischen mit vielfältigen Modellen – unter anderem Social Business – von privaten Initiatoren aufgegriffen werden, bleiben auf dem Gesundheitsmarkt noch immer unzählige Möglichkeiten ungenutzt. Die Chancen liegen auf der Straße und werden doch nicht wahrgenommen. Dabei ist es im Gegensatz zu Frankreich oder Spanien in Deutschland tatsächlich möglich, sogar direkt in der medizinischen Versorgung aktiv zu werden.

Wir wundern uns seit langem darüber, warum wir nicht öfter kopiert worden sind.

Wir wundern uns seit langem darüber, warum unser Erfolgsmodell bisher nicht öfter kopiert worden ist. Wir würden keine Klage einreichen, wenn sich jemand an unseren Methoden orientiert, um sich anderen Krankheiten zu widmen. Wir würden sogar unsere Hilfe anbieten, denn wir sehen die Notwendigkeit. Doch viele gemeinnützige Organisationen im Gesundheitsbereich betrachten sich aufgrund klammer Staatskassen als handlungsunfähig, was die Therapie der Krankheiten betrifft, denen sie sich verschrieben haben. Sie beschränken sich auf die Aufklärung. Die ist wichtig, keine Frage. Doch warum bleiben diese Experten, die über das Know-how und das Netzwerk verfügen, auf dieser Stufe stehen? Es ist ja nicht so, dass wir in Deutschland einen Mangel an Volkskrankheiten hätten. Und es ist auch nicht so, dass wir uns mit Untätigkeit als Gesellschaft einen Gefallen tun würden: Im Jahr 2010 war jeder Bundesbürger im Durchschnitt 17,6 Tage lang krankgeschrieben. Ein solcher Krankenstand wirkt sich auf die Stärke der Wirtschaft und damit auf das Vorankommen der Gemeinschaft aus. Das fällt am Ende auf den Einzelnen zurück. Von jenen Krankheiten, die als häufigste Todesursachen verheerende Auswirkungen auf Familien und alle anderen privaten Gemeinschaften haben, die füreinander sorgen müssen, ganz zu schweigen: Krebsleiden sind nach Schlaganfall und Herzinfarkt die zweithäufigste Todesursache der Deutschen. 35 Prozent der Todesfälle in Deutschland entfallen auf unseren erklärten Feind; allerdings haben die Sterbefälle bei Blutkrebs nur einen geringen Anteil an dieser Statistik. Bei Frauen steht Brustkrebs an der Spitze, bei Männern Prostata-, Darm- und Lungenkrebs. Diabetes und andere Stoffwechselerkrankungen wirken sich ebenfalls massiv auf die Gesellschaft aus. Das Herz empfindet fast jeder als Faszinosum und Angstfaktor gleichermaßen; genauso ist praktisch jeder direkt oder indirekt, also im näheren Umfeld, von Herzkrankheiten betroffen.

Informationsangebote sind ungeheuer wichtig; doch solange sich Gemeinnützigkeit im Gesundheitssektor darauf beschränkt, unterschätzen wir als Gesellschaft die Komponente der Handlungsfähigkeit. Wir müssen nicht tatenlos hinnehmen, dass immer mehr Menschen an Krebs erkranken. Wir müssen nicht hinnehmen, dass Diabetespatienten früher sterben als andere. Wir müssen uns nicht darauf beschränken, darüber zu jammern, dass der Staat nicht mehr die Mittel hat, Onkel Doktor zu spielen. Wir müssen unsere Gesundheit selbst in die Hand nehmen; und dazu gehört nicht nur Yoga im Park, sondern auch der gemeinsame Kampf gegen die Volkskrankheiten – und die weniger bekannten, die ganz im Stillen Menschen zum Verhängnis werden, ohne dass eine breite Öffentlichkeit Wind davon bekommt.

Gesunde Menschen leben in einer gesunden Gesellschaft.

Betroffenheit muss nicht bei der Trauer stehen bleiben: Niemand weiß besser darüber Bescheid, was die Patienten brauchen, als die Betroffenen und deren Angehörige. Diese Kompetenz ist quer über die Gesellschaft verteilt; wir müssen sie anzapfen. Wir müssen anfangen, nicht nur in unsere Körper hineinzuhören, sondern auch in unsere Umgebung. Gesunde Menschen leben in einer gesunden Gesellschaft.

Es ist nämlich auch die Betroffenheit, die den Staat auf den Plan ruft. Wir können ihm nicht nur nicht abverlangen, dass er Krankheiten heilt – das scheitert schon an seinen finanziellen Möglichkeiten, die immer knapper werden. Unser Gesundheitssystem ist finanziell längst an seine Grenzen gestoßen – es gibt keine Reserven, die der Staat mobilisieren könnte, um uns diese Aufgabe abzunehmen. Wir können auch nicht voraussetzen, dass er jeden Bedarf sieht. Was wir verlangen können, ist, dass er zuhört.

Unser Gesundheitssystem ist finanziell längst an seine Grenzen gestoßen.

Genau an diesem Punkt haben wir von der DKMS gute Erfahrungen sammeln können. Was der Staat tun konnte, um uns auf die Beine zu helfen, hat er getan: Er hat die Notwendigkeit erkannt, er hat uns erfahrene Know-how-Träger zur Seite gestellt, und er hat mit vergleichsweise kleinen Finanzspritzen dafür gesorgt, dass wir lange genug durchhielten, um uns selbst tragen zu können. Er hat Interesse daran gezeigt, wie ein Mangel auf besondere Art und Weise von verantwortungsvollen Menschen behoben werden kann, hat das Unterfangen auf Wirtschaftlichkeit geprüft und hat uns mit Proviant auf den Weg geschickt. Ein äußerst kostengünstiges Modell, um gesellschaftlichen Missständen beizukommen; ein äußerst effektives dazu. Und es hat funktioniert.

Wir sagen das an dieser Stelle so explizit, weil wir uns auch darüber wundern, dass das Gesundheitsministerium sich mit unserer Erfolgsgeschichte nicht öffentlich geschmückt hat. Wir hätten nichts dagegen gehabt. Auch nicht dagegen, dass der Staat dieses Modell von selbsttragender Gemeinnützigkeit von sich aus aktiv auch in anderen Bereichen initiiert und gefördert hätte. Das wäre weitaus kostengünstiger gewesen als so manche Reform der letzten Jahre.

Inzwischen sind seit der Gründung der DKMS mehr als 20 Jahre vergangen. Der Staat, mit Verlaub, ist pleite. Nie war der Bedarf für eigenständiges, wirtschaftlich tragfähiges gesellschaftliches Engagement größer als heute. Wo also sind unsere Nachahmer?

Gesicht zeigen für die Gemeinnützigkeit

An den Veränderungen der Non-Profit-Landschaft, die in den vergangenen Jahren stattgefunden haben, hat die DKMS aktiv teilgenommen. Als eine der ersten großen gemeinnützigen Organisationen in Deutschland sind wir konsequent nicht als Bittsteller, sondern als Wirtschaftsunternehmen aufgetreten, als das absolut noch nicht opportun war. Tatsächlich haben wir sogar den Anspruch an uns selbst gestellt, noch wirtschaftlicher zu arbeiten als ein Wirtschaftsunternehmen. Um unserem gemeinnützigen Unternehmenszweck in eigener Trägerschaft gerecht zu werden, mussten wir sehr kostenbewusst arbeiten. Wir sahen aber auch eine Verantwortung darin, die besten Mitarbeiter in unserem Sektor zu finden, um den bestmöglichen Output zu erzielen. Mit diesem Denken sind wir lange Zeit allerorten angeeckt. Doch seit Anfang der 90er Jahre wurden wir zu einem der Trendsetter in Bezug auf einen modernen Umgang mit einem gemeinnützigen Thema. Ausschlaggebend dafür war wiederum unsere Zielsetzung, als Non-Profit-Unternehmen erfolgreich zu sein.

Dazu gehörte ein moderner Umgang mit Geschäftsbereichen, mit denen der dritte Sektor zum damaligen Zeitpunkt noch fremdelte: Zeitgemäßes Marketing und zielorientierte Medienarbeit wurden bei uns nicht nur integriert, sondern hatten großen Anteil an unserem Erfolg. Unser Thema ist ein trauriges: Wir versuchen Patienten zu helfen, die zu sterben drohen. Dennoch wählten wir keinen alarmistischen, vorwurfsvollen oder erschütternden Ansatz, sondern zielten vom ersten Tag an auf einen positiven Umgang mit Blutkrebs in der Öffentlichkeit. Am Wandel in der öffentlichen Kommunikation von gesellschaftlichen Missständen, der sich heute auch in der PR vieler Hilfsorganisationen niederschlägt, hatten wir früh teil: Statt Elend sind heute auf vielen Plakaten lächelnde Betroffene abgebildet. Nicht die, die leiden – sondern die, denen geholfen werden konnte. Eine solche Kommunikation gesellschaftlicher Missstände wühlt nicht in Bestürzung, wie es viele Jahre lang üblich war, sondern zeigt eine Perspektive: Nicht was hätte getan werden müssen, sondern was gezielte Hilfe bewirken kann.

Statt leidender Menschen sind heute auf vielen Plakaten lächelnde Betroffene abgebildet.

Heute stellen wir zum Beispiel auf brancheninternen Veranstaltungen wie Fundraising-Kongressen fest, dass wir durchaus den einen oder anderen ermutigt und inspiriert haben, der das vor einigen Jahren noch nicht zugegeben hätte. Da sich viele innerhalb des Sektors eher von uns distanzierten, erhielten wir selten positive Rückmeldungen auf unser Auftreten. Wir interpretierten das lange so, dass wir – insbesondere auf internationaler Ebene – keine besondere Bekanntheit genossen, weil selbst wir mit unserer mittlerweile beachtlichen Größe noch Zwerge sind im Vergleich zu Organisationen wie UNICEF. Inzwischen wissen wir, dass wir ein beliebter Forschungsgegenstand im Non-Profit-Sektor sind: Viele Organisationen beziehen uns in ihre Marktforschung ein. Unsere Erfolge werden genau beobachtet.

Der Wandel in der Kommunikation hat sich auch auf die öffentliche Wahrnehmung von Non-Profit-Organisationen ausgewirkt.

Das gilt ganz besonders für die freie Wirtschaft, die in Zukunft noch stärker als heute der wichtigste Partner gemeinnütziger Organisationen sein wird: Mit unserem selbstbewussten Auftreten in den Chefetagen potenzieller Partnerunternehmen sorgten wir in unseren Gründungstagen noch für verwunderte Gesichter. Heute wird ein solches Auftreten von professionellen Helfern geradezu erwartet. Das liegt auch daran, dass sich parallel zur gesellschaftlichen Akzeptanz und Verortung von Hilfsangeboten auch die Einstellung der Unternehmen zu diesem Thema verändert hat: Früher war das Engagement für gute Zwecke ein Luxusthema in den Chefetagen, heute gehört es zu einem zeitgemäßen unternehmerischen Selbstbild ganz selbstverständlich dazu. Wer Profit macht, von dem wird erwartet, dass er die Gemeinschaft unterstützt, der er seine Profite verdankt. Viele Unternehmen betrachten CSR-Programme heute nicht mehr als reine PR-Maßnahme, sondern als Investition in die Gesundheit des eigenen Marktes.

Weil viele dieser Unternehmen global agieren, ist auch der Anspruch an die Corporate Social Responsibility zunehmend international. Daraus ergibt sich ein aktueller Trend für die Non-Profit-Welt. Auch an diesem Wandel beteiligen wir uns als deutsche »Early Adopters« im dritten Sektor. Große Unternehmen suchen zunehmend nach Partnern für ihre CSR-Programme, die in der Lage oder zumindest bereit sind, global zu agieren. Die Auswahl ist bisher begrenzt: Das Rote Kreuz, UNICEF und die WHO sind entsprechend aufgestellt – die meisten anderen bisher nicht. Schlagworte wie Brustkrebs und AIDS-Hilfe sind zwar international bekannt und werden durch übernational vernetzte Organisationen bedient. Es gibt jedoch wenige gemeinnützige Institutionen, auf die Unternehmen zugehen und damit rechnen können, dass sie ihren »social cause« global einheitlich repräsentieren können. Hier wollen wir in den nächsten Jahren mit gutem Beispiel vorangehen.

Eine Stimme für die Patienten

Schon zu Beginn unseres Engagements stolperten wir aufgrund unserer Orientierung an den Bedürfnissen der Zielgruppen über systemische Lücken, die mit unserer Sinnorientierung nicht vereinbar waren. So waren die meisten Non-Profit-Organisationen aufgrund ihrer Abhängigkeit von staatlichen Institutionen bei ihrer Arbeit näher am System als an ihrer eigentlichen Zielgruppe. Das wollten wir anders machen: Wir kamen aus dem Umfeld der Betroffenen und wollten diese Stärke nutzen. Deshalb trafen wir uns in der Gründungsphase mit vielen existierenden Leukämie-Selbsthilfegruppen, um herauszufinden, welche Unterstützung sich Betroffene wünschten. Dabei fiel uns ein Mangel schnell ins Auge: Diese Gruppen waren in den frühen 90er Jahren (zumindest für erwachsene Leukämiepatienten) noch nicht professionell vernetzt. In diesen Gruppen taten ehrenamtliche Helfer mit ihren begrenzten Möglichkeiten ihr Äußerstes, um Patienten in ihrer schwersten Zeit beizustehen, waren dabei aber weitgehend auf sich gestellt. Die regionale Begrenzung der einzelnen Gruppen ergibt zwar für deren tägliche Arbeit Sinn: Der einzelne Patient soll dort vor allem während seiner Therapie ein offenes Ohr und Lebenshilfe bekommen. Die Mitarbeiter der einzelnen Gruppen verfügten allerdings nicht über die Möglichkeit, sich untereinander auszutauschen und gegenseitig von ihrem Know-how und ihren Erfahrungen zu profitieren, wie das bei vielen anderen Helfergruppen in Deutschland der Fall ist (zum Beispiel bei der AIDS-Hilfe).

Wir kamen aus dem Umfeld der Betroffenen und wollten diese Stärke nutzen.

Eine Dachorganisation für Leukämie-Selbsthilfegruppen ist aber schon deshalb sinnvoll, weil aus ihr auch eine Stimme für die Patienten erwächst, die eng mit den überregionalen Institutionen der medizinischen Versorgung zusammenarbeiten kann. Eine einzelne Selbsthilfegruppe kann das unmöglich leisten. Gemeinsam mit Anita Waldmann setzte ich, Claudia Rutt, mich deshalb für die Gründung einer solchen nationalen Organisation ein. 1995 wurde die Deutsche Leukämie- und Lymphom-Hilfe e.V. (DLH) in Bonn als Bundesverband der Selbsthilfeorganisationen zur Unterstützung von Erwachsenen mit Leukämien und Lymphomen unter Schirmherrschaft der Deutschen Krebshilfe, die auch uns auf die Beine geholfen hatte, gegründet. Sie fördert regionale Selbsthilfegruppen für Betroffene, unterstützt die Initiativen vor Ort in Fragen der Betreuung von Patienten und Angehörigen, führt Fortbildungsseminare und Kongresse durch und sorgt für eine engmaschige Vernetzung der inzwischen bundesweit etwa 130 Gruppen untereinander. Die DLH fungiert auch als Knotenpunkt der Vermittlung zwischen allen Institutionen und Experten in Deutschland, die sich mit Leukämie beschäftigen, und den Patienten. Vor allem aber verbreitet die DLH nicht nur Informationen über Leukämie, sondern versteht sich auch als Interessenvertreter der Betroffenen und Angehörigen gegenüber der Politik, den Krankenkassen, ärztlichen Organisationen und anderen Einrichtungen der medizinischen Versorgung von Leukämiepatienten und steht zu diesem Zweck auch mit den Dachverbänden anderer Länder in Verbindung. Die DLH ist seit 1995 zu einer großen Organisation herangewachsen und führt mit Unterstützung der DKMS sogar einen jährlichen Patienten-Kongress durch, bei dem natürlich auch das Thema Knochenmark- bzw. Stammzelltransplantation eine große Rolle spielt.

Die DLH kann aufgrund ihrer direkten Anbindung an die Gruppen vor Ort noch näher am Patienten sein, als wir das können – und ihn auch in allen Belangen unterstützen, die über die Spendersuche und Stammzelltransplantation hinausgehen. Damit stellt sie für uns eine direkte Verbindung zur Zielgruppe in den Belangen dar, die bei unserer täglichen Arbeit nur bedingt eine Rolle spielen. Deshalb haben wir uns parallel zu unserem eigenen Wachstum für ihre Gründung starkgemacht und sind stolz auf die Partnerschaft, die daraus erwachsen ist.

Neben der DLH unterstützen wir auch Selbsthilfegruppen vor Ort direkt, die aufgrund des großen Bedarfs über das hinausgewachsen sind, was ehrenamtliche Helfer in Eigenregie leisten können. Wir fördern sie mit finanziellen Mitteln und stehen ihnen in organisatorischen Fragen zur Seite.

Unsere direkte Interaktion mit den Patienten ist auf das Umfeld der Spendersuche und -vermittlung begrenzt. Deshalb legen wir großen Wert darauf, dass Patienten auch außerhalb dieser Phase ihrer Therapie nicht allein gelassen werden. Die Unterstützung der Leukämie-Selbsthilfe gibt uns die Möglichkeit, unserer erklärten Verantwortung für die Zielgruppe auch dann gerecht zu werden, wenn wir sie nicht mehr – oder noch nicht – persönlich begleiten können.

Jeder Beitrag zählt

Auch die DKMS LIFE, die als Schwesterorganisation der DKMS in die Mutterorganisation Stiftung Leben Spenden integriert ist, erwuchs aus Erfahrungen, die wir als Angehörige und durch unseren Austausch mit anderen Betroffenen und deren Umfeld machten. Mit ihr ist eine weitere Organisation entstanden, die im gemeinnützigen Sektor eine Innovation darstellt. Sie ist wegweisend, weil auch sie sich vollständig selbst trägt und sie zeigt, dass im System der Gemeinnützigkeit auch eine kleine Hilfestellung einen großen Unterschied für die Betroffenen machen kann.

Die Verbesserung der medizinischen Versorgung und die Forschung zu einem Themengebiet sind nicht die einzigen Betätigungsfelder bei der Hilfe am Patienten. Die Sinngebung »Leben retten«, wie in unserem Fall, umfasst mehr als das. Sie beinhaltet auch die

Verantwortung für praktische Lebensfragen. Für den Patienten selbst sind das nämlich die dringlichsten Fragen – sie können durchaus »überlebenswichtig« sein. Die Kosmetikseminare der DKMS LIFE wirken – gemessen an der Spendersuche – vielleicht wie eine nebensächliche Randerscheinung, aber sie spielen in der Gesamtversorgung, wie die weiblichen Patienten sie wahrnehmen, eine enorm wichtige Rolle. Der Krebs reißt die Betroffenen aus ihrem gewohnten Leben heraus. Die Gefahr ist sehr groß, dass die Einheit zwischen Körper und Seele ins Wanken gerät. Sich wohlzufühlen, an sozialen Kontakten Freude zu haben wird insbesondere für viele weibliche Patienten praktisch unmöglich, wenn der Krebs durch die Behandlungsfolgen sichtbar wird. Diese Nebenwirkungen durch einfache Tricks zu kaschieren kann dafür sorgen, dass die Frauen sich trotz der Erkrankung im eigenen Körper wieder wohler fühlen. In einer solchen Situation ist ein Kosmetikseminar nicht einfach nur ein Kosmetikseminar. Er gibt vielen Patientinnen ein Stück Selbstvertrauen zurück – und das ist ein sehr konkreter Aspekt des Kampfes gegen den Krebs. Wer sich aufgibt, kämpft nicht mehr. Um gegen den Krebs zu bestehen, ist ein starker Lebenswille jedoch unerlässlich. Diesen will die DKMS LIFE in Zukunft weiter verstärken helfen und allen Patienten konkrete Lebenshilfe anbieten. Denn ein neues Selbstwertgefühl und Lebensfreude sowie das damit verbundene Wohlgefühl unterstützen nachweislich den Genesungsprozess.

Praktische Lebensfragen können überlebenswichtig sein. Wer sich aufgibt, kämpft nicht mehr.

Gemeinsam für die Patienten

Auch über den direkten Einflussbereich – der bei uns durch den Blutkrebs definiert ist – hinaus haben wir oft den Finger in die Wunde gelegt. Die DKMS hat sich entgegen der üblichen Haltung von gemeinnützigen Organisationen auch politisch starkgemacht, als sie das Wohl der Patienten gefährdet sah. Vor einigen Jahren kamen erstmals in konzentrierter Form politische Sparmaßnahmen auch im deutschen Gesundheitssystem an. Die ersten Experten äußerten ab 2005 offen, dass die Kosten von Therapien zukünftig eine größere Rolle im Gesundheitswesen spielen würden. Ein Bundesausschuss wurde eingesetzt, der zu überprüfen hatte, ob die gängigen Therapiemethoden und Medikationsformen eine angemessene Behandlung darstellten und möglicherweise kostengünstigere Alternativen zur Verfügung standen. Im Zuge dieser Debatte wurden früh Stimmen laut, die feststellten, dass mit dem bestehenden System der Kostenübernahme wegen begrenzter staatlicher Ressourcen vielleicht nicht jede Therapieform dauerhaft finanzierbar sein würde. Dadurch gerieten auch die Knochenmark- und Stammzelltransplantationen automatisch in den Fokus der Beachtung, denn sie sind sehr teuer und stellen bei weitem keine Garantie für eine dauerhafte Heilung dar.

Für die allein etwa 11 000 Leukämie-Neuerkrankten pro Jahr in Deutschland nahm diese Debatte eine sehr gefährliche Richtung. Die Möglichkeiten der Transplantation einzuschränken würde sich direkt auf die Überlebenschancen vieler Patienten in Zukunft auswirken. Für die Betroffenen, denen die übliche Kombination von Strahlen- und Chemotherapie nicht mehr helfen kann, stellt eine Transplantation nach dem heutigen Stand der Forschung die einzige Chance dar. Eine Alternative ist nicht in Sicht.

Uns in diese Debatte nicht einzumischen wäre einer Vernachlässigung unserer Verantwortung gleichgekommen. Die Transplantationsgegner stellten ökonomische Erwägungen vor die Sinnerfüllung und drohten damit unsere Bemühungen im Kampf um das Leben aller Blutkrebspatienten langfristig zu gefährden. Die Sparpläne unterhöhlten die Wurzeln unserer Bewegung. Wir mussten unsere Stimme erheben. Dafür taten wir uns mit der Gruppe zusammen, mit der wir bei vielen anderen Gelegenheiten durchaus unsere Reibungspunkte gehabt hatten: den Medizinern. Dieses Mal aber agierten wir Hand in Hand mit den Ärzten – was auch dadurch erleichtert wurde, dass Prof. Ehninger in dieser Zeit Vorsitzender der Deutschen Gesellschaft für Hämatologie und Onkologie e.V. (DGHO) war. Über die richtige Vorgehensweise waren viele Mediziner in der Vergangenheit oft unterschiedlicher Meinung mit uns gewesen. Doch als es nun außerhalb des Systems der medizinischen Versorgung Bestrebungen gab, die Möglichkeiten der Lebensrettung einzuschränken, wurde der gemeinsame Nenner überdeutlich: Jetzt saßen wir im selben Boot und mussten es gemeinsam wieder auf Kurs bringen.

Die Sparpläne unterhöhlten die Wurzeln unserer Bewegung.

Unser Vorgehen in dieser Sache zeigt: Wenn man gemeinsam die Stimme erhebt, kann man viel bewegen. Oft beschränken sich in öffentlichen Diskussionen die Parteien darauf, vielstimmig zu protestieren, anstatt sich zusammenzutun. Das erregt zwar Aufsehen, nützt den einzelnen Beteiligten meist jedoch nicht, weil gute Argumente im kollektiven Aufschrei untergehen. Vor allem aber verbessert es die Situation der Betroffenen nicht im Geringsten, denn verhärtete Fronten bringen keine konstruktiven Lösungen hervor, weil erst gar kein zielgerichteter Dialog stattfindet. So geht die Chance auf Verbesserungen verloren, bevor überhaupt über realistische Möglichkeiten und Kompromisse gesprochen werden konnte.

Eine öffentliche Zielgruppe kann und sollte man im Rahmen der Gemeinnützigkeit emotional ansprechen. In Verhandlungen mit Entscheidungsträgern ist Emotionalität dagegen fehl am Platze. Hier ist Professionalität gefragt. Kommen Statistiken auf den Tisch, müssen Fachleute agieren, die analysieren, hinterfragen und rational argumentieren können. Wie kompliziert und langwierig sich die Lösungsfindung im Sinne der Betroffenen gestalten kann, wenn erst einmal ein Graben gezogen ist, zeigt das Beispiel unseres überstürzten Aufbruchs nach Spanien.

Der Tellerrand ist rund

In solchen wie in anderen Situationen gilt es, über den Tellerrand der eigenen Position hinauszuschauen. Möglich wird das nur durch eine konsequente Rückbindung an das, was man eigentlich erreichen möchte – auf jedem Schritt des Weges. Wahrscheinlich ist es unserer direkten Betroffenheit zu verdanken, dass wir die Interessen der Zielgruppe immer im Sinn hatten. Das versetzte uns in die Lage, die Absichten anderer und auch unsere eigenen unternehmerischen Interessen jederzeit in Perspektive zu setzen. Gute Argumente hatten wir immer deshalb parat, weil wir das Szenario der Patienten und der anderen Beteiligten kannten oder zumindest nachempfinden konnten. Zu dieser Wurzel gingen wir immer wieder zurück, wenn Entscheidungen zu treffen waren: Zuerst hatten wir keinen Spender für Mechtild gehabt und fanden eine Lösung für dieses Problem. Als es plötzlich viele Spender gab, sahen wir die Notlage sowohl der Patienten als auch der transplantierenden Ärzte mit eigenen Augen: Jetzt fehlte es an Betten. Nicht unsere Kernaufgabe; dennoch war klar, dass wir das nicht ignorieren konnten. Und dann die Vorstellung, dass aus politisch begründeten Kostenerwägungen heraus Patienten wie Mechtild keine Transplantation würden bekommen können, obwohl es passende Spender und Betten in den Kliniken gab – ein Albtraum für Patienten, Angehörige und Ärzte gleichermaßen.

Ein Unternehmen, zumal ein gemeinnütziges, kommt um den Blick über den Tellerrand nicht herum. Dass wir auch über unsere Kernaufgabe hinaus etwas bewegen konnten, haben wir unserem Rundumblick zu verdanken: Sinnvolles Tun lässt sich nicht auf einen Businessplan beschränken. Um für die Zielgruppe wirklich etwas zu erreichen, muss man den Blick dafür öffnen, wie man ihr auch jenseits des Kerngeschäfts helfen kann. Um sich einen guten Ruf als Organisation zu erarbeiten, müssen auch die Partner – aus der Wirtschaft, aus der Politik, aus verwandten Sektoren – erkennen können, dass ihre Interessen ernst genommen werden. Das ist die Voraussetzung dafür, wirklich etwas zu bewegen.

Sinnvolles Tun lässt sich nicht auf einen Businessplan beschränken.

Trotz unserer Orientierung an den Betroffenen behielten wir immer auch den Blick für die Realität – die beste Idee kann niemanden retten, wenn sie an der Umsetzung scheitert. Der Tellerrand ist rund: Als Unternehmen hat man nicht nur eine Zielgruppe, sondern bewegt sich ständig in einem Spannungsfeld verschiedener Interessen. Eine Organisation, die Bestand haben soll, muss den Überblick behalten, ohne sich einzuigeln.

Auch im technischen und wissenschaftlichen Bereich müssen wir stets mit den Kunden gehen. Wir besuchen regelmäßig hämatologische Kongresse, weil wir auch dieser Zielgruppe gerecht werden müssen. Dass wir beispielsweise als erste Datei weltweit die periphere Stammzellentnahme anbieten konnten, war nur möglich, weil wir den Finger am Puls der Forschung hatten. Demografische und rechtliche Veränderungen wirken sich wiederum auf die medizinischen Prozesse aus, die sich mit unserer Tätigkeit überschneiden: Früher lag beispielsweise die Altersgrenze für Transplantationen bei 40, heute werden auch noch über 70-Jährige transplantiert.

Anspruchshaltungen und Bedingungen gemeinnütziger Arbeit verändern sich ständig – nicht anders als der Markt eines profitorientierten Unternehmens. Wir legen deshalb großen Wert darauf, unsere Sinnorientierung, die alle losen Enden miteinander verknüpft, auch an nachwachsende Mitarbeitergenerationen weiterzugeben. Nur wer das sinnvolle Tun und dessen Variationen an den entscheidenden Schnittpunkten mit anderen Interessen verinnerlicht hat, kann die Botschaft der DKMS weitertragen, die Kernaufgaben auch in Zukunft erfolgreich bewältigen und gleichzeitig die Wirkung auf die Breite der Gesellschaft im Blick behalten.

Nur wer seine Schnittstellen pflegt, bleibt auf Dauer handlungsfähig.

Nur wer seine Schnittstellen pflegt, bleibt auf Dauer handlungsfähig. Auch wenn die Kernaufgabe eines Unternehmens wie der DKMS hochspezialisiert ist, muss die Balance mit äußeren Ansprüchen gewahrt werden: Nur wenn die Anbindung der Hilfe in ihren Kontext gewährleistet ist, kann sie dort ankommen, wo sie gebraucht wird.

Den Kopf hinhalten, wenn es darauf ankommt

In einem erfolgreichen Unternehmen besteht automatisch die Gefahr der »professionellen Ernüchterung«: Wenn alles funktioniert, neigt man zum Bewahren. Wer etwas bewirken will, muss aber den Mut zur ständigen Veränderung aufbringen. Auch hier ist »back to the roots« das richtige Rezept. Die Rückbindung an das Schicksal der Patienten sorgt dafür, dass der Adrenalinspiegel wieder steigt, wenn sich eine zu große Sachlichkeit einschleicht. Deshalb lieferten Mitarbeiter der DKMS Spenden persönlich in den Kliniken ab und suchen den Kontakt mit den Patienten. Deshalb sind wir nahe an den Selbsthilfegruppen und führen gemeinsame Veranstaltungen durch. Deshalb kennen alle unsere Mitarbeiter das Schicksal von Mechtild. Als Marktführer wollen wir keine Mitstreiter anziehen, die nur bei uns einsteigen, weil die DKMS inzwischen eine wertvolle Station im Lebenslauf darstellt. Wir wollen, dass die Leute verstehen, aus welchem Holz die DKMS geschnitzt ist. Nur dann sind sie auch für die Zukunft in anderen gemeinnützigen Unternehmen gerüstet. Die Fähigkeit, die Perspektive der Betroffenen und aller Beteiligten einnehmen zu können, ist die wichtigste Qualifikation, die wir ihnen mitgeben können – und der Kern unseres Erfolgsrezepts.

Wer über diese Fähigkeit verfügt, darf auch vor Veränderungen nicht zurückschrecken. Die setzen nämlich den Mut zum Risiko voraus. Wer etwas verändern will, muss auch bereit sein, den Kopf für seine Ideen hinzuhalten. Die DKMS hätte scheitern können. Es gab zu keinem Zeitpunkt eine Garantie dafür, dass unser Konzept funktionieren würde. Von solchen Bedenken darf man sich nicht aufhalten lassen. Wären wir das Risiko nicht eingegangen, hätten wir gar nicht erst die Chance gehabt, etwas zu bewirken.

Gemeinnützigkeit wird oft auch als wettbewerbsfreie Zone missverstanden – so als müssten sich Non-Profit-Unternehmen nicht in einem Markt behaupten. Dieses Missverständnis bringen auch viele Berufsanwärter mit. Doch Gemeinnützigkeit ist nicht gleichbedeutend mit Kuschelkurs. Wir haben nie beabsichtigt, uns Feinde zu machen, und hätten uns oft einen leichteren Stand innerhalb des Gesundheitssektors gewünscht. Auch auf die Attacken der Konkurrenz, die uns partout als Bedrohung wahrnehmen wollte, hätten wir verzichten können. Doch die Bereitschaft, solche Differenzen auszuhalten, muss man in der Gemeinnützigkeit genauso aufbringen wie in jedem anderen Sektor. Ebenso die Bereitschaft zur Größe, wenn es zu einem späteren Zeitpunkt Überschneidungen gibt. Das ist es, was die Arbeit für einen gesellschaftlichen Zweck letzten Endes wirklich sozial macht: trotz Reibungen an einem Strang zu ziehen.

Kopiert zu werden gilt uns als wünschenswert.

In einem unterscheiden sich Non-Profit-Organisationen erheblich von Unternehmen am freien Markt: Kopiert zu werden gilt uns als wünschenswert. Es ist ein Zeichen dafür, dass man etwas bewirkt hat. Natürlich gibt es auch im dritten Sektor Konkurrenzdenken. Das darf aber nie so weit führen, dass dadurch flächendeckende Verbesserungen ausgebremst werden oder sogar Menschen zu Schaden kommen. Wir betrachten es geradezu als unsere Pflicht, mit unseren Innovationen transparent umzugehen und sie nicht vor den Blicken der Konkurrenz zu schützen. Das Wohl der Betroffenen geht vor. Die Herausforderung für das unternehmerische Denken, die damit einhergeht, ist nicht zu unterschätzen: Tatsächlich muss man das Selbstbewusstsein haben, keine Konkurrenz zu fürchten. Wir haben mit allen Innovationen, die wir in den Markt gebracht haben, automatisch auch anderen Dateien das Feld bereitet.

Dieser »Ehrenkodex« dient nicht nur dem Wohle aller Spender und Patienten, sondern auch einer vertrauenswürdigen Außenwirkung, die im gemeinnützigen Sektor nie nur das einzelne Unternehmen allein betrifft. Der Skandal um die Organspende im Herbst 2012 beispielsweise, als Ärzte die Wartelisten für Transplantationen manipulierten, trifft nicht nur die Organspende. Er schadet allen Spenderdateien, ja sogar dem Image gemeinnütziger Organisationen insgesamt. In einer solchen Situation müssen die Verantwortlichen in vollem Umfang die Verantwortung übernehmen und die Verhältnisse klären. Nur ein klarer Schnitt und volle Transparenz bei der Aufklärung und den nachfolgenden Veränderungen können das Vertrauen in das Organspendeverfahren wiederherstellen.

Der gute Zweck heiligt nicht alle Mittel.

Wenn es darauf ankommt, muss man bereit sein, den Kopf hinzuhalten – im Guten wie im Schlechten. Der gute Zweck heiligt nicht alle Mittel. Wenn Eigeninteressen die Oberhand gewinnen, verliert die Sinnorientierung ihre Glaubwürdigkeit. Im Zweifel stehen dann Menschenleben auf dem Spiel.

Warum Geld durchaus eine Rolle spielt

Verfehlungen wie die oben genannte passieren vor allem Organisationen, die auf einer bestimmten Stufe des Erfolgs stehen bleiben, nur noch verwalten und ihre Prozesse nicht mehr in Frage stellen. So lässt sich vielleicht eine Zeitlang eine negative Außenwirkung vermeiden. Letztlich gefährdet diese Form der Risikovermeidung aber ebenfalls die Hilfe für die Betroffenen. Wer nicht mehr nach Verbesserungsmöglichkeiten sucht, sich selbst nicht zu disziplinieren bereit ist und sich nicht auf unbequemes Territorium wagt, macht sich früher oder später ebenfalls selbst überflüssig. Auch deshalb kann man Nachahmern in der Non-Profit-Welt gelassen begegnen: Eine Organisation, die nur hinterherhechelt und den Entwicklungen an ihren Schnittstellen nicht proaktiv begegnet, wird sich nicht am Markt behaupten können. Ganz besonders dann, wenn -- wie im Fall der globalen Unternehmens-CSR – an diesen Schnittstellen professionelle Partner gefragt sind.

Je stärker Gemeinnützigkeit sich von der Staatsabhängigkeit löst und sich selbst tragen muss, desto mehr ist sie auf die eigene Flexibilität und Durchsetzungsfähigkeit angewiesen. In den nächsten Jahren ist deshalb mit einer Konsolidierungsphase am Non-Profit-Markt zu rechnen, der die trägen Verwalter zum Opfer fallen werden. Die Innovatoren hingegen werden bestehen bleiben. Nicht weil sie den guten Zweck durch Kommerzialisierung abgewertet hätten, sondern weil sie den Anforderungen an die zeitgemäße Definition von Gemeinnützigkeit besser gewachsen sind. Damit können sie besser für die Betroffenen sorgen als ein vermeintlich »soziales« unkommerzielles Unternehmen, das jedoch nicht mehr überlebensfähig ist, weil Geld zu lange keine Rolle gespielt hat und es sich nicht behaupten musste.

Es wird Zeit, mit dem Dogma aufzuräumen, dass im Non-Profit-Sektor kein Geld verdient werden dürfe. Der Unterschied zwischen Profit- und Non-Profit-Unternehmen besteht darin, dass Gewinne in der Gemeinnützigkeit der Gesellschaft gehören. Sie dürfen nicht von privaten Profiteuren abgeschöpft werden, sondern müssen einzig und allein in die weitere Umsetzung des Unternehmenszwecks, also sinnorientiert, investiert werden. Das heißt nicht, dass kein Geld im Umlauf sein darf. Wer den Betroffenen nachhaltig und besser gerecht werden will, muss dafür Geld in die Hand nehmen. Wer dafür sorgen will, dass Patienten auf dem neuesten Stand der Forschung geholfen wird, muss die Kosten dafür aufbringen können. Wer die besten Mitarbeiter rekrutieren will, muss sie angemessen bezahlen können. Ein gemeinnütziger Zweck kostet genauso Geld wie ein wirtschaftlicher. Der Unterschied liegt darin, dass es im gemeinnützigen Kreislauf bleibt und letztlich immer den Betroffenen zugutekommt statt den Eigeninteressen von Investoren oder Unternehmen.

Ein gemeinnütziger Zweck kostet genauso Geld wie ein wirtschaftlicher.

Diese Unterscheidung müssen wir endlich akzeptieren lernen, wenn wir als gemeinnützige Unternehmen die Verantwortung für gesellschaftliche Zwecke leistungsfähig übernehmen wollen; und auch dann als Gesellschaft diese Verantwortung in die Hände solcher Organisationen legen. Wir haben nicht wirklich eine Wahl, denn die Gießkanne des Staates versiegt zusehends. Das gilt nicht nur für den Gesundheitssektor, sondern letztlich für jeden gesellschaftlichen Zweck. Die Allgemeinheit muss lernen, sich auch als Allgemeinheit zu verstehen und die Verantwortung für die eigenen Bedürfnisse zu übernehmen.

Allein die Zweckorientierung reicht nicht – man muss auch bereit sein, sie durchzusetzen.

Auch für diesen Wandel sind wir von der DKMS bereit, Widerstände zu überwinden. Für etwas Sinnvolles einzustehen erfordert Mut. Den Mut, die eigene Position in die Waagschale zu werfen; den Mut, sich unbeliebt zu machen; und den Mut, etwas Neues als Erster auszuprobieren. Innovationen, die auf keinerlei Widerstände stoßen, sind wahrscheinlich keine echten Innovationen. Allein die Zweckorientierung reicht nicht – man muss auch bereit sein, sie durchzusetzen. Nur dann kann man dauerhaft etwas bewirken. Wer wirklich für eine Sache einsteht, ist auch bereit, die eigene Existenz daran zu knüpfen. Nicht Geld verdirbt den Charakter, sondern der ungesunde Zustand, wenn Geld keine Rolle spielt.

11

Büro mit Aussicht

Warum sinnorientiertes Handeln
Zukunft hat

Es bleibt dabei: Geht nicht gibt's nicht

Unsere schönste Zukunftsvision ist die, das wir eines Tages überflüssig werden. Wenn die DKMS nicht mehr gebraucht würde, wäre das die ultimative Erfüllung unseres Zwecks: Der Kampf gegen den Blutkrebs wäre gewonnen.

Hier liegt ein zentraler Unterschied zwischen der Non-Profit- und der Profit-Welt: Die ultimative Strumpfhose zu produzieren, die keine Maschen mehr zieht, liegt nicht im Interesse der Strumpfhosenproduzenten, denn es würde ihre Umsatzplanung drastisch begrenzen. Gemeinnützige Unternehmen dagegen wollen Missstände beseitigen – dieses Ziel treibt sie an. Deshalb wäre der endgültige Sieg gegen den Krebs die schönste Nachricht, die man uns überbringen könnte. Sosehr wir für unsere Arbeit brennen: Wir dienen einem Zweck, für den wir lieber keinen Anlass sähen. Lieber würden wir uns ein neues Betätigungsfeld suchen, als weiterhin Menschen sterben zu sehen.

Wenn die DKMS nicht mehr gebraucht würde, wäre das die ultimative Erfüllung unseres Zwecks.

Und wir sind der Meinung, dass diese Art der Motivation auch weiten Teilen der gewinnorientierten Unternehmenslandschaft gut zu Gesicht stünde, denn das würde der Gesellschaft einen Innovationsschub verpassen.

Die DKMS verfügt über mehr als 20 Jahre Erfahrung in verschiedensten Bereichen. Wir wissen, wie man Menschen motivieren kann, Außerordentliches zu tun. Wir sind in der Lage, höchstes Vertrauen in eine Organisation aufzubauen und Menschen langfristig zu binden. Wir haben es geschafft, als – mit Ausnahme von Prof. Ehninger – ursprünglich Branchenfremde eine wesentliche Verbesserung aller relevanten Prozesse zu erzielen. All das verdanken wir unserer Sinnorientierung. Was kann man mit diesem Knowhow nicht tun? Wenn man anerkennt, dass die wirklichen Erfolgsfaktoren eines Unternehmens in der Kenntnis der Zielgruppe und der Eigenschaften des Marktes, den menschlichen Aspekten des Themas und der Bereitschaft zum ständigen Wandel liegen, gibt es keinen Grund mehr, an überholten Strukturen festzuhalten. Wäre der Krebs morgen besiegt – wir würden uns sofort dem nächsten Gegner widmen. Mit anderen Worten: Wäre die Superstrumpfhose morgen auf dem Markt, würden wir uns anschicken, die Wollsocke zu revolutionieren, weil wir uns mit Fußkleidern auskennen.

Leider ist es relativ unwahrscheinlich, dass es in absehbarer Zukunft möglich sein wird, den Blutkrebs in die medizinischen Geschichtsbücher zu verbannen wie die Pest und die Cholera. Unser zentrales Ziel wird deshalb auch weiterhin sein, für jeden Patienten einen passenden Spender zu finden. Diesem Ziel sind wir heute schon recht nahe, und wir werden ihm noch deutlich näher kommen. Trotzdem wird es uns wahrscheinlich nicht gelingen, ausnahmslos jedem einzelnen Betroffenen zu helfen. Es gibt HLA-Merkmalskombinationen, die so selten sind, dass die Suche nach einem Spender tatsächlich der sprichwörtlichen Suche nach der Nadel im Heuhaufen entspricht. *Fast* jedem zu helfen ist dagegen realistisch, und daran arbeiten wir. Hinzu kommt die Notwendigkeit, unsere Datei im wahrsten Sinne des Wortes jung zu halten: Wir brauchen schon deshalb immer neue Spender, weil deren Höchstalter durch Richtlinien der Bundesärztekammer auf 60 Jahre begrenzt ist. Auch deshalb können wir uns auf unseren Millionen von Registrierungen nicht ausruhen.

Fast jedem zu helfen ist realistisch, und daran arbeiten wir.

Und wie steht es um den Kampf gegen den Krebs allgemein? Die ernüchternde Antwort: DAS Allheilmittel gegen unseren erklärten Feind kann es nicht geben. Krebs ist ungeheuer vielfältig und wandelbar, und der Raubbau, den wir als Gesellschaft an unserer kollektiven Gesundheit betreiben, macht ihn noch stärker, als er ohnehin schon ist. Diese Herausforderung hat und wird immer viele Schauplätze haben, denn die einzelnen Krebsarten müssen immer weiter gezielt erforscht und bekämpft werden – so wie alle anderen Volkskrankheiten.

Die konstruktive Antwort: Wir müssen weitermachen, um den meisten helfen zu können. Unsere tägliche Arbeit führt uns immer wieder an unseren Ursprung zurück: Es ist das einzelne Leben, das zählt. Jeder Mensch, der gerettet werden kann, bedeutet einen Sieg unserer Gemeinschaft gegen den Krebs. Je seltener wir stattdessen eine Niederlage betrauern müssen, desto näher kommen wir dem aus heutiger Sicht unerreichbaren ultimativen Ziel, den Krebs endgültig zu besiegen.

Wenn wir uns von der Größe der Aufgabe abschrecken lassen, haben wir schon verloren.

Was die DKMS im Kampf gegen den Blutkrebs leistet, ist bei allen anderen Krebsarten und Krankheiten genauso denkbar: dass sich Menschen aus der Haltung der Betroffenheit zusammenfinden und ihrem Feind den Krieg erklären. Wenn wir uns von der Größe der Aufgabe abschrecken lassen, haben wir schon verloren. Wir müssen unsere Chancen nutzen. Wie viel das bewirken kann, zeigt das Beispiel der Spendersuche für Blutkrebspatienten: von praktisch null Prozent Vermittlungsquote im Jahr 1990 auf 80 Prozent innerhalb von 20 Jahren. In der freien Wirtschaft würde man diese Erfolgsquote mindestens als stabiles, langfristiges Wachstum bezeichnen; als Erfolgsgeschichte allemal.

Wer könnte da behaupten, der Kampf sei aussichtslos, nur weil der Feind nicht endgültig besiegt werden kann? Wir gewinnen ihn inzwischen öfter, als wir ihn verlieren – jeden Tag, Tausende Male pro Jahr.

Wir können mehr als gegen Blutkrebs kämpfen

Natürlich wollen wir mehr. Wir ziehen uns nicht auf unsere Erfolge zurück. Der beste Moment, um in die Zukunft zu schauen, ist der Moment des größten Erfolgs. Genau an diesem Punkt stehen wir gerade: Wir sind der weltweit größte Verbund von Stammzellspenderdateien, die effizienteste Datei der Welt, wir haben großartige Spender, wir können Patienten Hoffnung schenken, wir florieren als Unternehmen. Wir könnten an ein paar Schrauben drehen und uns freuen. Doch wir wissen genau: So funktioniert es nicht. Der Moment des größten Erfolgs ist der, in dem das Risiko am größten ist, dass das Unternehmen sein Ziel aus den Augen verliert und stagniert. Ein Unternehmen aber, das stehen bleibt, geht unter – todsicher. Mit dem Wechsel in die Verwaltungsmentalität würden wir nicht nur im Dienst an den Betroffenen versagen, sondern auch an der sinnorientierten Unternehmensgemeinschaft. Wenn der Erfolg am größten ist, muss man noch einen draufsetzen. Der Erfolg von heute nützt morgen nämlich niemandem mehr, wenn er nicht als Sprungbrett für den nächsten Coup genutzt wird.

Der beste Moment, um in die Zukunft zu schauen, ist der Moment des größten Erfolgs.

Dass die DKMS heute offiziell nicht mehr »nur« gegen Blutkrebs kämpft, ist ein Ergebnis der Weiterentwicklung unserer Sinngebung in die Zukunft hinein. Mit der Thalassämie wurde bereits eine Krankheit benannt, der die DKMS mit ihrem Spendersystem zu begegnen in der Lage ist; dabei handelt es sich nicht um eine Form von Krebs, sondern um eine genetische Erkrankung. Und es gibt über 70 weitere Krankheiten, bei denen Stammzellen erfolgreich zur Therapie eingesetzt werden konnten. Wir sind heute tatsächlich in der Lage, uns die Gegner auszusuchen, gegen die wir antreten – und damit noch mehr Menschen zu helfen, die diese Wahl nicht haben.

Unsere Kernaufgabe wird also ständig umfangreicher. Deshalb suchen wir gezielt nach immer neuen Möglichkeiten, sie zu erfüllen. Eine dieser Möglichkeiten ist zum Beispiel die noch junge DKMS Nabelschnurblutbank, die seit Dezember 2008 als eigenständiges Mitglied der DKMS-Familie unser Hilfsangebot ergänzt. Sie stellt ein gewichtiges Mittel gegen Blutkrebs dar, ist jedoch auch ein Grundstein der Erweiterung unseres Wirkungsbereichs. Der besondere Wert des Nabelschnurbluts liegt darin, dass die in ihm enthaltenen Stammzellen noch nicht völlig ausgereift sind. Die HLA-Merkmale der Zellen aus dem Nabelschnurblut müssen mit denen der Patienten nicht hundertprozentig übereinstimmen. Gerade für Patienten, denen am schwersten zu helfen ist, also denen mit seltenen HLA-Merkmalskombinationen und Angehörigen ethnischer Minderheiten, können Babys zu kleinen Helden werden. Mit dem Nabelschnurblut werden nämlich Transplantationen mit einer geringeren Übereinstimmung zwischen Spender und Empfänger möglich – bei allen relevanten Erkrankungen, die mit einer Transplantation therapiert werden können.

Fortschritt kommt aus der Öffnung zur Zielgruppe

So wie bei der Nabelschnurblutbank die Erfüllung unserer angestammten Kernaufgaben und die Anbahnung neuer Möglichkeiten Hand in Hand gehen, versuchen wir auch auf weiteren Wirkungsfeldern in die Zukunft zu denken und uns dabei nicht durch eine klassische Prozessorientierung einschränken zu lassen. Innovation ist eine ganzheitliche Unternehmensaufgabe. Die Notwendigkeiten der Sinnerfüllung richten sich nicht nach den Prozessen oder der Unternehmensstruktur. Schon gar nicht dann, wenn man es mit einer Erkrankung zu tun hat, die sich nicht um Abteilungen und Hierarchien schert. Das gilt allerdings auch in der Übersetzung in die freie Wirtschaft für praktisch jeden Unternehmenszweck.

Deshalb behalten wir immer den großen Zusammenhang im Blick. Was nützt es den Betroffenen, wenn beispielsweise morgen eine revolutionäre Behandlungsmethode aus den USA zur Verfügung steht, in Deutschland aber kein Arzt in der Lage ist, diese Therapie anzuwenden – weil es an den technischen Möglichkeiten oder der Finanzierung fehlt? Hier kommen wieder die Schnittstellen ins Spiel: Die Weitsicht rund um den Tellerrand hilft den Betroffenen nicht nur in der Gegenwart, sondern auch in der Zukunft. Deshalb sind es diese Schnittstellen, an die wir mit unseren Zukunftsplänen andocken.

Die Marke DKMS im Wandel

Unsere Expansion in die Breite – etwa durch die Globalisierung – nimmt auch Einfluss auf die Definition der Marke DKMS. Auch eine Marke muss mit der Zeit gehen. Die Markenkommunikation muss erkennen lassen, was unter dem Dach der Marke geschieht. So gesehen ist die DKMS heute nicht mehr die DKMS von 1991. Wir sind nicht mehr nur in Deutschland aktiv. Wir entnehmen nicht mehr nur Knochenmark. Wir sind nicht mehr allein mit der Spendersuche beschäftigt. Das Akronym DKMS für Deutsche Knochenmarkspende stößt inzwischen an seine Grenzen. Der erweiterte Sinn einer globalen, über ihre Ursprungstätigkeit hinausgewachsenen Marke sollte sich auch in deren Namen spiegeln.

Die DKMS heute ist nicht mehr die DKMS von 1991.

Wie auch immer wir in Zukunft heißen werden – wir haben uns ein ehrgeiziges Ziel für unsere Marke gesetzt: Weltweit wollen wir als die Institution wahrgenommen werden, die automatisch mit dem Thema Blutkrebs assoziiert wird; ähnlich der rosa Schleife beim Thema Brustkrebs.

Damit einher geht der angestrebte Ruf, in der Erforschung von Therapiemethoden und bei der Aufklärung über die Krankheit und Prävention eine Führungsrolle zu übernehmen. Deshalb richten wir unser Augenmerk verstärkt auf die Förderung von Wissenschaft und Forschung. Dabei wollen wir uns zukünftig nicht mehr auf die Transplantationsforschung beschränken, sondern auch eine Verbesserung von Chemo- und Strahlentherapie anstreben und ebenso mögliche medikamentöse Therapien ins Blickfeld nehmen. Andere Behandlungsmethoden gehören genauso zu den Hilfsmöglichkeiten für die Patienten wie die Transplantation. Sie würden den Know-how-Pool vervollständigen, der unserem Anspruch als zentralem Sammelpunkt für Blutkrebsexpertise Rechnung trägt.

Weltweit wollen wir als die Marke wahrgenommen werden, die mit dem Thema Blutkrebs assoziiert wird.

Fortschritt kommt aus dem Schritt zurück

Die Globalisierung bietet eine Fülle an Expansionsmöglichkeiten für die Arbeit der DKMS. Der Weg in weitere europäische Länder, der Ausbau der amerikanischen Datei, das Engagement in anderen Industriestaaten und sogar in Schwellenländern wie Indien bildet nur einen Teil davon ab. Die Arbeit in den Industriestaaten bringt, abgesehen von der Erweiterung der Spenderzahl und der genetischen Vielfalt unserer Datei, auch ganz praktische Vorteile mit sich. Medizintechnologische Innovationen kommen meist aus diesen Industriestaaten. Dort vor Ort zu sein, ein Netzwerk zu betreiben und Forschung zu unterstützen, wo bahnbrechende Neuerungen für die Bekämpfung von Blutkrebs am häufigsten ihren Ursprung haben, hilft letzten Endes jedem einzelnen Patienten in Deutschland. Und wir schulden es unserer Hauptzielgruppe, den Spendern: Wenn sich Chancen auftun, die Knochenmark- oder Stammzellspende und die Transplantation auch für sie noch weniger aufwendig und ärmer an Nebenwirkungen zu gestalten, wollen wir die Ersten sein, die diese Chancen nutzen.

Das Gleiche gilt für die Geschwindigkeit der Versorgung: Schon heute vergeht – zumindest in Deutschland – nur noch ein Minimum an Zeit zwischen der Ersttypisierung und der theoretischen Verfügbarkeit einer Spende für eine Transplantation. Sollte es irgendwann möglich sein, die Typisierung in Echtzeit zu realisieren, einen möglichen Treffer sofort festzustellen und, noch während der Spender beim Arzt sitzt, die Spende zu entnehmen, beispielsweise weil eine neue Technologie zur Stammzellgewinnung den Aufwand minimiert, wäre eine gewaltige Effizienzsteigerung zu erzielen. Heute ist eine solche Verfahrensweise Zukunftsmusik; in einigen Jahren mag das schon ganz anders aussehen. Eine Voraussetzung dafür ist, dass die Kommunikation zwischen den Spenderregistern weltweit verbessert wird und die Patienten einfacher transplantiert werden.

Nach solchen Möglichkeiten überhaupt zu suchen setzt immer wieder den Schritt zurück voraus: die Rückbindung daran, was für Patienten und Spender wichtig ist. Je effizienter das System, desto schneller können Patienten, bei denen es auf Tage ankommt, versorgt werden. Schnellere Entnahmen und schnellere, unkompliziertere Transplantationen würden auch damit einhergehen, dass Klinikbetten schneller frei werden und Engpässe vermieden werden können. Höhere Effizienz bedeutet außerdem Kostenersparnis, was dem Gemeinwesen zugutekommt und auch dazu beiträgt, dass Therapien weitere Sparmaßnahmen im Gesundheitswesen überdauern.

Sinnorientiertes Handeln ist überall gefragt

Wir wollen auch dort aktiv werden, wo wir mehrere Schritte zurückgehen und als Datei wie auch als Unternehmer bei null anfangen müssen: in den Entwicklungsländern. Den Zustand, dass in Ländern mit einer vielfach höheren Bevölkerungszahl (und damit auch Fallzahl) als Deutschland nur ein Bruchteil der Spenderzahlen existiert – wenn es überhaupt eine Datei gibt –, gilt es dringend zu ändern. In vielen Drittländern wird auch die künftige Einbeziehung anderer Krankheiten des blutbildenden Systems zentral sein.

Jedes Engagement in einem neuen Land ist ein unternehmerischer Neuanfang.

Unsere bisherigen Internationalisierungsmaßnahmen haben uns vor Augen geführt, dass das Engagement in einem neuen Land immer wieder einen unternehmerischen Neuanfang darstellt. Trotz unserer über 20-jährigen Erfahrung werden wir deshalb auch in Zukunft immer wieder von vorn anfangen müssen. Da geht es der DKMS nicht anders als jeder anderen Mutter: Mit jeder Neugründung lernen wir dazu. Das Prinzip Offenheit war seit dem Gründungstag Bestandteil unseres Erfolgsrezepts, und das soll auch weiterhin so bleiben. Die Komplikationen in Spanien haben gezeigt, dass sich unser bewährtes Modell nicht in jedem Land einfach installieren lässt. Globalisierung lebt vom Austausch: Als Unternehmen müssen wir uns dem Markt anpassen, den wir vorfinden. Erst von innen heraus können wir auch auf das System einwirken, indem wir Beziehungen an den Schnittstellen vor Ort aufbauen. Je besser uns das gelingt, desto erfolgreicher können wir bei den Spendern vor Ort sein – zum Wohle der Patienten weltweit.

Entwicklungshilfe gehört nicht zu den Schlagworten, die wir unmittelbar mit der DKMS in Verbindung bringen. Doch auch dieser Aspekt wird in Zukunft zum Konzept von Gemeinnützigkeit gehören. Entwicklungshilfe in ihrer überholten Form, die viele Jahre praktiziert wurde, neigt zur imperialistischen Vorgehensweise: Aus einer Kultur stammende Ideen werden auf bestehende Strukturen einer ganz anderen Kultur aufgepfropft – und selten passt beides zusammen. An diesem falschen Ansatz scheitert in den meisten Fällen der Gedanke der Hilfe zur Selbsthilfe. Wird dagegen eine Idee, die anderswo schon funktioniert hat, aus einer bestehenden Kultur heraus neu entwickelt, sind die Erfolgschancen wesentlich größer.

Der gemeinsame Nenner gemeinnütziger Zwecke, ganz egal wo auf der Welt, ist die Sinnorientierung. Wir können Leben in den USA oder Indien nicht mit den exakt gleichen Mitteln retten wie in Deutschland. In den USA müssen wir unser Anliegen vor allem anders kommunizieren; in Indien müssen wir den richtigen Multiplikatoren innerhalb des eng vernetzten, in hohem Maße hierarchischen Systems überhaupt erst unsere Handlungsfähigkeit nachweisen, während diese in Polen schlicht akzeptiert wurde.

Welche Maßnahmen wir auch immer ergreifen müssen, um vor Ort zu helfen: Unser gemeinnütziger »Urtrieb«, Leben zu retten, ist in jeder Gemeinschaft überall auf der Welt gleichermaßen verankert. Die Kunst besteht darin, ihn immer und überall zur Maxime jeder Handlung zu machen, operativ dabei aber maximal flexibel zu bleiben. Dieses Schema erfolgreicher Gemeinnützigkeit kann auch die Grundlage erfolgreicher Entwicklungshilfe sein – kompromisslos sinnorientiert und empathisch in der Umsetzung. Globale Non-Profit-Arbeit ist deshalb ein guter Ausgangspunkt für zielgerichtete Entwicklungshilfe, die die Arbeit der großen Hilfsorganisationen in Zukunft ergänzen kann.

Globale Non-Profit-Arbeit ist ein guter Ausgangspunkt für zielgerichtete Entwicklungshilfe.

Unterstützen wollen wir in den Schwellen- und Entwicklungsländern auch den Aufbau von Kliniken und Transplantationseinheiten. Sie machen nicht nur die Hilfe vor Ort möglich und schaffen die Grundlage für den erfolgreichen Einsatz von Knochenmark- und Stammzellspenden, sondern verankern das Engagement auch in der lokalen Gemeinschaft. So werden auch Arbeitsplätze geschaffen, die die medizinische Infrastruktur vor Ort erweitern und die Helfer innerhalb ihres unmittelbaren Umfelds handlungsfähig machen.

Keine Zukunft ohne Bildung

Wer ernsthaft in die Zukunft denkt, kann das Thema Bildung nicht außen vor lassen. Und ein gemeinnütziges Unternehmen kann seinen Zweck nicht erfüllen, wenn zu wenige Spezialisten über das notwendige Know-how verfügen. Auch dadurch, dass Transplantationsverfahren durch ihre Kostenintensität und die Organspende-Skandale der letzten Jahre innerhalb des Gesundheitswesens einen schweren Stand haben, ist der Aufbau der Wissensinfrastruktur hierzulande lange Zeit hinter dem Bedarf zurückgeblieben. Zwar gibt es inzwischen Spezialkliniken für Transplantationsmedizin und in den meisten großen deutschen Universitäts- und Ausbildungskliniken ist dieser Fachbereich in die Abteilungen für Hämatologie integriert.

In Deutschland besteht bei der Nachwuchsförderung noch großer Nachholbedarf.

Da wir mit Prof. Ehninger von Anfang an einen Transplantationsspezialisten im Team hatten, haben wir die Entwicklung im Bildungssektor immer genau beobachtet und werden das auch in Zukunft tun. Zu unseren Wünschen für die Zukunft gehört es, Lehrstühle und Stipendien für die medizinischen Bereiche einzurichten, mit denen unsere Arbeit Schnittpunkte hat; idealerweise sogar von der DKMS geförderte Einrichtungen für die medizinische Ausbildung sowohl für Ärzte als auch für spezialisiertes Pflegepersonal.

Dies gilt vor allem in den Ländern, in denen die medizinische Versorgung noch mangelhaft ist.

Ob beim Personal der DKMS, der Erschließung nachrückender Generationen als Spender oder der Förderung des medizinischen Nachwuchses: Eine langfristige Sinnorientierung ist nur möglich, wenn es Menschen gibt, die unser Anliegen in die Zukunft tragen und ständig weiterentwickeln. Davon ist die Zukunft der DKMS abhängig; vor allem aber die Zukunft jedes einzelnen Patienten. Vom Engagement junger Menschen lebt die Gemeinnützigkeit genauso wie die freie Wirtschaft der Zukunft. Deshalb hat jede unternehmerische Sinnorientierung Zukunft, wenn sie von Menschen getragen wird, die sich als Gemeinschaft verstehen und sich den gemeinsamen Bedürfnissen professionell widmen.

Unsere Botschaft für die Zukunft steckt in unseren Genen.

Unsere Botschaft für die Zukunft steckt in unseren Genen. Sie war der Ursprung der DKMS und ging jedem Schritt voraus, den wir seit 1991 gegangen sind und weiterhin gehen werden: Leben zu retten wird immer sinnvoll sein.

Epilog

Der Wert eines Unternehmens bemisst sich am Ergebnis. Das gilt auch für die DKMS. Es sollte für jedes gemeinnützige Unternehmen genauso gelten wie für eines in der freien Wirtschaft. Unser Beispiel zeigt, dass die strikte Trennung zwischen Profit und Non-Profit in ihrer bisherigen Form keinen Sinn mehr hat. Unternehmen müssen sich für die Gesellschaft engagieren – ob sie ihr Geld damit verdienen oder nicht. Das heißt umgekehrt aber auch, dass Unternehmen, die sich für die Gemeinschaft einsetzen, von dem unternehmerischen Fluch befreit werden müssen, kein Geld verdienen zu dürfen.

Das Ergebnis eines sinnorientierten Unternehmens hat zwei Aspekte: die Bilanz und die Sinnerfüllung. Nicht nur in der Gemeinnützigkeit gehören beide untrennbar zusammen. Sie verbinden sich in einem Begriff, der in Deutschland und vielen anderen Ländern schon früher einmal als gesellschaftlicher Leitstern diente: unternehmerische Verantwortung.

Die ist in modernen Wirtschaftsunternehmen, im Social Business und in der Gemeinnützigkeit gleichermaßen die Voraussetzung für langfristigen Erfolg. Weil sie beides vereint – die inhaltliche und die wirtschaftliche Verantwortung –, kann von gemeinnützigen Unternehmen nicht verlangt werden, dass sie das eine tun und das andere lassen. Zur Verantwortung für die Betroffenen, in unserem Fall die Patienten, in anderen Fällen die Obdachlosen, ethnische Minderheiten, benachteiligte Kinder usw., gehört auch die wirtschaftliche Verantwortung, das Unternehmen tragfähig und wirtschaftlich erfolgreich zu machen, das dieser Zielgruppe hilft. Wir könnten bei weitem nicht so vielen Menschen helfen, wenn wir als Unternehmen nicht so erfolgreich wären. Wir hätten auch nicht weltweit bereits über 400 Arbeitsplätze schaffen und mit den besten Kräften besetzen können. Und wir hätten nicht die Möglichkeit gehabt, den Blutkrebs in den Fokus der öffentlichen Wahrnehmung zu rücken.

Als gemeinnützige Organisation müssen wir uns genauso am Ergebnis messen lassen wie jedes andere Unternehmen. Die Faustregel ist ganz einfach: Wer seine Sache gut macht, macht Profit. In der Gemeinnützigkeit genauso wie in der freien Wirtschaft. Wirtschaftlicher Erfolg ist keine Schande, sondern ein wünschenswerter Zustand. In dem Moment, wo der Staat die Funktion des »Sozialen« nicht mehr bedienen kann, wird der wirtschaftliche Erfolg sogar zur Überlebensnotwendigkeit für die Gesellschaft.

Als Bürger haben wir die Wahl: Wir können die Einschnitte hinnehmen, die uns in den nächsten Jahren erwarten, oder wir können die Missstände selbst anpacken, die dazu führen. Das Beispiel der DKMS zeigt, dass wir dafür keine Experten in einem bestimmten Fachgebiet sein müssen. Wir müssen nur motiviert sein – durch Betroffenheit oder durch die Haltung der Betroffenheit als Bürger. Experten können wir einbeziehen und *mit* ihnen etwas aufbauen. Viel wichtiger als zu wissen, wie man eine Lücke schließt, ist die Fähigkeit, andere zu motivieren, mit anzupacken. Wir haben in Deutschland keinen Mangel an Menschen, die bereit sind zu helfen. Auch das zeigt unser Beispiel. Man muss ihnen nur die Chance dazu geben.

Auch als Unternehmer wird man nicht geboren. Man braucht eine Herausforderung, der es sich zu stellen lohnt. In diesem Sinne hatten wir es einfach: Wir hatten damals keine andere Wahl, als aktiv zu werden. Doch Betroffenheit ist nicht die einzige Form der Motivation. An Anknüpfungspunkten für eigene Aktivitäten fehlt es nur dem, der sorglos durchs Leben geht. Das trifft auf niemanden zu. Dass der Ursprung jedes Engagements in dem Wunsch liegt, auch im eigenen Interesse etwas zu bewirken, ist nicht verwerflich, sondern menschlich. Deshalb ist der Begriff »Gutmensch« falsch: Es gibt keine Gutmenschen. Jeder profitiert auf vielfältige Weise auch selbst davon, anderen zu helfen. Und das ist völlig in Ordnung.

An dieser Stelle kann auch der Staat weiterhin seinen unverzichtbaren Beitrag als Impulsgeber leisten: Er kann Anreize dafür liefern, dass die Bürger sich engagieren – ob als Unternehmer oder privat. Er kann aktiv dafür sorgen, dass Betroffene handlungsfähig werden, statt Notstände auf die lange politische Bank zu schieben. Er kann aufklären, auf den Bedarf hinweisen und begleiten. Er kann, wie bei der DKMS, eine Anschubfinanzierung leisten und kompetente Partner vermitteln.

Handeln müssen wir allerdings selbst. Aus der richtigen Perspektive betrachtet ist das keine Schreckensbotschaft, sondern der Weg in die bürgerliche Selbstbestimmung. Um etwas zu bewirken, muss man auch nicht gleich zum Weltmarktführer werden. Man muss sich auch nicht ausgerechnet den Krebs als Gegner erwählen – obwohl wir die Letzten sind, die davon abraten würden, sich hohe Ziele zu stecken. Wer es beispielsweise schafft, in seiner Nachbarschaft die Kinderbetreuung zu regeln, leistet ebenfalls einen wichtigen gesellschaftlichen Beitrag und erzielt einen Erfolg, der über sich selbst hinausweist.

Was noch aus der kleinsten privaten Initiative erwachsen kann, würden wir wohl selbst kaum glauben, wenn wir es nicht am eigenen Leib erlebt hätten. Das ist der Grund, warum wir in diesem Buch unsere Geschichte erzählt haben: Wir wollten zeigen, was möglich ist, wenn Menschen sich einer gemeinsamen Sache verschreiben. Engagement ist nichts Abstraktes, sondern etwas, das getan werden muss, damit wir als Gesellschaft funktionieren können – heute und in Zukunft. Deshalb brauchen wir Erfolgsgeschichten wie die der DKMS, um uns unserer eigenen Stärke bewusst zu werden.

Wenn es nur eine Botschaft ist, die wir mit diesem Buch verbreiten, dann soll es diese sein: Welches Schicksal uns auch immer ereilt, wir können es meistern. Jeder für sich – oder alle gegen einen.

Über die Autoren

Claudia Rutt

Claudia Rutt wurde – nach ihrer Tätigkeit beim Gerling-Konzern – bereits im Gründungsjahr 1991 Geschäftsführerin der DKMS Deutsche Knochenmarkspenderdatei. Von 2010 bis 2012 leitete sie als Vorstand das Generationen Netzwerk für Deutschland (GND). Auch in dieser Zeit blieb sie als Stiftungsrat bei der DKMS aktiv, bis sie 2012 erneut die Geschäftsführung übernahm.

Claudia Rutt ist es gelungen, das Non-Profit-Unternehmen zur weltweit größten Stammzellspenderdatei auszubauen. Die studierte Betriebswirtin ist verheiratet und hat drei Kinder.

Im Jahr 2010 wurde Claudia Rutt vom National Marrow Donor Program (NMDP) mit dem Jeffrey Marc Harris Achievement Award ausgezeichnet. Sie ist außerdem Trägerin des Vogue-Business-Preises in der Kategorie »Entrepreneurs« und Mitglied des Vorstands der World Marrow Donor Association (WMDA). Sie hat zahlreiche wissenschaftliche Beiträge veröffentlicht.

Gordon Müller-Eschenbach

Aufgewachsen in England, Belgien und Deutschland, beriet Gordon Müller-Eschenbach schon während seines BWL-Studiums mittelständische Unternehmen und Konzerne bei ihren ersten Schritten nach Osteuropa. Die freiheitliche Kraft der Gemeinschaft, die zum Fall des Eisernen Vorhangs führte, faszinierte ihn. Nach dem Studium arbeitete er als persönlicher Assistent von Roland Berger und machte sowohl dort als auch bei der Boston Consulting Group Karriere als Manager in London und München.

2005 machte er einen klaren Schnitt, als er den Entschluss fasste, seinen eigenen Horizont um ganzheitliche, systemische und heilungsorientierte Ansätze von Führung und Arbeitsbedingungen zu erweitern. Seitdem arbeitet Gordon Müller-Eschenbach als Life und Executive Coach mit Menschen aller Altersklassen sowie als Berater für Führungskräfte in Transformations- und Teamprozessen. Er lebt und arbeitet in Berlin. Außerdem publiziert er zu wirtschafts- und gesellschaftspolitischen Themen. 2011 erschien sein Buch *Wir statt Gier*.

Was uns bewegt

Claudia Rutt und Gordon Müller-Eschenbach lernten sich im Rahmen eines gemeinsamen Projekts 2011 kennen und stellten schnell fest, dass sie viele Werte und Visionen miteinander teilen. Dazu gehört die feste Überzeugung, dass die Kraft der Veränderung erfolgreich selbst gegen große Hindernisse sein kann, wenn sie aus der inneren Haltung eines Einzelnen oder einer kleinen Gruppe entspringt. Nicht umsonst sind die Antriebskräfte revolutionärer Veränderungen bis heute oft individuellen Ursprungs, bevor sie eine Bewegung entfachen.

Wenn der Einzelne seine ganz persönlichen Werte leben kann und so zu einer freiheitlichen Entfaltung kommt, vermag die freigesetzte Energie Berge zu versetzen – so wie es in diesem Buch am Beispiel der DKMS gezeigt wird. Tradierte Rollenverständnisse und Glaubenssätze können, gemessen an ihrer Bedeutung gegenüber unseren Kernwerten, über Bord geworfen werden. So werden neue Potenziale geweckt, und der Weg wird frei für eine am »Wir« orientierte Zukunft, die von Einzelnen, Gruppen und Unternehmen auf die ganze Gesellschaft ausstrahlen kann.

Die beiden Autoren sind der Überzeugung, dass unternehmerisches Handeln kombiniert mit gemeinwohlorientierter Verantwortung entscheidend zur Bewältigung der gesellschaftlichen Herausforderungen beiträgt, von denen unsere Zukunft abhängt.